W0070208

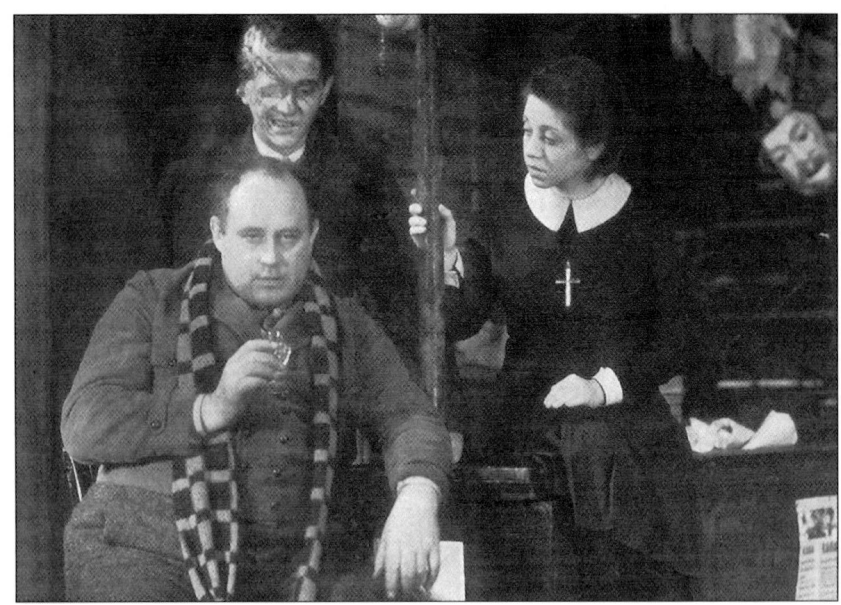

In »Rauhnacht« mit Gerhart Ritter und Rainer Litten, Leipziger Schauspielhaus 1932

In »Frühlingsfee« mit Reinhold Balqué, Leipziger Schauspielhaus 1933

Vorherige Seite: Inge Meysel, 19-jährig. Porträtaufnahme für die erste Bewerbung am Theater (1929)

Als Schuldknechts Weib in »Jedermann«, St. Johanniskirche Hamburg 1945
Erster Auftritt nach »tausend Jahren« Berufsverbot

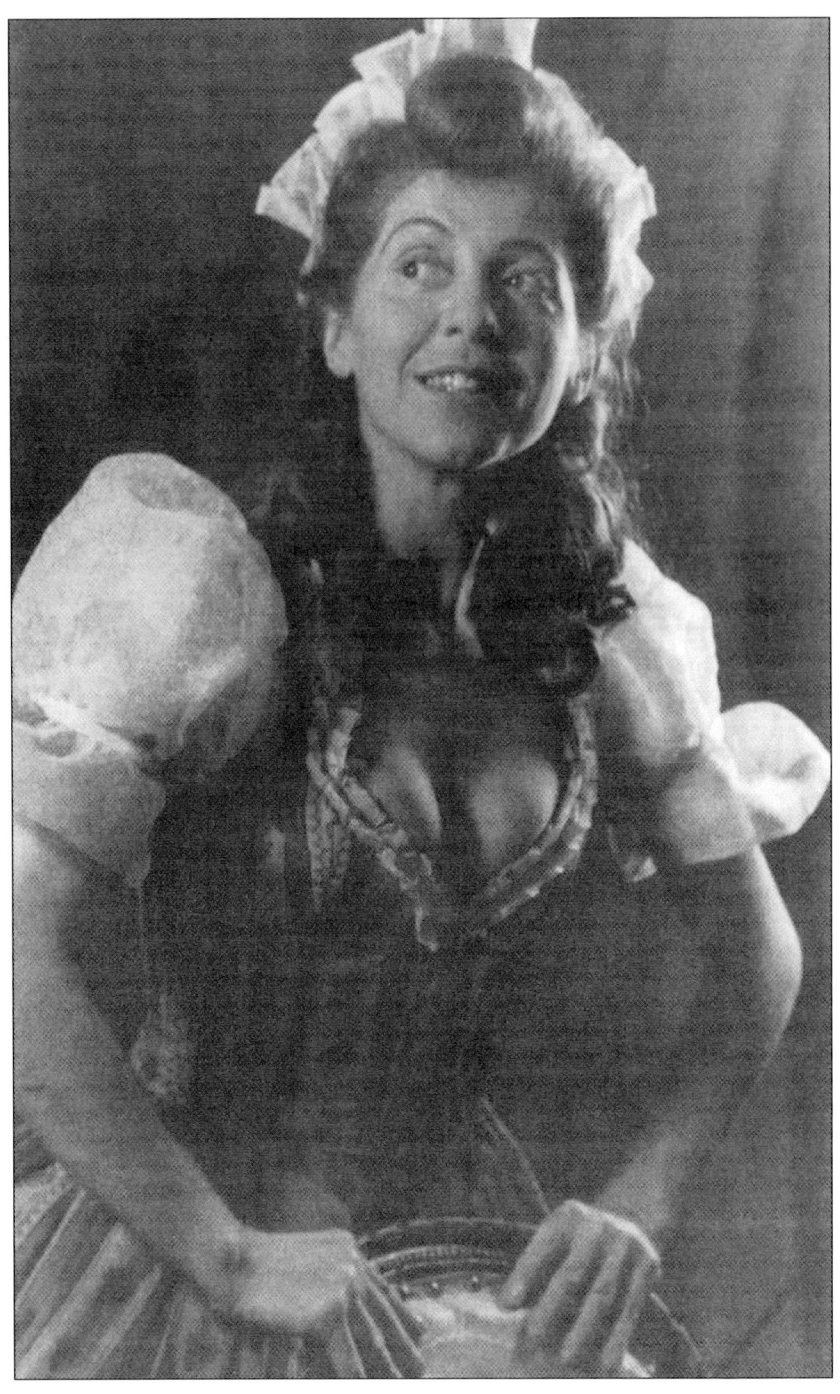

Als Kammerjungfer Dorine in »Tartuffe«, Thalia Theater Hamburg 1946

Als Zigeunerin und Wahrsagerin   Als »arische« Bigotte

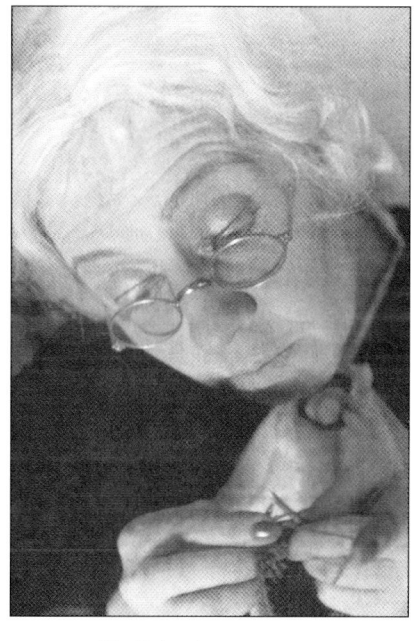

Als »französische« Verführerin   Als Schwiegermutter

Die vier Verwandlungen in »Seit Adam und Eva«, Thalia Hamburg 1948

Als Herzogin von Fanzig
in »Madame Sans-Gêne«
mit Hans Lietzau, Thalia
Hamburg 1950
»Die Salondame hatte
immer einen kleinen
Stich.«

Als Eliza Gant in »Schau heimwärts Engel« mit Dietmar Schönherr 1961
»… eines der bedeutenden künstlerischen Kapitel in unserer Ehe.«

Als Amy Preston in »Die Frau im Morgenrock«, Tournee 1965
Nach Johns Tod: »… wie in Trance gespielt«.

Als Portiersfrau Anni Wiesner in »Das Fenster zum Flur« wird Inge Meysel zur »Mutter der Nation«, Hebbel-Theater Berlin 1960.

Als Käthe Scholz in »Die Unverbesserlichen« mit Joseph Offenbach und Monika Peitsch (1965) – Fürsorgliche Glucke und energische Kämpferin

Als Germaine Lescot in »Teures Glück«, auf Tournee 1992 – Von 1985–1995 über 600mal dieselbe Rolle

Sabine Stamer
Inge Meysel

EUROPA
VERLAG

SABINE STAMER

INGE MEYSEL

Ihr Leben

Europa Verlag
Hamburg · Wien

Erstausgabe
© Europa Verlag GmbH, Mai 2003
Umschlaggestaltung: Kathrin Steigerwald, Hamburg
Foto: Ullstein Bild
Satz: Pinkuin Satz und Datentechnik, Berlin
Druck und Bindung: GGP Media, Pößneck
ISBN 3-203-83015-9

Informationen über unser Programm erhalten Sie beim
Europa Verlag, Neuer Wall 10, 20354 Hamburg
oder unter www.europaverlag.de

Inhalt

Glücklich-Denkerin –
Eine aussterbende Spezies

Wie ist die kleine Inge zur großen Meysel geworden? Woher nimmt sie ihre schier unerschöpfliche Energie? Warum ist sie so leidenschaftlich gern garstig? Ist sie zu Hause wirklich so wie im Fernsehen oder auf der Bühne? Warum ist sie eigentlich kein Weltstar?

In Gesprächen mit Inge Meysel selbst sowie Freunden und Kollegen aus den vergangenen Jahrzehnten habe ich versucht, Antwort auf diese und viele andere Fragen zu finden. Es ist ein Bild entstanden, das dem von ihr selbst geschaffenen Image nicht ganz entspricht. Ihre öffentliche Erscheinung hat sie nie dem Zufall überlassen, sondern gezielt geformt. Sie ist nicht nur eine exzellente Darstellerin, sie ist auch eine begnadete Selbstdarstellerin, versteht es meisterhaft, sich ins rechte Licht zu rücken.

Eine Zeit lang war sie die bekannteste Schauspielerin Deutschlands, vielleicht sogar die beliebteste. In den 6oer, 7oer Jahren gab es kaum jemanden, der von Inge Meysel noch nichts gehört hatte. Nahezu jeder kannte die patente »Mutter der Nation«, die ihre Herzlichkeit hinter schroffen und kiebigen Zurechtweisungen verbarg, die – wie so viele

Mütter im wahren Leben – leidgeprüft, tapfer und leidenschaftlich ihre Brut verteidigte, Söhne, Töchter, Ehemänner zu »ihrem Besten« treibend, ob sie es wollten oder nicht.

Die vielfältigen Gesichter der Theaterschauspielerin Inge Meysel wurden rasch weitgehend überdeckt vom Mutter-Klischee ihrer ersten populären TV-Rollen. Warum eigentlich? Hat das neue Medium Fernsehen – dem Inge Meysel anfangs übrigens äußerst skeptisch gegenüberstand – die Schauspielerin in die bekannte Schablone gepresst oder hat sie selbst dafür gesorgt?

Obwohl von den Nazis als »Halbjüdin« mehr als ein Jahrzehnt von der Bühne verbannt, bringt sie es auf über 50 produktive Jahre, dreht ihren letzten langen Film im stolzen Alter von 90, zeigt noch einmal, was sie kann, wenn sie den Mut hat, ihr eigenes Stereotyp hinter sich zu lassen.

Kaum eine andere Schauspielerin ist im Laufe ihres Lebens so verwachsen mit den Rollen, die sie spielt. Ob als Hausmeisterin im »Fenster zum Flur«, als Hausfrau in »Die Unverbesserlichen« oder als Geschäftsfrau »Ida Rogalski«, immer verkörpert Inge Meysel die Gerechtigkeit, spielt David gegen Goliath auf ihre eigene, unsentimentale Art. Sie gilt als moralische Institution der Nation. Sie zeigt dem »kleinen Mann« und vor allem der »Durchschnittsfrau«, wie man sich aus dem (wie auch immer gearteten) Schlamassel herauskämpft, und wirkt dabei hundertprozentig glaubwürdig.

Im Grunde spielt sie, was sie selbst erlebt hat, den eigenen Kampf ums Überleben. Bezeichnenderweise hat sie nie eine Person gespielt, die das Herz auf der Zunge trägt, nie eine sentimentale oder selbstmitleidige Frau. Diese Empfindungen sind ihr fremd. Aufsteigende Tränen bekämpft sie in ihren Rollen genauso wie als Privatperson. Schon 1953 kommt ein Kritiker zu dem Schluss: »Sie hält als echte Künstlerin mehr von den Gefühlen, die sie gestaltet, als von denen, die sie hat.«

Sabine Stamer

Im Kollegenkreis ist sie bekannt für Perfektionismus, Härte und Disziplin. Dafür wird sie gleichzeitig bewundert, geliebt und gehasst. Sie sei schwierig, heißt es allenthalben. Manche formulieren es drastischer: Sie sei bösartig und giftig. Es gibt Regisseure und Garderobieren, die mit ihr nichts mehr zu tun haben wollen, Taxifahrer, die sich weigern, sie zu chauffieren, Freunde, die Angst haben, sie anzurufen. Sie gilt als rechthaberische Person, die ihre Ellenbogen zu nutzen weiß und besonders Schwächeren gegenüber kein Erbarmen kennt.

Doch was die einen als beleidigend erleben, fassen andere als direkt, ehrlich und erfrischend auf. Und während man sich gerade ein Bild gemacht hat von ihrer gnadenlosen Kämpfernatur, erfährt man von ihrer ungewöhnlichen Hilfsbereitschaft und ihrer Großzügigkeit bei anderen Gelegenheiten.

Sie kann sehr biestig sein, aber nur selten ist sie verbiestert. Sie hat ein rundum positives Naturell mit einer gehörigen Portion Humor und unerschütterlichem Optimismus. Jammern und Klagen gehören nicht zu ihrem Repertoire. Wenn es regnet, sagt sie sich: »Wie schön, dass du die Blumen im Garten nicht zu gießen brauchst.« Als »Glücklich-Denkerin« bezeichnet sie sich selbst.

Sie ist weitestgehend furchtlos. »Du hast Hände zum Zupacken, Füße zum Weglaufen. Was soll dir eigentlich passieren?«, hat ihr Vater, die wohl wichtigste Person in ihrem Leben, gesagt. Die Krisen ihres Lebens hat sie mit der Zuversicht eines Stehaufmännchens gemeistert. »Gestern ist vorbei, morgen sorgt Gott, heute lebe«, ist eine ihrer meistzitierten Lebensweisheiten.

Sie sei eine »aussterbende Spezies«, befindet ihre treue Film-Tochter Monika Peitsch. So etwas wie Inge Mcysel gebe es kein zweites Mal. Recht hat sie.

Besuch in Bullenhausen –
»Aufs Gewesene
gibt der Jude nichts!«

Ein frostiger Sonntagmorgen Ende Februar; Hagel, Schnee und Sonnenschein wechseln sich ab. Eine dünne Schicht Harsch säumt die schmale Straße, die sich durch die Elbmarsch schlängelt, vorbei an schimmernden Birken, knorrigen Buchen und hohem Schilfgras, durch scheinbar ewig weites Weideland mit unzähligen Maulwurfshügeln. Weil die Schlaglöcher nur dürftig repariert sind, holpert das Auto langsam gen Bullenhausen, einem Dorf in der Nähe von Hamburg zwischen Elbe und Heide.

Der Südstrand ist eine Sackgasse, deren südlich gelegene Grundstücke unmittelbar an die Elbe stoßen. In einer der Villen wohnt Inge Meysel, in einem flachen Bungalow mit Sprossenfenstern und dunkelgrünen Fensterläden. Eine Katze aus blaugrauem Stein ist neben der schmiedeeisernen Gartenpforte in die niedrige weiße Backsteinmauer, die das Grundstück abschirmt, eingelassen. Ich klingele. Auf dem verwitterten Klingelschild steht kein Name.

»Hallo, wer ist da?«, fragt ihre unverkennbare herb-heisere Stimme. »Kommen Sie herein, ich bin aber nicht angezogen.« Während ich durch den großzügigen Vorgarten gehe, späht sie etwas misstrauisch durch den Türspalt, den die Sicherheitskette freigibt. »Sind Sie allein?« Das bin ich und darf also eintreten.

Ich habe ihr Osterglocken mitgebracht und eine kleine Flasche Champagner, wohl wissend, dass sie keine Kostverächterin ist. »Na, können Sie sich das überhaupt leisten? Haben Sie so viel Geld?«, quittiert sie die Mitbringsel trocken, aber sichtlich erfreut. Osterglocken, sagt sie, gehörten zu den wenigen Schnittblumen, die sie möge, im Gegensatz zu Rosen beispielsweise. Wenn die welkten, sei das ein schrecklicher Anblick.

Sie trägt einen langen beigefarbenen Strickmantel mit hohem Stehkragen. Es ist derselbe, mit dem sie auf ihren noch verbliebenen Autogrammkarten, die sie vor der Elbkulisse in ihrem Garten zeigen, posiert. »50 Jahre alt, der Mantel, und immer noch gut!«, versichert sie. Ihre winzigen nackten Füße stecken in karierten Pantoffeln. Ihre halblangen Haare sind ungekämmt und werden von zwei einfachen Haarclips zurückgehalten. Ein ereignisloser kalter Morgen, an dem es sich nicht lohnt, viel Aufhebens um Äußerlichkeiten zu machen. Selbst die Brücke sitzt noch nicht an ihrem Platz, um die Zahnlücke zu verdecken.

»Setzen Sie sich!«, fordert sie mich auf, während wir in die Küche gehen. »Aber nicht auf meinen Platz!« Da ich nicht weiß, welcher ihr Stammplatz ist, bleibe ich stehen, während sie nach einer Vase sucht. »Sie sollen sich hinsetzen!«, herrscht sie mich an, und ich bahne mir schnell einen Weg durch die Papierstapel, die jede verfügbare Fläche bedecken, den Tisch, die Stühle, das Buffet, sogar das Waschbecken und den Herd. Photos, Rechnungen, Zuschauerpost, alles großflächig ausgebreitet.

Sie erklärt, dass sie noch immer sehr viel Post bekomme und dass die Leute ganz reizend seien, weil sie frankierte

Rückumschläge beilegten. Aber sie könne das nun wirklich nicht mehr beantworten und mache manche Briefe gar nicht mehr auf. »Da hinten liegt ein Stapel«, sie weist durch die Tür ins Wohnzimmer, »das sind sicher 80 Mark.« Und dort liege noch ein Stapel mit mehr als 50 Mark, und irgendwo habe sie noch mehr Fanpost. Das sei sicher ein ganzes Vermögen, aber sie könne sich darum nicht kümmern und habe auch keine Hilfe.

Manchmal stünden die Leute an ihrem Gartentor, erzählt sie, und klingelten. »›Frau Meysel, wir wollen Sie wirklich nicht stören, aber können Sie mal rauskommen? Wir möchten Sie nur mal kurz sehen.‹ Sie hätten nur alte Photos von mir und wüssten gar nicht, wie ich heute aussehe. Na, sage ich ihnen, dann gucken Sie mal die alten Photos an, und behalten Sie mich so in Erinnerung!« – Und dann geht sie natürlich nicht ans Tor, um sich zu zeigen.

Trauert sie ihren jüngeren Jahren nach? »Vorbei ist vorbei!«, verneint sie kategorisch. »Aufs Gewesene gibt der Jude nichts!« Mindestens vier-, fünfmal wird sie diesen Leitspruch während unseres Gesprächs wiederholen. Was für eine sonderbare Lebensweisheit für eine 92-Jährige, die auf eine derart reiche Vergangenheit zurückblicken kann.

Wir sitzen am Küchentisch und blicken auf ihr herrliches Grundstück an der Elbe, eine weitläufige weiße Fläche, die ein wenig glitzert, sobald der dunkelgraue Himmel ein paar Sonnenstrahlen freigibt. »Normalerweise«, sagt sie bedauernd, »kann man ja rausgehen, und dann könnte ich Ihnen zeigen, dass unten am Wasser ein richtiger weißer Sandstrand ist. Da kann man sich im Sommer hinlegen und sich ein Kissen aus Sand bauen unter dem Kopf. Wunderschön!«

Sie geht oft hinunter an die Elbe, wenn es das Wetter erlaubt, hat sich extra eine Treppe bauen lassen über diesen kleinen Deich, der ihr Haus vor Hochwasser schützen soll.

»Manchmal ist die Wiese voller kleiner Margeriten, Gänse-blümchen, aber das wollte ich eigentlich nicht sagen, nach-her kennen Sie dieses Wort und denken: Ach, jetzt ist sie bei den Gänseblümchen angelangt.« Natürlich erinnere ich mich, wie wir als Kinder die Blätter gezupft haben: Er liebt mich, er liebt mich nicht. »Ich habe das noch mit 16 gemacht, und da wird es gerade erst interessant!«, betont sie und lacht.

»Kommen Sie bloß nicht auf die Idee, irgendetwas von den Sachen, die dort herumliegen, wegzunehmen!«, raunzt sie plötzlich. «Gucken Sie nicht so, man hat mir schon häu-fig etwas weggegrabscht, nur um zu sagen: Das lag schon auf dem Küchentisch bei der Meysel. Da sind schon die tollsten Dinge passiert!«

Die Küche lässt in all dem Chaos etwas erahnen von ih-rem früheren Charme aus jenen Tagen mit dem zweiten Mann John Olden, doch haben die kupferne Abzugshaube, die Pfannen und Töpfe ihren Glanz verloren. Ein paar Blümchen auf dem Tisch, allüberall Photos von Inge Meysel, auf dem Kühlschrank ein Bild John Oldens.

Sie fischt zwischen den Papierstapeln ein Kreuzworträt-selheft hervor und sucht nach einem Urwaldtier mit neun Buchstaben. Sie liebt Kreuzworträtsel, das schule das Ge-dächtnis. Dauert das Raten zu lange, lässt sie das Heft ein-fach liegen und nimmt sich vor, am nächsten Morgen weiter-zumachen, nicht nachmittags, sondern morgens, denn da falle ihr mehr ein. Morgens sei sie einfach fitter. Ein paar Kästchen bleiben immer unausgefüllt. »Naja, Inge«, gibt sie freimütig zu, »die Hälfte bleibt meistens frei.« Schließlich habe sie auch noch andere Dinge zu tun. Zeitung lesen zum Beispiel. Auf dem Tisch liegt gerade die »Welt am Sonntag«.

Eigentlich schätzt sie dieses Blatt nicht so sehr, doch meint sie immer wieder Informationen darin zu finden, die woanders nicht erwähnt werden. Den Axel Springer, den habe sie übrigens sehr gemocht, vor allem weil er wirklich herzlich lachen konnte, was ihrer Meinung nach nur sehr wenig Leute verstehen. Und weil er ein schöner Mann war, hochattraktiv. »Das hat der auch gewusst und häufig ausgenutzt.« Immer schick gekleidet sei er gewesen, toller Anzug, guter Regenmantel oder im Winter einen Ulster drüber. Ganz im Gegensatz zu anderen Journalisten. »Was da manchmal bei mir ankommt, da merkt man, dass die Geld verdienen müssen.«

Seit langem schon abonniert sie das »Hamburger Abendblatt«. Und da hat ihr doch neulich der Zeitungsausträger nahe gelegt:

»Frau Meysel, warum abonnieren Sie nicht Monat für Monat? Sie wissen doch gar nicht, ob Sie in einem halben Jahr noch leben.«

»Na, sehr freundlich von dem, sehr freundlich!«, kommentiert sie kopfschüttelnd, aber keinesfalls ernsthaft beleidigt.

Kaum jemand spricht so offen vom unvermeidlichen Tod wie sie. »Also, wenn Sie kommen wollen, rufen Sie mich zwei, drei Tage vorher an«, riet sie mir schon bei meinem ersten Anruf, »fragen Sie, ob ich noch lebe, ob ich noch alle Tassen im Schrank habe und noch gerade stehen kann. Einen Rollstuhl habe ich nicht, und im Bett empfange ich niemanden.«

Am liebsten empfängt sie Besucher am späten Vormittag. Ganz wie früher. Da hat sie ihre Freunde gern zum Brunch eingeladen. Soweit es geht, hält sie an alten Gewohnheiten fest. Abends sieht sie oft fern, bis in die Nacht hinein, bis ein, zwei Uhr, weil sie sowieso nicht gut schlafen kann. Sie hat nur fünf Kanäle, aber da sucht sie sich eben das Beste raus und fühlt sich so rundum informiert. Am Ende wiederhole sich ja doch alles. Sie selbst würde von Journalisten auch immer dasselbe gefragt und müsse sich eingestehen: »Mensch, Inge, was du der gerade gesagt hast, das hast du doch vor drei Monaten schon jemand anders gesagt.«

Würde sie gern noch mal eine Rolle annehmen? »Na, da hoffe ich sehr, dass die da oben so verrückt sind und mich nochmal anrufen, weil sie mich brauchen. Es kommt darauf an, ob gerade jemand etwas schreibt, das zu mir passen könnte, und ob die dann denken: Ja, die Meysel, die könnte noch als Achtzigjährige durchgehen. Wenn die das macht, sieht das immer noch gut aus in unserem Programm.« Das hänge schließlich nicht von ihr ab, sondern davon, ob andere »die olle Meysel« noch spielen lassen wollten. Früher hatte sie viele Möglichkeiten, aber heute? Nun gut: »Vorbei ist vorbei, und aufs Gewesene gibt der Jude nichts!«

Vor einigen Jahren hat sie noch mit Johannes Heesters auf der Bühne gestanden. »Da hab ich mich bei ihm untergehakt und gesagt: Guck mal, Johannes, sind wir nicht ein schönes Paar? Aber Inge, mach doch die Augen auf, hat er geantwortet, und schau, was du siehst!« Wenn sie manchmal aus dem Fenster blickt, sind es die grauen Wolken am Himmel, die sie ermahnen, bloß nicht zu übermütig zu werden, da es ja bald so weit sein könnte.

»So, jetzt werfe ich Sie raus!«, sagt sie unvermittelt. »Sie sitzen sich da schon lange genug den Hintern platt. Jetzt können Sie eine kleine Geschichte schreiben und ein bisschen Geld verdienen, falls Sie nicht fest angestellt sind. Ich muss noch meine Zeitung lesen.« Sie begleitet mich durch die Papierberge, die auch im Flur ausgebreitet sind, und hält mir ein paar Kontoauszüge unter die Nase: »Sehen Sie, so viel hab ich noch, und davon muss ich nun alles bezahlen. Das reicht nicht, ich muss warten, bis wieder etwas reinkommt. Denn das meiste, das ich habe, ist ja fest angelegt für Christiane, meine Adoptivtochter, wissen Sie.« An der Garderobe hängt immer noch Johns Hut, fast 40 Jahre nach seinem Tod. Zum Abschied drückt sie mir zwei frankierte Kuverts in die Hand: »Aber bitte, stecken Sie die wirklich ein, behalten Sie sie nicht!«

So lasse ich die kleine alte Dame zurück inmitten ihrer Fanpost und ihrer unbezahlten Rechnungen. Vor dem Gartentor begegne ich einem Spaziergängerpaar, das gerade das Klingelschild inspiziert und neugierige Blicke über das weiße Mäuerchen wirft.

Im Februar 2002, nach der ersten Begegnung

Eine schwierige Geburt –
J für Johnny

Eigentlich sollte sie ein Junge werden. Wiege, Wäsche Strampelanzüge und Eisbärenfell, alles ist in Blau gekauft oder eingefärbt. Tellerchen und Becherchen zieren bereits ein goldenes »J«. J für Johnny. Hundertprozentig sicher sind sich alle Beteiligten, dass hier ein kleiner Stammhalter das Licht der Welt erblicken wird. Als am 30. Mai 1910 gegen acht Uhr morgens der unverkennbare Schrei eines Neugeborenen ertönt, lässt der junge Vater erleichtert den Champagnerkorken knallen, um mit den versammelten Großeltern auf »seinen Sohn« anzustoßen.

»Hier haben Sie Ihren Sohn«, konstatiert die Hebamme kühl, ein schreiendes, schwarzhaariges Bündel im Arm, »allerdings fehlt ihm eine Kleinigkeit.« Johnny ist ein Mädchen. Die Großeltern zeigen sich ebenso fassungslos wie der frisch gebackene Vater, während die Mutter – betäubt nach der anstrengenden Niederkunft, die per Zange vollendet werden musste – noch nichts von dem großen Irrtum ahnt.

Ein weiterer Makel zeichnet diese Geburt: Das Kind kommt unehelich zur Welt.

Hals über Kopf haben sich der 18-jährige Julius Meysel

und die gerade mal 17 Jahre alte Margarete Dagmar Antonie Luise Hansen, kurz Grete genannt, ineinander verliebt – mit unbeabsichtigten, aber schwer wiegenden Folgen. Eine Weile schnürt Grete sich weiterhin ihre Wespentaille, bis sie schließlich einsieht, dass sie der Mutter beichten muss. Diese trägt's mit Fassung, doch was wird der Vater sagen? Der bangt natürlich um seinen Ruf. »Peter Hansen hat eine Tochter, die ein uneheliches Kind erwartet«, werden die Leute sagen, seine Skatbrüder, seine Kunden, seine Familie! Voll in Rage macht sich Peter Hansen umgehend auf den Weg zum Übeltäter, vergisst all seine guten Manieren und beschimpft die Mutter desselben, Regina Meysel, ohne sich überhaupt vorzustellen. Schließlich ist seine unschuldige Tochter von ihrem frivolen Früchtchen geschwängert worden. Regina Meysel soll Haltung bewahrt und den wutschnaubenden fremden Mann zunächst darauf aufmerksam gemacht haben, dass zum Schwängern immer zwei gehören.

Klar ist jedenfalls beiden: Nur eine Heirat kann die Schande aus der Welt schaffen. Peter Hansen will ein rauschendes Fest mit Orgelklängen und Blumen streuenden Kindern, eine Hochzeit in Weiß in der St.-Andreas-Kirche, wo all seine Kinder bereits getauft worden sind. Daraus wird aber nichts, die Meysels sind jüdisch.

Grete Hansen und Julius Meysel stammen also aus sehr verschiedenen Ställen.

Julius' Mutter Regina ist eine für die damalige Zeit außergewöhnlich selbstständige Frau, die sich nach dem frühen Tode ihres Mannes ein eigenes Leben aufgebaut hat. Sie ist eine geborene Guttentag, entstammt einer angesehenen großbürgerlichen Familie in Breslau, die ihr eine fromme, jüdische Erziehung und eine gute Höhere-Tochter-Bildung mit auf den Weg gegeben hat. Sie hat nicht nur Kochen, Sticken, Malen und Nähen gelernt, sondern auch Englisch und

Französisch. Als 16-Jährige wird sie mit dem 30 Jahre älteren Kaufmann Julius Meysel verheiratet, der nach wenigen unglücklichen Jahren, noch vor der Geburt ihres dritten Sohnes Julius, stirbt.

Für drei Jahre geht Regina mit ihren drei kleinen Söhnen, Karl, Harry und Julius, wieder zurück zu ihren Eltern. Doch dann nimmt sie das Erbe ihres Mannes, lässt sich auch vom Vater auszahlen und wagt in Berlin einen Neuanfang. Sie entwirft und näht Blusen, die sich so gut verkaufen, dass sie schon bald zwei Näherinnen anstellen kann. Binnen zehn Jahren leitet sie eine Blusenfabrik mit über 30 Angestellten.

Karl, ihr Ältester, wird Apotheker, Harry, der Mittlere, Designer. Den Jüngsten, Julius, wollte sie eigentlich zur Universität schicken, doch dafür bleibt jetzt nach der unvorsichtigen Liebe zu Grete Hansen keine Zeit mehr. Anstatt Jura zu studieren, muss Julius in der Fabrik seiner Mutter das Geld für den Unterhalt seiner jungen Familie verdienen.

Grete stammt aus eher kleinbürgerlichem Milieu. Ihre Eltern, Peer Marius Linius und Anna Hansen, sind aus dem dänischen Randers zugewandert. Peer eröffnet in der Berliner Koppenstraße ein Kürschnergeschäft und nennt sich von da an Peter. Die Familie behält allerdings die dänische Staatsbürgerschaft. Anna bringt neun Kinder zur Welt, von denen nur vier überleben. Der älteste Sohn, Max, wird ein bekannter Radrennfahrer und verunglückt tödlich. Der zweite, Hermann, fällt im Ersten Weltkrieg. Der jüngste Sohn, Paul, wird Opernsänger, verliert aber seine Stimme und hält sich als Operettenkomiker in der Provinz über Wasser. Die einzige Tochter, Grete, ist nun plötzlich schon mit 17 Jahren schwanger.

So verschieden die Hansens und die Meysels sind, sie haben ein gemeinsames Interesse, nämlich Pferde und Trabrennen. Während allerdings Regina Meysel über ausreichende

Reserven verfügt, um Reitstunden für ihre Söhne und Wetteinsätze zu finanzieren, wird es bei den Hansens knapp, wenn Peter mal wieder aufs falsche Pferd gesetzt hat. Auf der Trabrennbahn lernen sich Grete Hansen und Julius Meysel kennen, und zwar im Stall des berühmten Pferdejockeys Johnny Mills. Nach ihm also soll das Produkt ihrer stürmischen Liebe benannt werden.

Vorher aber gilt es, die Liaison zu legalisieren. Da ja nun eine kirchliche Trauung zum Leidwesen der Hansens nicht möglich ist, wird das standesamtliche Aufgebot bestellt für den 1. Januar 1910, noch früh genug, um das entstehende neue Leben unter einem entsprechend geschneiderten Hochzeitskleid zu verstecken. Auch an diesem Tag, so heißt es gar, habe sich die Braut, inzwischen im vierten Monat schwanger, ihre Taille noch eng geschnürt. Eine Kutsche fährt das Brautpaar sowie die beiden Trauzeugen, Peter Hansen und einen Vetter der Familie Meysel, zum Rixdorfer Standesamt.

Dort wartet eine böse Überraschung. Der Standesbeamte zeigt sich äußerst erstaunt über ihr Erscheinen. Man habe doch alles annulliert, da die Papiere aus Dänemark, die die 17-jährige Braut für heiratsfähig erklären sollen, nicht eingetroffen seien. Vater Hansens Einwilligung reiche angesichts des Alters der Braut nicht. Der Beamte bleibt unerbittlich.

Was nur soll man den Gästen erzählen, die in wenigen Stunden im Festsaal eintreffen werden? Der Vetter aus Breslau bleibt gefasst und schlägt vor, einfach niemandem zu erzählen, dass die amtliche Zeremonie geplatzt ist, zu feiern wie geplant, auch die Hochzeitsreise anzutreten wie geplant und den Gang zum Standesamt in wenigen Wochen nachzuholen. Gesagt, getan, man schwört sich ewige Verschwiegenheit. Angeblich erfahren nicht einmal die Mütter die Wahrheit. Die Gäste amüsieren sich prächtig, und die angeblich frisch Vermählten schwirren ab in die Flitterwochen nach Lugano.

Nach ihrer Rückkehr beziehen sie eine kleine Wohnung, die ihnen die Eltern eingerichtet haben, und zwar im eher ärmlichen Stadtteil Rixdorf, einer Schlafstadt mit Mietskasernen voller winziger überfüllter Wohnungen. Die spätere Umbenennung in Neukölln konnte nur wenig zur Imageaufbesserung beitragen. Hier also kommt das mit so vielen Makeln behaftete Baby zur Welt, bevor die amtliche Trauung der Eltern nachgeholt werden kann.

Da das Kindergeschirr in Erwartung »Johnnys« nun mal bedruckt ist, beschließt man, das goldene «J« könne ebenso gut als »I« durchgehen. Das in Hellblau gebettete Mädchen soll nun Inger heißen. Julius Meysel macht sich auf den Weg zum Standesamt, um die Geburt seiner Tochter anzuzeigen. Doch wieder einmal wird er abgewiesen und muss lernen, dass ein unehelicher Vater keinerlei Rechte hat. So obliegt es also Peter Hansen, das illegitime Kind registrieren zu lassen. Verlegen, wie er angesichts der blamablen Geburtsumstände seines Enkelkindes ist, setzt er dem Beamten nicht den geringsten Widerstand entgegen, als der einfach bestimmt, Inger sei ein merkwürdiger Name, und Ingeborg klinge doch viel besser.

So wird aus Johnny eine Ingeborg Charlotte Hansen, und aus dieser schließlich Inge Meysel, nachdem die Eltern im August desselben Jahres endlich die Hochzeit nachholen können und Julius seine Tochter anerkannt und adoptiert hat.

Inge erfährt von ihrer unehelichen Geburt erst, als sie acht Jahre alt ist, und zwar durch einen dummen Zufall. Es ist der Tag der ersten Schulimpfung, eine aufregende Angelegenheit, da die Tapferkeit der Impfopfer mit einer großen roten Schleife um den Oberarm belohnt wird, die die kleinen Helden tagelang stolz vor sich her tragen. Die erfolgte Impfung muss in die Stammbücher eingetragen werden. Eine Ärztin ruft die Kinder auf.

»Ingeborg Hansen!«

Niemand meldet sich, und die Lehrerin zeigt sich verwirrt, weil sie kein Kind namens Hansen in der Klasse führt. Schließlich hebt Inge den Finger und erklärt, dass ihre Mutter eine geborene Hansen sei und dass es da vielleicht eine Verwechslung gebe. Sie sei aber eindeutig eine Meysel. Da blättert die Ärztin um und findet auf der nächsten Seite die Anerkennung durch den Vater.

Inge ist entsetzt. Sie rennt aus der Schule, nach Hause in die Kadiner Straße, klingelt Sturm. »Was für Schweine ward ihr eigentlich?«, schleudert sie ihrer Mutter entgegen, als diese öffnet. Die peinlich berührte Grete läuft rot an und beeilt sich, ihrer Tochter zu erklären, dass sie eben ein »Kind der Liebe« sei.

Eine Weile lang erfindet Inge Geschichten – ihre Mutter habe den Vater nicht geheiratet, weil sie ihn nicht mehr leiden konnte und Ähnliches –, um sich von der angeblichen Schmach freizureden. Später wird die Untugend der Eltern zum willkommenen anekdotischen Detail in der Meyselschen Biografie.

Kindheit im Krieg –
Engel Inge an der Rampe

Julius und Grete lassen sich – jung wie sie sind – den Spaß am Leben durch Inges Anwesenheit nicht verderben. Fast jeden Abend geben sie ihr Baby wie ein kleines Paket bei den Großeltern ab und gehen dann tanzen, zur Trabrennbahn, ins Theater oder in die Oper. So kann sich Inge Meysel heute an keine einzige Nacht zu Hause erinnern. Auf jeden Fall, so meint sie, seien die anderen Eindrücke wesentlich stärker gewesen.

Sie weiß noch sehr gut, wie sie bei Opa Hansen durch den Laden in der Koppenstraße krabbelte, durch Pelzmäntel und Pelzmützen. Als Dreijährige setzt sie sich in die Auslage und liefert den Passanten Vorstellungen, setzt sich Pelzkappen auf, bindet sich Fuchsschwänze um, so lange, bis jemand ruft: »Herr Hansen, Ihre Kleine ist mal wieder im Schaufenster!« Dann versohlt der Opa ihr den Hintern und bringt sie zu Oma Hansen hinauf, wo sie es »schrecklich langweilig« findet.

Bei Oma Meysel ist es ganz anders. Die hat ein Himmelbett mit vier Pfosten und seidenen Vorhängen zum Zuziehen. Da kuschelt sich Klein Inge in Großmutters Arme und lauscht ihren Liedern und Geschichten. Sanfte Märchen erzählt Regina Meysel, in denen es keine bösen Stiefmütter und keine Wölfe gibt.

Inge ist ein fröhliches Kind, ein hübscher kleiner Rotschopf. Sie habe fast immer gelacht, erzählt man ihr später. Doch gibt es ein Problem: Sie ist lange Zeit ein stummes Kind, das erst nach knapp zwei Jahren sein erstes Wort über die Lippen bringt. Stundenlang versucht Grete, ihr ein »Mama« zu entlocken, während Julius darauf erpicht ist, als Erstes »Papa« zu hören. Selbst ein Arzt wird zu Rate gezogen, doch der bleibt gelassen: »Lassen Sie das Kind in Ruhe, es wird noch genug reden müssen im Leben.« Wie sehr er Recht bekommen sollte! Inge jedenfalls entschließt sich kurz vor ihrem zweiten Geburtstag, »Dete, Dete!« zu rufen, und damit der Papa nicht allzu lange beleidigt sein muss, schiebt sie wenige Tage später ein »Jule« hinterher.

Sie nennt ihre Eltern weiterhin »Jule« und »Grete«, was die Mutter, die lieber eine traditionelle »Mama« wäre, sehr bedauert. Doch wird ihr diese Anrede nur auf Tschechisch gewährt. »Oh, ihr habt aber eine schöne Madka!«, lässt ein kleiner tschechischer Freund der Familie bei seinem ersten Besuch verlauten. »Madka« – dabei bleibt es, so ruft Inge ihre Mutter bis zu deren Tod, während sie ihren Vater häufig »Jule-Pa« nennt.

Onkel Paul, der Sänger, verhilft Inge im Alter von dreieinhalb Jahren zu ihrem ersten Auftritt: auf der Bühne des Potsdamer Hoftheaters als Engel in der Humperdinck-Oper »Hänsel und Gretel«. Als die Musik verklingt und der Vorhang fällt, treten die beiden Hauptdarsteller, Hänsel und Gretel, vor, um sich zu verbeugen, während die Engel von der Bühne rennen. Engel Inge allerdings zieht es schon in diesem zarten Alter ins Rampenlicht. In ihrem weißen Hemdchen knickst sie so lange, bis ein älterer Engel er-

Sabine Stamer

scheint und sie als schreiendes, strampelndes Bündel von der Bühne trägt. Das Publikum ist begeistert, doch für Inge ist das der erste und letzte Auftritt am Potsdamer Hoftheater.

Onkel Paul aber hält die Theaterkarriere seiner Nichte damit noch nicht für beendet. Als sie vier Jahre alt ist, bringt er sie in die Ballettschule am Straußberger Platz. Inge ist begeistert, zumal sie dann auch noch ihre eigenen Ballettschuhe erhält. Unentwegt übt sie: Spitze, Hacke, hoch, runter … Daher, so meint sie später, habe sie vielleicht ihren schönen Spann bekommen, den so viele Verehrer an ihr bewundern.

Weitere Märchen-Aufführungen verfolgt Inge nun aber erst mal aus dem Zuschauerraum. Oft besucht die Mutter mit ihr das Rose-Theater in der Frankfurter Allee, wo es jeden Samstagnachmittag eine Vorstellung gibt. Da sitzt sie oben in der Loge, gerade mal groß genug, um über den Rand blicken zu können, bestaunt, wie sich der rote Samtvorhang öffnet, sieht, wie Frau Holle die Betten ausschüttelt und die sieben Zwerge über die Bühne tanzen. Eines Tages hält es sie nicht mehr auf ihrem Platz. »Mitmachen! Mitmachen!«, ruft sie und lehnt sich über die Brüstung. Nur der beherzte Zugriff eines anderen Zuschauers bewahrt sie vor dem Sturz ins Parkett.

Da sich die öffentlichen Auftritte etwas schwierig gestalten, versucht sie es zu Hause, spielt jede Rolle nach, die sie von ihren Theaterbesuchen kennt, fragt Freunde und Bekannte, ob sie etwas vortanzen dürfe, anfangs zum Entzücken, später dann zum Leidwesen der Besucher, weil sie einfach nie Ruhe geben will. So jedenfalls hat es Inge Meysel in Erinnerung.

Manche ihrer Kindheitsanekdoten eignen sich gut – fast zu gut, um wahr zu sein – als frühe Zeichen der späteren Begabung und Passion. Inge Meysel ist eine lebhafte Erzählerin, eine, die auch beim Reden gern schauspielert. So erstaunt es nicht, dass ihre Geschichten immer wieder leichte Wandlungen erfahren. Veranlassen sie etwa in der einen Version die tanzenden sieben Zwerge, über die Logenbrüstung zu klettern, so sind es in einer anderen die Schneeflocken der Frau Holle. Aber ist das etwa ein substanzieller Unterschied? Soll sie uns vielleicht mit einer trockenen, ungeschmückten Skizze abfertigen? Das wäre doch nichts, was ein breiteres Publikum faszinieren könnte.

Nach ein paar Jahren verlassen Julius, Grete und Inge Rixdorf, sie ziehen ins zentralere Stralauer Viertel. Hier mieten sie in der Kadiner Straße, ganz in der Nähe von Opa Hansens Pelzgeschäft und Regina Meysels Domizil, eine Zweizimmerwohnung. Ein kleiner sozialer Aufstieg sozusagen. Diese Gegend südlich der Frankfurter Allee ist sozial gut gemischt, Bürger in den komfortableren Vorderhäusern, Arbeiter in den engeren Hinterhäusern.

Inge spielt gern auf den Hinterhöfen und verärgert damit ihren Vater, der entschieden der Meinung ist, das sei nicht der rechte Umgang für seine Tochter. Sarkastisch zitiert er später häufig Wilhelm Buschs »Fromme Helene«: »›Ein jeder Jüngling hat nun mal 'n Hang fürs Küchenpersonal.‹ Bei mir ist es eben meine Tochter.«

Als Inge vier Jahre alt ist, zieht Deutschland in den Krieg. In Sarajewo werden der österreichische Thronfolger, Erzherzog Franz Ferdinand, und seine Frau von einem serbischen Nationalisten ermordet. Österreich-Ungarn und Deutschland nehmen das Attentat zum Anlass, endlich mit dem längst unbequem gewordenen Serbien aufzuräumen. Zunächst wird das Säbelrasseln von der Bevölkerung noch mit Hurra-Geschrei begrüßt. Alle glauben den Worten des Kaisers Franz-Josef, dieser Rachefeldzug werde nur ein kleiner »Spaziergang« sein. Kaum jemand ahnt, dass hier ein vierjähriger weltweiter Krieg angefacht wird, der über acht

Sabine Stamer

Millionen Soldaten das Leben kosten und 21 Millionen verwunden wird – von den Leiden der Zivilbevölkerung nicht
zu reden.

Jeder will dabei sein, viele melden sich freiwillig in den
ersten Kriegsmonaten, auch die beiden Meysel-Brüder Karl
und Harry.

Julius wird im Herbst eingezogen und kommt zunächst in
das Garnisonsstädtchen Jüterborg, 50 Kilometer von Berlin
entfernt. Ab und zu können Grete und Inge ihn dort besuchen. Grete weint jedes Mal, wenn sie wieder ohne Julius
nach Hause zurück müssen. Im Frühjahr 1915 muss Julius
an die Front, und das gerade, als Grete wieder schwanger geworden ist. Dieses Mal soll es wirklich ein Junge werden.

Als die ersten Wehen einsetzen, nimmt Grete ihre fünf-
jährige Tochter beiseite, drückt ihr ihr Erspartes in die kleine
Hand und sagt: »Hör mir mal gut zu. Du bist doch ein er-
wachsenes Mädel. Wenn mir und deinem Brüderchen was
passiert, dann lässt du uns ein schönes Begräbnis ausrichten
mit vielen Blumen.« Inge aber ist überzeugt, dass Opa Hansen genug Geld hat für eine angemessene Beerdigung, sie hat
eine bessere Idee: »Ich heb das Geld lieber auf für Julius und
mich.« Natürlich ist der Papa später, als er von dieser Geschichte hört, äußerst stolz auf seine Tochter: »Siehst du, ich
wusste immer, auf Inge ist Verlass.«

Tatsächlich wird am 3. November ein Junge geboren. Julius ist zur Geburt nicht anwesend, er bekommt keinen Ur-
laub. Zum Standesamt geht Grete diesmal selbst, weil sie
befürchtet, Peter Hansen würde sich ein zweites Mal über-
tölpeln lassen. Zum Glück, denn auch dieses Mal hat der
Beamte Einwände. Harry soll der Kleine heißen? Ein englischer Name, jetzt, wo Deutschland im Krieg steht gegen
England? Das kommt nicht in Frage. Doch Grete liest ihm
die Leviten: Während er hier auf seinem Hintern sitze,

kämpfe der Onkel des Kindes, Harry mit Namen, an der Front. Da weiß sich der Amtsschimmel nicht mehr zu wehren und gibt auf. Inges Brüderchen wird also Harry genannt.

Die große Schwester erweist sich schon in jüngsten Jahren als geschäftstüchtig. Da locken sie beim Fleischer neben Großvaters Kürschnerladen die köstlichen heißen Würstchen. Allerdings zeigen sich die Erwachsenen nur selten spendabel, und so greift Inge zur Selbsthilfe. Sie organisiert sich schwarze Schuhcreme und eine Bürste, packt alles in die Zigarrenkiste, worin sie ansonsten Maikäfer sammelt, klemmt sich ihre Ausrüstung unter den Arm und macht sich auf den Weg zur großen Frankfurter Allee, wo sie vorbeieilende Passanten auf ihre schmutzigen Schuhe aufmerksam macht. Für zehn oder zwanzig Pfennig könne sie das beheben, bietet Inge an. Leider wird sie eines Tages – noch bevor sie große Reichtümer anhäufen kann – von Julius erwischt. Doch scheint er weniger verärgert als vielmehr stolz auf seine pfiffige Tochter zu sein. Sie könne ja ihrem Vater die Schuhe bürsten, schlägt er vor, und so ein bisschen Geld verdienen.

Natürlich entfremden sich Vater und Tochter durch die lange kriegsbedingte Trennung. An einem Frühjahrsabend 1916 kurz vor Ostern klingelt es. Es ist Badetag. Harry ist schon sauber und gewickelt. Nun ist Inge dran, das heiße Wasser steht bereits auf dem Herd. Ihr graust es vor dem Baden, und so öffnet sie, erleichtert über die kleine Galgenfrist, die Tür – und schreit wie am Spieß.

Vor ihr steht ein verdreckter Mann mit dichtem schwarzen Bart. Wie alle Kinder fürchtet sie sich gewaltig vor dem »schwarzen Mann«, mit dem die Eltern dem ungezogenen Nachwuchs drohen. Nun steht er da leibhaftig vor der Tür. Und ihre Mutter lässt sich obendrein noch von ihm küssen. Nie hat Inge ihr verziehen, dass sie in dieser Nacht ihren in-

Sabine Stamer

zwischen angestammten Platz im großen Bett räumen und auf dem Sofa schlafen muss. Verzweifelt weint sie sich in den Schlaf, während Grete und der Fremde das Baby bewundern.

Am nächsten Morgen sitzt der Mann gewaschen und rasiert am Frühstückstisch. Nur langsam taut Inge auf, bis sie schließlich wagt, sich auf seinen Schoß zu setzen. »Na, sind wir wieder Jule und Inge?«, fragt er.

In Julius' Fronturlaub fällt ein wichtiges Ereignis: Inges erster Schultag. Sie ist zwar noch keine sechs Jahre alt, doch hat ihr Großmutter Meysel schon ein wenig Lesen, Rechnen und Schreiben beigebracht. Sie kommt in die Gemeindeschule in der Litauer Straße (heute Lasdehner Straße), ein roter Backsteinbau gleich um die Ecke. Sie ist die Einzige, die nun, da alle Väter eingezogen sind, von ihrem Papa begleitet wird.

Gleich am ersten Tag kommt es zu einem kleinen Disput mit der Klassenlehrerin, an den sich Inge Meysel lebhaft erinnert.

»Ich muss mal raus!«, verkündet die Erstklässlerin schon nach einer halben Stunde.

»Es gibt eine Pause, dann darfst du«, entgegnet die Lehrerin.

»Nein«, bleibt Inge hartnäckig, »Jule hat gesagt, wenn ich muss, muss ich, einhalten soll ich nicht, das ist ungesund.«

Doch so schnell will sich die Lehrerin ihrer Autorität nicht berauben lassen: »Dein Jule hat hier gar nichts zu sagen, hier bin ich Jule«, weist sie Inge zurecht.

Die kann ihre Lehrerin von da an natürlich nicht mehr ausstehen, und Julius stärkt ihr den Rücken: »Du, die ist ganz nett. Aber wenn du musst, dann gehst du trotzdem raus.«

»Mein ganzes Leben hat mich niemand mehr daran gehindert, rauszugehen, wenn es sein musste«, resümiert Inge Meysel in ihrer Autobiografie. »Was Jule mir beibrachte, das behielt ich fürs Leben.« Vor Lehrern, Polizisten und sonstigen Beamten müsse man sich keineswegs fürchten, lernt sie von ihrem Vater, denn im Grunde seien sie alle seine Angestellten. Schließlich würden sie alle von ihm, dem Steuerzahler, bezahlt. Ist es etwa Julius Meysel zuzuschreiben, dass Renitenz und Resolutheit einmal geradezu das Markenzeichen seiner Tochter sein werden? Vorschriften lässt Inge Meysel sich ihr Leben lang nicht machen. Eigensinnig wird sie ihren Weg gehen, recht unbeirrt von der Meinung anderer mit einem unverbrüchlichen Selbstbewusstsein, zu dem Julius' Lebensweisheiten sicherlich ihren Teil beigetragen haben.

Spätestens in jenem Frühjahr 1916 ist jedem klar, dass dieser Krieg mehr als ein »Spaziergang« ist. Während die Männer an der Front stehen, kämpfen die Frauen zu Hause um das tägliche Brot. Grundnahrungsmittel sind mittlerweile rationiert und nur mit Lebensmittelkarten erhältlich. Inges Familie gehört zu den Glücklichen, die noch andere Quellen haben. Die dänische Regierung schickt regelmäßig Lebensmittelpakete mit Zucker, Butter, Milchpulver, Mehl, Haferflocken, Pasteten. So muss Grete nicht um sechs Uhr in der Früh hinaus, um Schlange zu stehen für das Wenige, das erhältlich ist. Immer findet sich eine Nachbarin, die das gern für ein bisschen Zucker miterledigt. Selbst im elenden »Kohlrübenwinter« 1917/18, der vielen tatsächlich nichts anderes als minimale Portionen Rüben beschert, müssen die Meysels und Hansens nicht hungern.

So wächst Inge trotz der schwierigen Zeiten behütet und sorgenfrei auf. Das Schlimmste, was ihr widerfährt, ist, dass eines der ersehnten Pakete aus Dänemark mal mit Verspätung eintrifft. Von dem Leid, das der Krieg an der Front erzeugt und in viele Familien trägt, hat sie nicht die geringste Ahnung. Sicher, sie sieht verwundete Männer in den Straßen, erlebt, wie ihre Mitschülerinnen um gefallene Väter weinen. Doch das Ausmaß dieses Leids versteht sie nicht. Vielleicht ist sie einfach noch zu jung, um die Verbrechen und Tragödien zu ermessen.

Selbst als es die eigene Familie trifft, will sie nicht wahrhaben, was geschehen ist. Schonend bringt Grete ihr bei, dass Julius in der Schlacht an der Somme schwer verwundet wurde. Ohne Narkose hatte man ihm den Arm im Feldlazarett amputieren müssen. Ungläubig starrt Inge auf einen Brief von Jule. »Wie kann denn der dann schreiben?« Mit der linken Hand, das probiert sie stante pede aus, ist das unmöglich.

Onkel Harry ergeht es noch schlimmer. Mit den Folgen eines Lungenschusses liegt er zu Hause, spuckt Blut und braucht Betreuung rund um die Uhr, sodass Regine Meysel zu ihm zieht, um ihn zu pflegen. Denn Harrys Frau Anni arbeitet ganztags als Leiterin der Hutabteilung im Kaufhaus Tietz, das übrigens nur 15 Jahre später als eine der ersten jüdischen Gesellschaften der »Zwangsarisierung« durch die Nationalsozialisten zum Opfer fallen wird.

Über ihre Tante findet Inge einen ersten kleinen »Job«: als Hutmodel für das Kaufhaus. So posiert sie mit geblümtem Kleid, ondulierten Korkenzieherlocken und extravaganten Kopfbedeckungen, lächelt freundlich und unbefangen in die Kamera. Bezahlt wird nicht mit Barem, sondern mit einem Hut. Wer weiß, vielleicht wird hier schon der Grundstein gelegt für ihre spätere Leidenschaft, sich mit exklusiven Hüten zu schmücken.

Der Krieg, der so schnell die Serben aus dem Feld schlagen sollte, und dann auch noch die Russen, die Engländer und die Franzosen, dieser Krieg endet 1918 für Deutschland als Katastrophe. Die Wirtschaft ist zusammengebrochen, Hunger grassiert sowohl in der Heimat als auch unter den Soldaten.

Innenpolitisch polarisieren sich die linken und rechten Kräfte. In Kiel meutern die Matrosen; der Aufstand greift auf das ganze Deutsche Reich über. Überall werden Arbeiter- und Soldatenräte gebildet. Schließlich ruft der Sozialdemokrat Philipp Scheidemann die Republik aus, Kaiser Wilhelm II. geht ins Exil. Doch sind mit dem Sturz der Monarchie die Kämpfe noch nicht beendet. Kommunistische Spartakisten und Regierungstruppen unter dem Oberbefehl des Sozialdemokraten Gustav Noske liefern sich vor allem in Berlin heftige Straßenschlachten, die auch auf das Stralauer Viertel übergreifen.

Das Rose-Theater in der Frankfurter Allee, wo Inge sich an Frau Holle und Schneewittchen erfreut hatte, dient eines Tages den Noske-Leuten als Zuflucht. Bis in die Kadiner Straße hinein dringen die Unruhen. Aufgeregt und atemlos steht Inge am Fenster im ersten Stock und wird Zeugin einer Schießerei direkt vor der Meyselschen Wohnung. Sie beobachtet, wie einer der Kämpfenden erschossen und dann von seinen Mitstreitern an der Hauswand entlang weggeschleift wird. Die Achtjährige weint, verzweifelt darüber, dass Menschen anderen Menschen so etwas antun können. Dieses Erlebnis bleibt ihr für immer im Gedächtnis und wird auch ihre spätere politische Einstellung entscheidend mitprägen.

Julius ist zu dieser Zeit noch im Lazarett. Sicher hätte er sich auf die Seite der Regierung geschlagen wie die meisten der gutbürgerlichen deutschen Juden. Nur eine kleine Minderheit jüdischer Intellektueller unterstützt die Revolutionäre.

Die 20er Jahre –
Moderne Inge

Erst zu Beginn des Jahres 1919, nachdem man ihn drei Monate lang von Lazarett zu Lazarett geschickt hat, kehrt Julius Meysel nach Hause zurück, hilflos ohne seinen rechten Arm, ganz und gar auf die Unterstützung seiner Frau angewiesen. Sie muss ihm die Schuhe zubinden, die Strumpfbänder schließen, ihn rasieren, den linken Arm waschen. Sie sind beide noch nicht einmal dreißig, das Leben hat ihnen nicht mehr als vier unbeschwerte Ehejahre gegönnt. Nur langsam gewöhnen sie sich an die neue Situation.

Inge empfindet das damals gar nicht als so dramatisch. Sie hat ein unbefangenes Verhältnis zu Papas Armstumpf, und als der endlich verheilt ist, kuschelt sie sich mit Wonne in die Kuhle seiner Schulter und fordert ihn auf: »Julius, zuck mal!« Denn seine Schulter kann noch immer Befehle an die nicht mehr vorhandenen Finger ausgeben. Später als Erwachsene wird Inge Meysel sich häufig vorwerfen, dass sie die Lage des Vaters nicht richtig erfasst, sein Leid nur allzu beiläufig registriert habe. Manchmal meint Julius klarstellen zu müssen, dass er nach wie vor der Herr im Hause ist, wenn auch nur mit einem Arm. Dann bekommen sie seine strenge Seite zu sehen.

Eines Tages verliert Inge nach dem Einkaufen zehn Mark. Zu Hause behauptet sie einfach, sie habe kein Wechselgeld erhalten. Julius glaubt ihr kein Wort und forscht nach, Inge am Schlafittchen. Man habe ihr einen Zehn-Mark-Schein zurückgegeben, heißt es in dem Geschäft, doch Inge bleibt bei ihrer Version. Die Geldnote findet sich schließlich im Hausflur der Kadiner Straße wieder. Julius holt seinen so genannten Majors-Stock, den ihm ein Offizier seiner Einheit als Zeichen besonderer Wertschätzung vermacht hatte. Inge muss die Hose herunterziehen und sich über die Sofalehne legen. Der Vater schlägt sie auf den nackten Po. Sie gibt keinen Ton von sich, tränenüberströmt und mit zerbissenen Lippen steht sie auf, als er fertig ist, und spuckt vor ihm aus.

Dies ist nicht ihre erste Tracht Prügel gewesen. Ihre Mutter schlägt sie häufig und regelmäßig: mit dem Federkasten auf den Kopf, mit dem Teppichklopfer auf den Po oder mit der Hand ins Gesicht: »Mit der Rückhand ging das flippflapp am Tag so dreizehn Mal.« Völlig vorwurfsfrei, eher amüsiert, konstatiert Inge Meysel heute: »Ich bin ihr sehr oft entwischt, aber ich habe auch viel Keile von ihr gekriegt. Aber das hat mich überhaupt nicht gestört.«

Ihr Vater allerdings hat sie bis dahin noch nie verprügelt. Für beide Seiten ist es ein recht einschneidendes Erlebnis, das ihr Verhältnis noch Monate später überschatten sollte. In den Tagen nach den Schlägen spricht Inge kein Wort mit ihm, bis Julius sie zu sich ruft, um noch einmal zu erklären, dass sie die Prügel nicht wegen der zehn Mark bekommen habe, sondern wegen ihrer Lügen. Seither, so gibt sie heute an, habe sie nie wieder richtig geschwindelt, höchstens ein bisschen gemogelt. Nun ja … Von diesem schmerzlichen Ereignis abgesehen, ist Julius an sich ein gütiger Vater, immer

Sabine Stamer

zum Gespräch bereit, geradezu stolz, wenn seine Tochter durch irgendeine Frechheit mal wieder bewiesen hat, wie gewieft sie ist. Er lacht über Dinge, die andere Eltern – Grete eingeschlossen – eher wütend machen. Als sie allerdings wegen eines Lausbubenstreichs fast von der Schule fliegt, bleibt auch dem toleranten Julius das Lachen im Halse stecken. Die 13-jährige Inge und ein paar Mitschüler zahlen von ihrem Taschengeld Standuhren, Silberbestecke und ähnlich wertvolle Dinge an und lassen sie einigen Eltern, die sie nicht ausstehen können, »als Geschenk« ins Haus schicken. Die geschädigten Geschäfte schließen sich zusammen und überführen die Übeltäter, die dann »wegen sittlicher Unreife« zurückversetzt werden.

Ansonsten streitet sie sich mit ihrem Jule-Pa nur selten, und wenn, dann ist es meist ein Leichtes, sich wieder zu vertragen. Zu ihm fühlt sie sich wesentlich mehr hingezogen als zur Mutter und macht auch keinen Hehl daraus. Grete ist die Strenge in der Familie. Sie sorgt für Ordnung, bimst mit Inge für die Klassenarbeiten, und wenn es dann trotz aller Übung nur eine Vier wird, dann setzt es Schelte oder Ohrfeigen.

»Mama ist hysterisch«, stöhnt sie gegenüber ihrem Bruder, und natürlich pflichtet der fünf Jahre jüngere Harry, kaum wissend, was das eigentlich bedeutet, ihr bei. Der kleine Bruder sieht seine Eltern ohnehin mit etwas mehr Skepsis, während Inge dazu neigt, deren guten Willen zu verteidigen. »Wir haben uns nicht ganz so verstanden, weil ich ja eine wilde Anhängerin der Eltern war«, meint Inge Meysel heute dazu, und ihr Gesamturteil lautet: »Ich hatte gute Eltern.« Der Krieg und die nachfolgenden Aufstände fegen die alte Ordnung hinweg, ohne sie durch eine neue zu ersetzen. Armut und innere Konflikte beherrschen Deutschland sowie Verbitterung angesichts des Versailler Friedensvertrags, der den Deutschen gigantische Reparationsleistungen und

Territorialverzicht abverlangt. Ein fruchtbarer Boden für die noch unbedeutende NSDAP Adolf Hitlers, der die Belastungen für ungerechtfertigt hält und »die Gleichberechtigung des deutschen Volkes gegenüber den anderen Nationen« reklamiert.

Dabei sind die Meysels noch gut dran. Immerhin ist ihr Familienoberhaupt aus dem Krieg zurückgekehrt, und nach wie vor erhalten sie ihre Lebensmittelpakete aus Dänemark, so dass sie keinen Hunger leiden müssen wie so viele andere um sie herum. Es gibt keine Vorräte mehr. Auch die Kühe im Hinterhof der Litauer Straße, wo sie jeden Abend etwas Milch in einer Blechkanne holen, geben von Tag zu Tag weniger her, weil sie nicht genug zu fressen bekommen.

Regina Meysel hat die Blusenfabrik verkaufen müssen, um Harrys Behandlung und Pflege zu finanzieren. Folglich muss Julius sich eine neue Arbeit suchen. Wie er ausgerechnet in die Tabakbranche gerät, vermag Inge Meysel heute nicht mehr zu erklären. Tatsache ist, dass er als Zigarettenvertreter anfängt und sich mit viel Geschick und Fleiß nach oben arbeitet. Immer mehr Zigarettenhersteller übertragen ihm die Generalvertretung, so dass er relativ schnell Besitzer eines florierenden Großhandels wird. Bei seinen Auftraggebern ist Julius Meysel ebenso beliebt wie bei seinen Kunden, und nach 1933, in den Zeiten großer Not, werden ihm einige heimlich helfen.

Sein Erfolg zählt umso mehr, als er trotz widrigster Bedingungen zustande kommt. Zum einen muss er lernen, mit einem Arm zurechtzukommen, und permanent gegen die Beschwerden ankämpfen, die der Armstumpf lange Zeit verursacht. Zum anderen lässt die erst schleichende, dann rasende Inflation einen seiner Kunden nach dem anderen Pleite gehen, so dass er ständig nach neuen Absatzmöglichkeiten Ausschau halten muss. »Das Geld hatte so viele Nullen, dass die Vorstellungskaft nicht mehr ausreichte«, erinnert sich Inge. »Wenn abends das Geld ausgezahlt wurde, rannte man zum nächsten Kaufmann. Und dort konnte es einem passieren, dass nichts hergegeben wurde, weil die Kaufleute auch wussten, dass der Wert der Naturalien geradezu stündlich stieg.« Und dennoch stand bei den Meysels immer etwas zu essen auf dem Tisch, staunt Inge noch heute: »Wir haben jedenfalls nie Not gelitten. Wie Grete und Jule das geschafft haben, ist mir ein Rätsel.«

Während sich die Wirtschaft auf Talfahrt befindet, hat die Kultur Hochkonjunktur. Die Menschen strömen in Schauspielhäuser und Konzertsäle, reden sich in den Berliner Cafés die Köpfe heiß. Julius und Grete sind wahre Theaterfans. Regelmäßig besuchen sie Vorstellungen, häufig darf Inge mit, ist schon als Zwölfjährige Stammgast in Berliner Theatern. Morgens beim Frühstück debattieren sie über das abends zuvor Gesehene, so ausgedehnt, dass sie nicht selten zu spät zur Schule kommt.

In der Ballettschule erweist sich Inge als begeisterte, talentierte Tänzerin, sehr zur Freude von Onkel Paul, der sie ja einst dort anmeldete und sie nun tagtäglich abholt. Doch dem Jule-Pa ist eine gute Schulbildung wichtiger als das Tanzen, und unglücklicherweise gewinnt er den Eindruck, dass Inge sich durch ihr Ballett zu sehr von der Schule ablenken lässt. Ihre Leistungen sind eine Zeit lang äußerst schwach. Schluss also mit dem Ballett, entscheidet Julius, die Schule sei wichtiger fürs Leben. So traurig und empört ist die Elfjährige, dass sie ihrem Vater sogar ins Gesicht schleudert: »Ach, wärest du doch nicht wiedergekommen!« Heimlich zieht sie Abend für Abend ihre geliebten Ballettschuhe an und übt weiter: Hacke, Spitze, eins, zwei, drei. Doch der Vater gibt nicht nach und sieht sich auch bestätigt, denn ihre schulischen Leistungen verbessern sich tatsächlich wieder. Jahre später, als sie Gelegenheit hat, einige berühmte Tänzerinnen auf der Bühne zu bewundern, gesteht sie sich selbst ein, dass sie zwar eine gewisse Begabung hatte, diese zu einer Karriere aber wohl nicht gereicht hätte. Nach vier Jahren Gemeindeschule schickt Julius seine Tochter auf eine höhere Schule, das »Städtische Margaretenlyzeum«, in der nahe gelegenen Ifflandstraße. Dadurch verspricht er sich nicht nur eine umfassende Bildung, sondern auch endlich eine Trennung von den Arbeiterkindern, mit denen Inge so gern durch die Hinterhöfe tobt. Doch was macht seine »höhere Tochter«? Die eifrige Sportlerin und passionierte Schwimmerin tritt in den Verein des Turnvaters Jahn ein, der sich hauptsächlich aus Arbeiterkindern zusammensetzt. Hier fühlt sie sich pudelwohl: »Überhaupt trieb ich mich lieber bei denen zu Hause rum, da saß man in der Küche, kriegte ’ne Stulle auf die Hand und durfte wieder raus. Bei uns wurde im Esszimmer gedeckt, und ich musste mit Messer und Gabel essen.«

»So ist das im Leben«, resümiert Inge Meysel, »man möchte immer gern das haben, was man selbst nicht hat.« Sie ist aber – zur Beruhigung der Eltern – eine gute Lyzeumsschülerin, nur mit dem Englischen hapert’s. Sie habe einfach kein Sprachtalent, meint sie von sich selbst.

Kurz vor der Umschulung aufs Lyzeum stirbt Großvater Peter Hansen an Magenkrebs. Anna Hansen zieht in eine kleine Wohnung am Comeniusplatz, doch den größten Teil des Tages verbringt sie in der Kadiner Straße. Sie passt auf die Kinder auf, wenn Jule und Grete arbeiten oder ausgehen. Sie spielt mit Inge und Harry Sechsundsechzig und lässt sie dabei sogar schummeln. Das würde die andere Oma nie durchgehen lassen. Sie sind eben sehr verschieden, die zwei Großmütter. Inge liebt beide sehr, aber zu Regina Meysel fühlt sie sich noch mehr hingezogen, »wie mit einer Nabelschnur verbunden«.

Oma Meysel kommt allerdings nur höchst selten zu Besuch. Sie kann ihre Schwiegertochter einfach nicht ausstehen, was durchaus auf Gegenseitigkeit beruht. Der Liebe zum Enkelkind tut das allerdings keinen Abbruch. Jeden Mittwochnachmittag geht Inge zu Oma Meysel, verbringt auch die Nacht bei ihr und erfreut sich an ihren Geschichten, die oft von Verstorbenen erzählen, von Menschen, die Regina einst geliebt hat, Eltern, Onkel, Tanten. Nie aber, und das ist Inge Meysel erst sehr viel später aufgefallen, hat sie etwas über ihren Mann, Inges unbekannten Großvater, erzählt. Tag und Nacht brennen bei Regina Meysel sechs – vielleicht waren es auch acht – kleine Öllichter im Andenken an ihre Toten. »Regina Meysel war ein Teil von mir, und ich war ein Teil von ihr«, denkt Inge Meysel wehmütig an ihre Lieblingsoma zurück.

Bald nach Opa Hansen stirbt auch Onkel Harry, der sich nie von seinem Lungenschuss erholt hat. Seine Frau Anni zieht zurück zu ihrer Familie. Allein kann Regina Meysel die Sechszimmerwohnung, die sie mit Harry und Anni teilte, nicht unterhalten. Von ihrem einstigen Vermögen ist durch die Inflation und Harrys Pflege nichts mehr übrig. Julius drängt sie – Inge empfindet das als großes Unrecht –, in Oma Hansens Zweizimmerwohnung am Comeniusplatz mit einzuziehen. Ihre Möbel werden verkauft, nur das Himmelbett kann sie mitnehmen. So wesensverschieden wie die beiden Frauen sind – das kann einfach nicht gut gehen. Keinen einzigen Tag kochen sie zusammen. Hat die eine Gäste, räumt die andere das Feld. Es gibt sogar zwei Geschirrschränke in der Küche, damit Regine ihr Geschirr für milchige und fleischige Speisen trennen kann, wie es ihr Glaube verlangt.

Am 23. Dezember 1923 freuen sich die Kinder auf Heiligabend. Sie haben mit Oma Hansen Lieder gesungen, und als diese sich auf den Weg nach Hause macht, ruft Harry ihr hinterher: »Oma, wenn dein Geschenk morgen nicht groß genug ist, brauchst du dich gar nicht erst herzutrauen!« Nur wenige Minuten später ist Anna Hansen tot, einfach umgefallen an der nächsten Straßenecke vor der Lazaruskirche. Männer aus der Nachbarschaft bringen sie zurück in die Meyselsche Wohnung, legen sie aufs Sofa, wo sie von Grete, Julius, Inge und Harry beweint wird.

Am nächsten Morgen findet Julius nur mit Müh und Not ein Bestattungsunternehmen, das bereit ist, Oma Hansen noch am selben Tag, dem 24. Dezember, abzuholen. Und dann feiern sie im selben Zimmer Weihnachten, als wäre nichts geschehen. Das kommt Inge Meysel zurückblickend etwas merkwürdig vor, aber sie taten es, mit allem Drum und Dran: mit Geschichten, Liedern und Geschenken. Erst am nächsten Morgen rennt Inge zu Oma Meysel, um sie von Annas Tod zu unterrichten. Das hatten sie völlig vergessen. Und als gläubige Jüdin hat Regina natürlich nicht an der Weihnachtsfeier teilgenommen.

Regina Meysel bleibt noch zwei Jahre lang allein in der Wohnung am Comeniusplatz, bis Julius ihren Umzug in ein Altenheim veranlasst. Sie schaffe die Treppen nicht mehr, und es sei zu gefährlich, allein zu bleiben, erklärt er kategorisch nach einem seiner regelmäßigen Besuche. Er beteuert, ein »gutes Heim« gefunden zu haben, doch Inge ist ebenso wenig davon überzeugt wie ihre Oma. Die lebt nun in einem Raum mit zwei anderen alten Damen, kein Himmelbett mehr, keine Öllichter. Dort ist sie 1928 »elendiglich eingegangen«, so sieht es Inge Meysel heute: »Ich habe es meinem Vater nie verziehen, und das hat er gewusst, und das hat auch immer zwischen uns geschwelt. Es ist nie ausgeräumt worden, leider.« Inge selbst macht sich nach Reginas Tod Vorwürfe, sich in den letzten Jahren nicht genug um ihre Oma

Sabine Stamer

gekümmert zu haben. »Wie oft wird sie vergeblich gewartet, vergeblich gekocht haben. Ach, Oma, ich kann diese Stunden, dieses Hoffen und Warten nie wieder gutmachen, und das ist das Schlimmste bei solchen Versäumnissen.« Doch Inge ist nun ein Teenager und führt ihr eigenes Leben: Schule, Freundinnen, Turnverein, da hat sie die Mittwochnachmittagsbesuche oft schlichtweg vergessen.

Ihre erste Liebe heißt Hans Müller und ist der Sohn eines Zahnarztes in der nahe gelegenen Frankfurter Allee. Hans und Inge fahren gemeinsam Fahrrad, und zwar freihändig. Sie halten Händchen, küssen sich schüchtern auf Wange und Stirn, schreiben sich Liebesbriefe in Geheimschrift: »Ich denke an dich, selbst in der Mathematikstunde.« Hans ist nicht der Einzige, dem sie gestattet, sie nach der Schule nach Hause zu begleiten, aber er ist der Einzige, den sie wirklich liebt. Die zarte Teenagerliebe nimmt jedoch ein abruptes Ende, und zwar aus politischen Gründen.

Inge ist politisch sehr interessiert, überzeugte Republikanerin, beeinflusst von den sozialistischen und sozialdemokratischen Ansichten, die sie in den Hinterhöfen von ihren kleinen Arbeiterfreunden und deren Eltern zu hören bekam. Mit ihnen hat sie den Übergang von der Monarchie zur parlamentarischen Verfassung, die Gründung der Weimarer Republik, bejubelt.

Als am 28. Februar 1925 Friedrich Ebert, der erste Präsident der jungen Republik, stirbt, nimmt Inges Klasse – alle tragen Trauerflor – an den Feierlichkeiten im Reichstag teil. Auf dem Heimweg sieht sie am Haus des Zahnarztes Dr. Müller eine schwarz-weiß-rote Fahne aus dem Fenster hängen, die Fahne der Deutschnationalen und Monarchisten, die an diesem Tag wieder frische Hoffnung schöpfen, das Rad der Geschichte zurückdrehen zu können. Als Hans sie am Nachmittag zum Radfahren abholen will, trägt er im

Knopfloch ein schwarz-weiß-rotes Bändchen. Inge kann es nicht fassen. »Hans, bitte nimm das ab!«, fordert sie ihn auf. Doch der sieht gar nicht ein, warum er um den toten Präsidenten trauern soll: »Kommt gar nicht in Frage!« Inge besteht darauf. Wenn nicht, dann sei Schluss, droht sie. Hans zeigt sich ebenso starrköpfig, radelt davon, und die beiden werden sich nie wiedersehen.

Nur wenige Monate später sieht Inge zufällig einen Aufruf zu einem Treffen der Jungdemokraten. Im Hinterzimmer des Cafés Sanssouci am Reichskanzlerplatz (heute Theodor-Heuss-Platz) führen interessierte Jugendliche heiße Diskussionen über politische Themen, auch über Filme und Theatervorstellungen. Da will sie Mitglied werden. Zu den Aufnahmebedingungen gehört es, eine Rede zu halten. Die 15-jährige Inge hält ein flammendes Plädoyer gegen die Todesstrafe, die das Gesetz zu dieser Zeit noch vorsieht. Mit diesem Thema hat sie sich schon länger beschäftigt, angestoßen durch Erzählungen ihrer Mitschülerin Vera von Holtzendorf, deren Vater Gefängnisdirektor ist. Es erschrickt sie vor allem, wie sehr die Klassenkameradin sich mit der Machtposition ihres Vaters identifiziert. Inges Rede kommt bei den Jungdemokraten sehr gut an.

Julius dagegen ist eher deutschnational eingestellt, stolz auf sein Vaterland, für das er in den Krieg gezogen ist. Beständig spart er für eine größere Wohnung. Er will weg aus dem Stralauer Viertel, zurück in das »gehobene« Milieu, in dem er aufgewachsen ist, bevor der Krieg die wirtschaftliche Existenz seiner Mutter Regina zerstörte. Außerdem brauchen sie wirklich mehr Platz. Noch als 14-Jährige schläft Inge auf dem Sofa im Wohnzimmer, während der neunjährige Harry die Nächte im Schlafzimmer der Eltern verbringt. Zu einem Auto hat Julius es immerhin schon gebracht, zu einem Graham Page mit dunkelroten Lederpolstern. Und da

Sabine Stamer

ihm ja der rechte Arm fehlt, gibt es sogar einen Chauffeur, Herrn Weber, der alsbald von der Familie wegen der häufigen Autopannen »Panneweber« getauft wird.

Eines Tages, im Frühsommer 1925, lässt Julius alle einsteigen. Herr Weber fährt sie quer durch die Stadt Richtung Westen. In Charlottenburg angekommen, halten sie vor der Badenallee Nummer 1. Stolz schließt Julius die Tür zu einer großzügigen Vierzimmerwohnung auf. Es gibt ein Badezimmer mit einer im Fußboden eingelassenen Wanne. »So was hatten wir noch nie gesehen«, schwärmt Inge Meysel in Nostalgie. Hinter der Küche befindet sich eine Kammer für das Dienstmädchen. Die Familie staunt nicht schlecht, doch so richtige Begeisterung will nicht sofort ausbrechen. Grete sorgt sich, weil sie doch niemanden kennt in dieser Gegend, Inge verkündet sogleich, dass sie weiterhin im Margaretenlyzeum bleiben werde, auch wenn sie jeden Morgen eine halbe Stunde mit der U-Bahn fahren müsse. Nur Harry signalisiert zweifelsfreie Zustimmung. Nachdem er gerade sitzen geblieben ist, kommt ihm ein Schulwechsel sehr gelegen.

Im Alleingang richtet Julius die Wohnung ein und lässt seinem extravaganten Geschmack freien Lauf. Das Herrenzimmer stattet er mit ausladendem Kronleuchter und schweren Ledersesseln aus. Als sie später unter Hitler die Wohnung aufgeben müssen, spötteln sie bitter: »Unser Jule hat alles vorausgesehen, denn nur Göring mit seinem dicken Arsch kann diese Ledersessel ausfüllen.« Das Esszimmer erhält eine dunkelrote Tapete, eine weiße Decke und dunkelrote Samtportieren. Julius zeigt sich schwer beleidigt, als seine respektlose Tochter ihn fragt, ob hier etwa Maria Stuart enthauptet worden sei. Sei es drum, für die Kinder bleibt das blutrote Esszimmer das »Schafott der Maria Stuart«. Für Inges Zimmer wählt Julius einen hellgrünen Anstrich und eine zwei mal zwei Meter große grüne Liege, die Inge »meine grüne Wiese« tauft. Langsam gewöhnen sich alle an den neuen pompösen Stil. Inge nutzt ihre täglichen U-Bahn-Fahrten, um Hausaufgaben zu machen, und kommt gut mit in der Schule, während Harry noch einmal sitzen bleibt und in eine so genannte Presse geschickt wird, eine teure Privatschule, die das notwendige Wissen mit viel Aufwand in ihn hineinpressen soll. In die Kammer hinter der Küche zieht Ottilie, genannt Otto, ein. Grete genießt es, sich auf ihren Marktgängen von Ottilie die Körbe tragen zu lassen. Die Kinder lieben sie, weil sie immer für sie da ist und nie schimpft. Außerdem gibt es auch noch eine »Zugehfrau« und einen Fensterputzer.

Grete findet neue Freundinnen, und Inge beobachtet, wie ihre Mutter sich verändert. Sie kleidet sich eleganter, fängt an sich zu bilden, liest viel, meist auf Empfehlung von Julius. Dessen 1926 oder '27 eröffnete »Monopolgesellschaft, Generalvertretung aller Zigarettenfirmen in Berlin« betreibt blühenden Handel und beschäftigt zwölf Vertreter, inzwischen im Aufwind der sich allgemein bessernden Wirtschaftslage.

Auch Inge verändert sich.

Jedes Jahr im Sommer fahren die Meysels für vier Wochen nach Swinemünde, in jenen Jahren ein mondänes Ostseebad. Dort sieht Inge zum ersten Mal Lilian Harvey und Jenny Jugo auf der Leinwand. Sie sind die Neuentdeckungen der Ufa, nur wenige Jahre älter als Inge, zwei moderne junge Frauen mit Bubikopf. Brav und anmutig Knickschen machen ist out, sportlich Auto fahren und rauchen ist in. So kommt auch Inge auf die Idee, sich ihre langen Zöpfe abschneiden zu lassen, obwohl sie weiß, dass sie Julius' und Gretes ganzer Stolz sind. Der Frisör – einen damals berühmten am Bahnhof Zoo wählt Inge aus – weigert sich zunächst, die wundervolle rote Haarpracht zu kappen. Doch Inge weint ihren herrlichen Zöpfen keine Träne nach, zumal sie ihr schon so viel Ärger gebracht haben. Wie oft haben die Mitschüler »Rotkopp, die Ecke brennt, Feuerwehr kommt anjerennt!« hinter ihr hergerufen. Sie insistiert also und verlässt den Laden als »modernes Mädchen«.

Zu Hause bekommt Grete einen Schreikrampf, während sich Julius voller Verachtung in Schweigen hüllt. Nach vierzehn Tagen haben sich alle an den neuen Anblick gewöhnt.

Inge wird Schauspielerin –
Pikanter Fratz
und Zuckerpuppe

Im zehnten Schuljahr steht für Inge fest, was sie werden will: Schauspielerin. Für Julius dagegen ist klar: Seine Tochter macht Abitur und studiert Jura. In der damaligen Zeit eine recht ungewöhnliche Ausbildung für ein Mädchen, über die Julius aber keinesfalls mit sich reden lassen will. Seine eigene gescheiterte Juristenkarriere soll der Nachwuchs, ob männlich oder weiblich, nun nachholen. Dabei hat er selbst als begeisterter Theatergänger all die Jahre hindurch die Vorlieben seiner Tochter gefördert. Inge kennt die bekannten Schauspieler und Schauspielerinnen jener Zeit: Fritzi Massary, Käthe Dorsch, Lucie Mannheim, Ursula Höflich, Gustav Gründgens, Heinrich George.

Auch das Lesen wird hoch geschätzt im Hause Meysel. Schon in der Kadiner Straße hat Julius seinen Kindern an zwei, drei Abenden in der Woche vorgelesen. Die Kinder lieben diese Leseabende, und Madka muss aus der Bücherei immer neues Lesefutter herbeischaffen, das Inge dann mit der Taschenlampe unter der Bettdecke verschlingt. Sie liest Thomas Mann und Lion Feuchtwanger sowie jede Menge heute längst vergessener Schriftsteller, liest Heinrich Heine und Eduard Mörike, lernt deren Gedichte auswendig, ebenso die Rollen der Hauptfiguren in den Klassikern. Ob Fausts Gretchen, Maria Stuart oder Franziska aus Minna von Barnhelm – Inge kann sie alle rezitieren.

Für jedes Gedicht, das sie auswendig lernt, erhält Inge von ihrem Vater die stolze Summe von einer Reichsmark. Doch auch ohne diese Belohnung liebt sie es, Lyrik vorzutragen, und statt die Besucher mit ihrem tänzerischen Können zu beglücken, verlegt sie sich mehr aufs Vorsprechen.

Auch in der Schule wird sie animiert, ihre Begabung zu nutzen. Einmal pro Monat geht die Klasse ins Theater, und in der Untersekunda führt die Direktorin einen freiwilligen »Dramatischen Unterricht« ein. Zweimal wöchentlich studiert nun ein ehemaliger Schauspieler Gedichte, Balladen und Novellen mit besonders interessierten Schülerinnen. Bei einer Schulvorstellung von Gerhard Hauptmanns »Die versunkene Glocke« spielt Inge Meysel die Hauptrolle, das elfische Wesen Rautendelein, und erhält überschwängliches Lob für ihren ersten Auftritt. »Mensch, du musst zum Theater!«, kriegt sie vielfach zu hören. Auch den »Michael Kohlhaas« Heinrich von Kleists darf sie in der Aula vor der ganzen Schule vortragen. Die Direktorin ist äußerst angetan von Inges darstellerischen Leistungen: »Wenn Inge nur halb so viel in Mathe könnte wie in der Literaturstunde, dann würde ich sagen: Sie ist ein kleines Genie. Aber sie ist kein Genie, sondern sie ist ein faules Mädchen, und in Mathe ist sie sehr schlecht. Und in Bio muss man ihr wirklich alles eintrichtern.« Als die Schulleiterin von Inge erfährt, dass ihr Vater sie zum Jurastudium drängt, bestellt sie die Eltern zum Gespräch und konfrontiert sie mit einer erstaunlichen Einschätzung: Inge sei viel zu phantasie- und temperamentvoll für einen »normalen« Beruf. Das Abitur schaffe sie sowieso nicht, und mit einer konventionellen Arbeit würde sie wahrscheinlich nicht zurechtkommen. Also sollten die Eltern ihr doch ermöglichen, sich auf der Bühne auszutoben.

Julius und Grete halten dieses Gespräch für ein »abgekartetes Spiel« von Tochter und Direktorin. Sie lassen weiterhin nicht mit sich reden.

Inge versteht überhaupt nicht, was ihr Vater gegen ihren Berufswunsch einzuwenden hat. Haben nicht die Eltern selbst sie voller Enthusiasmus in die Welt der Literatur und des Theaters eingeführt? »Von daher war es also überhaupt nicht verwunderlich, dass ich zum Theater wollte – verwunderlich war eher die Ablehnung meines Vaters gegen diesen Wunsch«, rätselt Inge Meysel in ihrer Autobiografie. »Heute denke ich, er hatte Angst, seine Tochter könnte Mittelmaß werden, so ›unter ferner liefen‹ ... Nein, das wollte er nicht.«

Sie jedenfalls ist wild entschlossen, keine Zeit zu verlieren. Auf eigene Faust meldet sie sich nach dem Einjährigen von der Schule ab, fälscht dazu die Unterschrift ihres Vaters und konfrontiert ihn so mit vollendeten Tatsachen. Obwohl sie die Schule mit einem sehr guten Durchschnitt verlässt, redet nun zu Hause niemand mehr mit ihr. Die Eltern sind schwer gekränkt angesichts ihres eigenmächtigen Handelns.

Ebenso heimlich meldet Inge sich 1927 zur Aufnahmeprüfung für die Schauspielschule des Staatlichen Schauspielhauses, damals unter der Leitung Leopold Jessners. Beim Vorsprechen welcher Rolle sie letztendlich in Ungnade fällt, darüber gibt es unterschiedliche Versionen.

Dem Biografen Maurus Pacher erzählt sie, Jessner habe ihren Wunsch, Haitang, die Hauptrolle aus dem »Kreidekreis« von Alfred Henschke, der sich Klabund nannte, vorzusprechen, nicht gleich verstanden. Und daraufhin sei sie sofort jähzornig an die Rampe getreten und habe – 17 Jahre jung und 1,56 Meter klein – den großen Meister während der Prüfung angeherrscht: »Ja, Donnerlittchen, wissen Sie denn nicht, wer Haitang ist? Das ist der ›Kreidekreis‹ von Klabund, einem unserer bedeutendsten modernen Dichter!« Wenngleich man Inge Meysel, so wie man sie kennt, auch schon in der Jugend ein freches Mundwerk zutraut, so ist es doch sehr unwahrscheinlich, dass sie den Generalintendanten des Schauspielhauses während der Prüfung so respektlos abkanzelt. Schließlich soll er die Erfüllung ihres Herzenswunsches ermöglichen. Alternativen zu dieser Schauspielschule bestehen kaum, denn es ist die einzige, die den Unterricht gebührenfrei anbietet, und Geld wird Julius, beleidigt, wie er ist, kaum rausrücken. Obendrein will sie ihre Präsentation auch noch gekrönt haben mit der vorlauten Frage: »War's gut?« Das wäre ihr durchaus zuzutrauen.

In der Autobiografie liest sich der Verlauf ihrer Bewerbung etwas anders. »Mein Name ist Inge Meysel, ich möchte gern die Luise vorsprechen«, stellt sie sich demnach vor und wird unterbrochen von einem entnervten Jessner: »Ach, du großer Gott!« Auch der Vorschlag, aus Minna von Barnhelm vorzutragen, stößt nicht auf Gegenliebe, wobei die unbeugsame Anfängerin sich keineswegs einschüchtern lässt und unverfroren rückfragt: »Was ist daran so schlimm?« Als sie schließlich zum Vorsprechen aus »Arm wie eine Kirchenmaus« kommt, kann sie vor lauter Aufregung nicht weinen. Die abschließende Floskel »Danke, Sie hören von uns!« quittiert sie mit einem Knicks und der naiven Frage: »Können Sie mir sagen, wie lange die Antwort dauert? Ich bin so aufgeregt und möchte gern wissen, ob ich genommen werde.«

Welche der beiden Versionen nun der Wahrheit entspricht, wer will das heute beurteilen? Die Quelle ist in beiden Fällen dieselbe: Inge Meysel selbst. Ob sie nun aus dem »Kreidekreis« oder »Arm wie eine Kirchenmaus« vortrug, ist das letztendlich wichtig? Vielleicht wollte sie ihre rudimentären Erinnerungen mit Leben füllen, lebendige Geschichten liebt sie mehr als trockene Fakten. Vielleicht hält sie auch im Moment des Erzählens beides für wahrheitsgemäß. Sie ist immerhin schon fast 80 Jahre alt, als sie das alles »zu Protokoll« gibt. Festzuhalten bleibt, dass da in jedem Fall eine kesse junge Dame auf die Bühne tritt, die noch in Prüfungssituationen Selbstbewusstsein zeigt und ihr loses Mundwerk nicht im Zaum hält.

Allerdings scheint sie ihre erste Prüfung keineswegs mit Bravour abgelegt zu haben. Vielleicht ist sie trotz aller zur Schau gestellten Dreistigkeit doch ein wenig eingeschüchtert vom großen Generalintendanten. Jedenfalls gehört sie nicht zu den Auserwählten wie Karl John etwa, ein anderer junger Bewerber, mit dem sie später häufig auf der Bühne stehen wird. Inge neigt keinesfalls dazu, die Schuld bei sich selbst zu suchen, und befindet kurzerhand, Männer würden immer genommen, das sei kein Kunststück. Außerdem sei der Jessner doch ein schrecklicher Kerl, der wohl vergessen habe, dass er gerade mit seiner expressionistischen Wilhelm-Tell-Inszenierung durchgefallen sei.

Doch Inge hat Glück. Gleich nach ihrer Präsentation tritt eine Frau aus dem Zuschauerraum auf sie zu, die damals sehr erfolgreiche Schauspielerin Lucie Höflich. Sie scheint im Gegensatz zu Jessner und den anderen Prüfern etwas in Inge Meysel entdeckt zu haben und ermuntert sie, sich in ihrer privaten Schauspielschule zu melden.

Lucie Höflich, mit bürgerlichem Namen Helene Lucie von Holwede, ist Star der staatlichen Berliner Bühnen und auch bekannt aus verschiedenen Filmen. Sie betreibt ihre Schauspielschule am Kaiserdamm gemeinsam mit Ilka Grüning, keiner berühmten, aber einer durchaus bedeutenden Charakterdarstellerin, die sich nicht durch Gefälligkeit, sondern durch ein Spiel mit Ecken und Kanten auszeichnet.

Julius Meysel hält sie für die »größte Schauspielerin überhaupt«. Sie ist es, die zumeist den Unterricht erteilt und Inge nun vorsprechen lässt.

Inge weint also ihre »Kirchenmaus« und wagt sich sogar an die Luise aus Schillers »Kabale und Liebe«. Als sie fertig ist, kommen Ilka Grüning vor Lachen die Tränen: »Du bist die geborene Komikerin.« Das Nachwuchstalent nimmt das Statement keineswegs als Kompliment, ist im Gegenteil zutiefst gekränkt und gleichzeitig wütend. Nein, so etwas, wo doch der Vater so große Stücke auf Ilka Grüning hält und ihr sogar einen schwärmerischen Brief geschrieben hat, aus Frankreich, von der Front, kurz bevor er schwer verwundet wurde!

Es stellt sich heraus, dass die große Schauspielerin eben diesen Brief seit zehn Jahren aufbewahrt, weil er ihr so nahe gegangen ist.

Ilka Grünings Herz ist erweicht. Sie verspricht Inge, ihr Unterricht zu erteilen, selbst wenn der sture Vater sich weigere, die 20 Mark pro Stunde zu zahlen. Dafür soll Inge sich um ihre Post kümmern und das Schulgeld einsammeln.

Zu Hause verkündet die angehende Schauspielschülerin mit geschwellter Brust, dass sie nun bei Ilka Grüning angestellt sei und außerdem den Feldpostbrief des Vaters gelesen habe, den die Grüning immer noch aufbewahre. Natürlich ist jetzt auch Jules Herz erwärmt. Er gibt seinen Widerstand gegen den Schauspielunterricht auf.

Mit Begeisterung und Engagement widmet sich Inge der Ausbildung. Diese Zeit gehöre zu den schönsten Jahren ihres Lebens, bemerkt sie in ihrer Autobiografie. Zehn Schüler und Schülerinnen zählen zu ihrer Klasse, unter ihnen Brigitte Horney, die sich als Theater- und Filmschauspielerin einen Namen machen wird. Ilka Grüning erweist sich als »strenge, aber gütige Lehrerin«. Manchmal sogar sehr streng, erinnert sich Regine Lutz, die zeitweise sehr eng befreundet war mit Inge Meysel.

Eines Tages sei Lucie Höflich in die Klasse gekommen, um sich von Ilka Grüning zu verabschieden. »Da springt die Meysel auf, dieses rothaarige kesse Ding, und sagt: ›Toi, toi, toi!‹ Da hat ihr Frau Grüning eine geschmiert und gesagt: ›Was fällt dir ein, einer Staatsschauspielerin, die zur Uraufführung der ›Verbrecher‹ von Bruckner geht, ›toi, toi, toi‹ nachzurufen? Wer bist du?‹ Das hat Inge gar nicht verstanden, sie hat vor nichts und niemandem Respekt.«

Im Mai 1930 stellt sich das Studio zum Abschluss der Ausbildung erstmals der Öffentlichkeit vor, mit Kostproben aus Stücken von Goethe und Gogol, Shakespeare und Shaw. Inge Meysel wird als Bernard Shaws Cleopatra und als Maika in »Kopf und Schrift«, einem Stück des französischen Boulevard-Autors Henri Verneuil, eingesetzt. Die wichtigsten Kritiker Berlins sind erschienen und sparen nicht mit Lob.

So schreibt die »BZ am Mittag«: »Vieles noch im Gären und Werden, manches noch unfertig schwankend und suchend, einiges schon zur persönlichen Form gegossen. So Inge Meysel, die auf das Fach der resoluten, kessen, stürmisch plappernden Weibchen zusteuert, Genre Lucie Englisch. Sie hat schon die Sicherheit, aber noch nicht den Schliff, das Temperament, aber noch nicht seine Beherrschung. Eine starke Begabung, knapp vorm Ziel.« Die »Vossische Zeitung« gibt Inge Meysel Chancen, sieht aber offensichtlich Anlass zu einer wohlmeinenden Warnung: »Als sichere Nummer sehe ich Inge Meysel an, pikanter Fratz und Gummi-, wenn nicht Zuckerpuppe, die auch sprechen kann. Sie wird gefallen, wenn sie sich selbst nicht zu sehr gefallen sollte.«

Ein Engagement in der Hauptstadt ist natürlich der

Traum aller Nachwuchstalente, am besten an einer der Reinhardt-Bühnen. Max Reinhardt, Direktor der staatlichen Berliner Theater, hat es mit seinem aufwendigen Schautheater zu Weltruhm gebracht. Großrauminszenierungen mit riesiger Bühnenmaschinerie und unzähligen Statisten sind seine Spezialität. Doch selbst die begabtesten Anfängerinnen erhalten nur selten unmittelbar nach der Ausbildung Angebote von den bedeutenden Schauspielhäusern der großen Städte. Ilka Grüning ist sowieso der Meinung, dass es ihren jungen Schützlingen gut täte, sich erst mal in der Provinz »abzuspielen« und »Unarten abzulegen«.

Auch Inge macht sich auf die Suche nach einem geeigneten Theater. Egal wo sie hingehe, schärft Onkel Paul ihr ein, sie müsse darauf achten, dass das Theater über eine Harfe verfüge, weil das bedeute, es gebe ein gutes Orchester und ausreichende Mittel. Schon bei ihren ersten Engagements zeigt sich Inge Meysel wählerisch. Von Anfang an glaubt sie nicht daran, Karriere machen zu können, indem sie klein beigibt. Sie zeigt sich überall aufmüpfig und despektierlich, ohne Rücksicht auf Autoritäten und Funktionen.

Ihr Agent bietet ihr eine Stelle im pommerschen Schneidemühl, doch sie lehnt ab. Es ist zu weit entfernt von der Hauptstadt. Auch zur Zusammenarbeit mit dem nicht unbekannten Intendanten Herbert Maisch kommt es trotz anfänglichen Interesses auf beiden Seiten nicht. Wieder einmal liefert Inge Meysel zwei recht unterschiedliche Versionen, die aber beide bezeugen, wie forsch und eigensinnig die junge Debütantin ist.

In ihrer Autobiografie hat sie Maischs Zusage quasi schon in der Tasche, lehnt aber ab, weil er ihr keine sichere Rollenzusage machen will. Maurus Pacher erzählt sie dagegen, Maisch habe an ihrer Interpretation der Viola aus Shakespeares »Was ihr wollt« mit ihr arbeiten wollen. Nach einer

Sabine Stamer

halben Stunden habe sie ihn zurechtgewiesen: Sie habe den Monolog schließlich mit Lucie Höflich einstudiert, die selbst die berühmteste Viola abgegeben habe, die es je gab. Warum sollte nun Maischs Version besser sein? Der Intendant zeigte sich nicht einmal beleidigt, eher amüsiert. Von einem Engagement sah er jedoch ab, da er sich nicht vorstellen konnte, solche Debatten während der Proben zu führen.

Frappant ist, wie detailliert und lebendig mit Rede und Gegenrede Inge Meysel beide Geschichten ausschmückt. Mal siedelt sie den Generalintendanten in Köln an, mal in Mannheim. Was macht das schon für einen Unterschied? Amüsant sind beide Geschichten, doch es bleibt ein kleiner Zweifel: War sie wirklich schon immer so keck, oder sieht sie sich rückblickend gern so?

Der Agent mag nach seinen ersten Erfahrungen mit Inge Meysel zunächst aufgegeben haben. Ihr erstes Engagement erhält sie schließlich über die städtische Vermittlung, und zwar in Zwickau. Der dortige Intendant, Wolfgang Poppe, und sein Oberspielleiter Schultze-Griesheim sind begeistert von ihrer Präsentation. Julius ist entsetzt: ausgerechnet Zwickau, das im Bühnenjahrbuch an allerletzter Stelle stehe und als »Arsch der Welt« gelte. So spottet er im Chor mit Onkel Paul, der seine Nichte ebenfalls eher auf einer Weltbühne sehen möchte als in der sächsischen Steinkohle-Kleinstadt. Immerhin hat Zwickau 100 000 Einwohner und das Stadttheater tausend Plätze.

Vor allem bekommt Inge einen Fachvertrag als »jugendliche Naive« und somit eine Rollenzusage. Die Schauspieler werden in jenen Jahren auf bestimmte Rollenfächer festgelegt und erhalten entsprechende Engagements. Frauen werden zum Beispiel eingestellt als »Salondame«, »Mütterspielerin« oder »jugendliche Liebhaberin«, Männer als »Bonvivant«, »Heldenvater« oder »jugendlicher Held«. Inge wird sofort fest eingeplant als Franziska in »Minna von Barnhelm« –, und deshalb nimmt sie spontan an. Da sie mit knapp 20 Jahren noch nicht volljährig ist, unterschreibt Grete für sie – trotz der Sticheleien von Vater und Onkel.

Erstes Engagement –
Die Jungfrau von Zwickau

Im August 1930 geht es los. Inge besteht darauf, allein nach Zwickau zu reisen, während Grete und Julius sie unbedingt begleiten wollen, zumal noch nicht einmal klar ist, wo sie wohnen wird. Inge setzt sich durch, und so beschränkt sich Julius' Rolle auf die des Geldgebers, denn er muss seiner flügge werdenden Tochter sozusagen eine Aussteuer mitgeben. Zwar werden vom Theater die historischen Kostüme gestellt, doch für den Rest der Bühnengarderobe haben die Schauspieler selbst zu sorgen. Einen Sommer- und einen Wintermantel hat sie mitzubringen, zwei Tageskleider, ein Kostüm, zwei Abendkleider sowie Schuhe für den Tag und den Abend. Sie erhält eine Monatsgage von 120 Mark, von denen nur 96 ausbezahlt werden. Selbst für damalige Verhältnisse eine lächerlich geringe Summe, von der sie fortan leben muss.

Sie bereut sehr bald, die Begleitung ihrer Eltern abgelehnt zu haben, denn ihre beiden Koffer und ihr Elektrola-Grammophon wiegen schwer wie Blei. In Zwickau angekommen, gibt sie ihr Gepäck erst mal zur Aufbewahrung und geht unverzüglich ins Theater, wo man einigermaßen erstaunt ist, sie zu sehen, da das Ensemble erst am kommenden Tag zusammentreten soll. Aber Inge, die Ungeduldige, kann nicht abwarten, und so überreicht man ihr wenigstens schon ein Textbuch.

Sie ist selig und beginnt sofort, ihre erste Rolle zu lernen, die Dolly aus der Komödie »Die Sache, die sich Liebe nennt«. Obendrein hat sie dann auch noch »Glück im Glück«, wie sie sagt, und findet für 60 Mark im Monat ein Zimmer in der Lothar-Streit-Straße, in gutbürgerlicher Nachbarschaft. Angesichts ihres Salärs ein stolzer Preis, für den sie in einer weniger guten Wohngegend sogar eine Zweizimmerwohnung bekommen hätte. Aber es ist ein hübsches Zimmer, wie es sich für eine »versnobte Göre aus ganz erstklassiger Familie« (Inge über Inge) gehört. Es ist himmelblau gestrichen mit goldenen Sternen, im ersten Stock gelegen, ein ausladender Apfelbaum vor einem der beiden Fenster.

Dafür gilt es nun am Essen zu sparen. Zwei Mark für den Mittagstisch im Palastkeller, wo die anderen Schauspieler verkehren, das ist nicht drin. Gemeinsam mit den Textilarbeitern holt sie sich ihr Essen regelmäßig für 35 Pfennig in der Fischbratküche. Anschließend schließt sie sich ihren Kollegen im Palastkeller an und leistet sich eine Tasse Kaffee für 50 Pfennig, um nicht außen vor zu stehen. Den monatlichen Hundertmarkschein, den ihr Julius zukommen lässt, schickt sie jedes Mal trotzig per Einschreiben zurück, obwohl sie das Geld dringend nötig hätte.

Schon am ersten Probentag kann Inge ihren Text auswendig, während alle anderen den ihren noch ablesen. Im Zweiwochentakt gibt es eine Premiere, für die Neuen ebenso wie für die alten Hasen, davor jeweils zwölf Tage zum Proben. Inges Auftritt in Walter Brandon Thomas' Farce »Charleys Tante« wird vom Publikum mit viel Applaus bedacht. »Bravo«, rufen sogar einige Zuschauer. Inge drückt ihrem Partner Rainer Litten die Hand und flüstert:

»Rainer, hast du gehört, sie haben ›Bravo‹ gerufen.«

»Ja, aber in Zwickau,« antwortet der trocken.

Es dauert nur wenige Wochen, bis die forsche Debütantin ihren ersten Streit hat, und zwar während der Proben zu »Die Sache, die sich Liebe nennt«. Eugen Brabender, einer der älteren Schauspieler am Ensemble, wagt es nämlich, ihr Spiel zu kritisieren, und moniert, so eine große Rolle gebe man doch nicht einer Anfängerin. Diese, ohne Ehrfurcht vor dem erfahrenen Kollegen, gibt Kontra: »Ach, Herr Brabender, finden Sie nicht auch, dass es besser ist, Anfänger in Zwickau zu sein als Aufhörer?« Das kann der »Bonvivant und Held« des Ensembles natürlich nicht auf sich sitzen lassen – er fordert die Umbesetzung von Inges Rolle. Doch in dem kleinen Ensemble gibt es keinen Ersatz. Inge bleibt Dolly.

Der Öffentlichkeit scheint Inge Meysels Spiel zu gefallen: Besonderes Lob erhält sie für ihre Aufführung von Valentin Katajews »Die Quadratur des Kreises«, einer sozialkritischen Satire, die das Liebesleben zweier junger Ehepaare auf engem Raum schildert. So schreibt das »Sächsische Volksblatt«: »Aber da ist ein quicker Berliner Wonneproppen, Inge Meysel, und ich sage mit erigiertem Zeigefinger: Den Namen wird man sich merken müssen. Noch ein bisschen ungezügelt, das Kleine. Aber oho! Ein frisches Spieltemperament, ein Sprühteufelchen, eine richtige Spielerin. Aus der kann was werden, und gestern war sie reizend.«

Neben den attraktiven Rollen gibt es natürlich auch weniger beliebte Nebenrollen, die vornehmlich mit Neuen besetzt werden. Doch ob Haupt- oder Nebenfigur, Inge versucht, dem Publikum aufzufallen, sodass sie fortwährend ermahnt werden muss, diskreter auf die Bühne zu treten. In diversen Operetten spielt sie, klein und schlank, wie sie ist, den Pikkolo. Um sich in den engen Kellneranzug zu zwängen, schnürt sie sich jedes Mal den Busen ab, eine so peinvolle Prozedur, dass sie noch Jahrzehnte später beim Besuch einer dieser vielen Operetten, in denen spätestens im dritten Akt eine Bar oder eine Hotelhalle vorkommt, ihren Busen schmerzlich spürt.

Bei einer dieser Aufführungen hat sie – zum Vergnügen des Publikums – sogar Schläge auszuhalten, die ihr ein erboster Oberkellner mit einer geknoteten Serviette verabreicht. Dieser Oberkellner ist niemand anders als Joseph Ziegler, der sich später Josef Offenbach nennen wird, weil es in dem Mannheimer Ensemble, das ihn engagiert, bereits zwei Zieglers gab. Mit ihm wird Inge – aber das ahnt 1930 wirklich noch niemand – in den 60er Jahren als »unverbesserliches« Paar zur Fernsehberühmtheit avancieren.

Zieglers Boshaftigkeit beschränkt sich auf die Bühne. Im Privatleben nehmen er und seine Frau Ria die jugendliche Inge unter ihre Fittiche, schreiben auch an deren Eltern, mit der Bitte, sie doch endlich zu zwingen, den monatlichen Hundertmarkschein anzunehmen. Der Gestank aus der billigen Fischbratküche habe sich mittlerweile in Inges Kleidern festgesetzt und sei unerträglich.

Dies ist vielleicht der letzte Anstoß für Julius und Grete, ihre Tochter nach einem halben Jahr in Zwickau zu besuchen. Sie kommen zur Premiere von Lessings »Minna von Barnhelm«, in der Inge endlich ihr Frauenzimmerchen Franziska spielen darf, das sie schon so oft vorgetragen hat. Der Besuch trägt keineswegs zur Verbesserung der gestörten Vater-Tochter-Beziehung bei, im Gegenteil.

Julius erweist sich als äußerst kritischer Zuschauer, der zwar Josef Ziegler aus vollem Herzen lobt, seine Tochter aber nur mit einem zurückhaltend-höflichen »So kann man die Franziska auch spielen!« bedenkt. Hätte die ehrgeizige Inge diese Bemerkung vielleicht noch als Ansporn zu höherer Leistung wegstecken können, so verzeiht sie ihm aber nicht, was sich am Nachmittag vor der Premiere ereignet.

In Erwartung ihrer Eltern hat Inge einen wunderschönen Kaffeetisch hergerichtet, Blumen und teuren Kuchen aus dem Palastkeller besorgt und auch noch den Oberspielleiter Hermann Schultze-Griesheim eingeladen, um Vater und Mutter zu imponieren. Man unterhält sich zwar etwas verkrampft, aber durchaus angeregt über das Theater im Allgemeinen, die anstehende Premiere im Besonderen, über Klassik, Moderne und andere Themen. Bis Julius scheinbar unvermittelt das dahinplätschernde Gespräch mit einer sehr verfänglichen Bemerkung unterbricht: »Weißt du, Mädel, es ist egal, ob es in Zwickau oder sonst wo passiert, der erste Mann im Leben einer Frau ist immer nur der Büchsenöffner.« Der Oberspielleiter verabschiedet sich geschwind. Inge kriegt einen Weinkrampf, Grete ebenso. Julius zeigt keine Reue. Am Tag darauf reisen die Eltern ab. Inge schickt den nächsten Hundertmarkschein starrköpfig und grollend zurück und fügt gleich noch eine Protestnote bei: »Von einem Menschen, der sich so benimmt, kann ich nun erst recht kein Geld mehr annehmen, obgleich ich durch deine Anwesenheit – siehe Kuchen etcetera – sehr viele Schulden machen musste. Deine Tochter!« Von da ab herrscht erst mal Funkstille. Sie beantwortet die Briefe ihrer Eltern nicht mehr.

Tatsächlich hat Inge ein Verhältnis mit dem Oberspielleiter, das allerdings sicherlich auch ohne das peinliche Eingreifen des Vaters recht bald beendet gewesen wäre. Hermann Schultze-Griesheim ist verheiratet und Vater zweier Kinder. Doch immerhin ist ihm gelungen, was andere Männer vorher vergeblich angestrebt hatten.

Schon während ihrer Ausbildung in Berlin hatte Inge einige Verehrer, doch keiner kam so recht bei ihr an. »Ich war ein Spätentwickler«, so sieht sie das heute selbst. »Mein Vater hatte mir beigebracht: Wenn man mal mit einem Mann zusammen ist, kriegt man ein Kind. Und wer mich auch verführen wollte – und es waren darunter berühmte Männer –, dem hab ich gesagt: ›Mit mir nicht. Sie wollen mir ein Kind andrehen. Nee, das nicht!‹« Sie wird zwar gewarnt, aber richtig aufgeklärt wird sie nicht, glaubt wie so viele Mädchen ihrer Zeit lange daran, dass die Babys aus dem Bauchnabel kommen, und kriegt einen Riesenschreck, als sie mit 15 zum ersten Mal ihre Tage hat.

Mit 18 scheint es ihr dann allerdings an der Zeit, den jungfräulichen Status aufzugeben. Karl John, einer ihrer Mitschüler bei Ilka Grüning, mit dem sie befreundet ist, redet ihr gut zu: »Warum willst du es mit jemand Verkehrtem versuchen? Ich bring dir das am besten bei. Das tut zuerst ein bisschen weh. Und darum ist es gut, wenn man das mit jemand macht, der behutsam und lieb ist.« Ganz uneigennützig trifft der als Don Juan bekannte Karl Vorbereitungen für das Stelldichein. Er lässt sich von seinem Freund Karlchen Fromm, Sprössling der gleichnamigen Kondom-Firma, ausstatten und organisiert für die Lektion eine sturmfreie Bude, in der sich dann – wie Inge Meysel freimütig dem Biografen Maurus Pacher erzählt – Folgendes abspielt:

Von Karls Ermahnung »Schrei nicht, denk an die Leute in der Nebenwohnung!« lässt sich Inge zunächst nicht abhalten.

»Ich zog mich aus und legte mich auf die Couch und sagte:

›Also, nu los!‹

Er legte seinen Bademantel ab und hatte auf seinem Geschlecht etwas drauf. Und da fragte ich:

›Was hast du denn da drauf?‹

Und er:

›Das hat mir Karlchen extra mitgegeben, damit nichts passiert. Stell dir deinen Vater vor, wenn du ein Kind kriegst. Das wär ja grauenvoll.‹

Da hab ich gesagt:

›Und da muss man diesen Handschuh draufziehn? Was soll denn das? Also, das Ding nimm mal ab! Ich lach mich ja tot.‹

Und haute so leicht dagegen.

Das war's. Karl stellte fest:

›So, nun geht's nicht mehr.‹

›Warum geht das denn nicht mehr?‹

›Jetzt müssen wir erst mal wieder 'n bisschen schmusen.‹

›Das tut mir Leid. So lange hab ich nicht Zeit. Ich muss zum Unterricht.‹«

Und damit zieht sich die nackte Inge wieder an, rauscht aus der Tür und verabschiedet sich mit den Worten:

»Wenn du die Wohnung wieder kriegst und es geht wieder bei dir, dann ruf mich mal an!«

Leider ist Karl John inzwischen verstorben, ohne seine Sicht der Dinge zu Protokoll zu geben. Auf jeden Fall bleiben Inge und Karl auch nach dieser Malaise gut befreundet.

In Zwickau mangelt es Inge ebenso wenig an Verehrern wie in Berlin. Doch habe sie denen, so meint sie, das Leben schwer gemacht.

»Ich bin eine unendlich schwierige Person gewesen. Holterdiepolter!, gleich ins Bett, wie man es von mir als Typ so gedacht hat, das gab's bei mir überhaupt nicht. Das dauerte mindestens vier bis fünf Wochen.« Was ja, mit Verlaub bemerkt, auch keine allzu lange Frist ist, wenn man bedenkt, wie viele Mädchen damals noch jungfräulich und obendrein unaufgeklärt in die Ehe gehen.

Selbst den berühmten Hellseher Hanussen lässt Inge abblitzen. Als der im Zwickauer Palastkeller auftritt, hat sie eigentlich Abendprobe, entschuldigt sich aber im Theater, ihr sei schlecht, weil sie ihre Tage habe, und besucht stattdessen die Veranstaltung des Zauberkünstlers. Sie bewundert seine Hypnotisierungskünste. Souverän und tadellos gekleidet schreitet Hanussen durch die Reihen und spricht auf die Zuschauer ein. Bei ihr angekommen, nimmt er das Rollenbuch, das sie dabeihat, zur Hand – sie schwört, dass er es nicht öffnet – und orakelt: »Da liegt ein Telegramm drin. Der junge Mann gibt Ihnen keinen guten Rat. Lassen Sie die Finger davon!« Inge ist fassungslos, denn tatsächlich befindet sich in dem Buch eine Depesche von Karl John, der inzwischen in Bunzlau weilt: »Sofort kommen, machen die Dreigroschenoper, du die Jenny, ich Macky Messer. Johnny.«

Der große Hanussen beordert die kleine Inge auf die Bühne und anschließend zum gemeinsamen Dinner. »Ich wusste genau, worauf ich mich einließ, aber Angst? Nein, schließlich war ich ein Berliner Mädel, und bei mir hatten sich schon einige die Zähne ausgebissen.« Die beiden amüsieren sich prächtig, und als Hanussen schließlich fragt: »Wollen wir gehen?«, weiß Inge genau, was diese Aufforderung bedeuten soll. »Großer Hellseher«, klärt sie ihn auf, »Sie müssten doch wissen, dass ich noch Jungfrau bin. Und ich möchte es auch eigentlich noch eine Weile beiben.« Hanussen schüttet sich aus vor Lachen: »Eine Jungfrau in Zwickau, und das mir!«

Einige Monate später treffen sich die beiden im Ostseebad Kolberg, wo Inge während der Sommermonate spielt. Allerdings hat der Zwickauer Oberspielleiter Inges Jungfrauendasein inzwischen ein Ende bereitet. »Immerhin war ich schon 20 Jahre alt – und einmal musste es ja sein.« Dem Zauberer Hanussen scheint das nicht sehr zu gefallen. »Schade, ich hätte dich für gescheiter gehalten«, quittiert er Inges Ge-

Sabine Stamer

ständnis und verabschiedet sich freundlich und herzlich lachend, aber zügig, ohne Inge – wie geplant – seine Yacht zu zeigen. Was diese noch lange danach bedauert: »Heute kann ich es mir ja ruhig eingestehen, dass es mit ihm sicher interessanter gewesen wäre als mit dem Oberspielleiter. Schade, Inge, wirklich schade.«

Nicht einmal zwei Jahre später wird Hanussen tot sein, erschossen von der SA, obwohl er doch versucht, sich mit den Nazis gutzustellen. Aber sie finden heraus, dass er nicht nur Holländer, sondern auch Jude ist. Kurz vor seinem Tod ruft Inge ihn einmal an, in großer Sorge um ihren Vater: »Jungfrau, bleib ganz ruhig«, beschwichtigt der Hellseher da, »wenn etwas Ernsthaftes bei euch passieren sollte, ruf mich sofort an. Vergiss nicht, Stichwort Jungfrau, damit du mich auch erreichst.«

Den ganzen Sommer 1931 verbringt Inge in Kolberg. Regelmäßig kommen auch ihre Eltern – das Verhältnis hat sich etwas entspannt – und ihr Bruder Harry, um sie auf der Bühne zu erleben. Selbst Lucie Höflich reist mit ihrer Tochter Ursula an und spart nach der Vorstellung nicht mit Lob. Auch ihr Intendant, Wolfgang Poppe, verbringt viel Zeit an der Ostsee, er hat sich in Inge verliebt. »Ich nahm alles wie selbstverständlich hin«, bemerkt sie in ihrer Autobiografie, »und genoss in vollen Zügen.«

Nach diesem schönen Sommer will Inge eigentlich zurück nach Zwickau, wo sie einen Vertrag für eine zweite Spielzeit abgeschlossen hat. Doch kurz vor der Rückkehr erfährt sie, dass die Stadt Zwickau pleite ist. Sämtlichen Ensemblemitgliedern wird gekündigt, das Theater selbst geschlossen. Inge steht auf der Straße, denn die anderen Bühnen haben ihre Schauspieler für die anstehende Saison längst unter Dach und Fach. Sie hält sich zunächst mit Sprachunterricht für eine gleichaltrige russische Schauspielerin in Hiddensee über Wasser. Dann sitzt sie in Berlin herum, blickt ratlos und neidisch auf ihre ehemaligen Mitschüler: auf Brigitte Horney zum Beispiel, die es inzwischen sogar zu einem Engagement in der Hauptstadt gebracht hat und am Deutschen Theater unter Max Reinhardts Regie spielt.

Da Inge partout nicht zu ihren Eltern zurückziehen will, sich eine eigene Wohnung ohne neuen Vertrag aber nicht leisten kann, nimmt sie das Angebot Wolfgang Poppes an und zieht mit ihm zusammen. »Es war nicht die große Liebe, aber auch keine kalte Berechnung.«

Eine marginale Rolle erhält sie schließlich im Februar 1932 am Theater in der Stresemannstraße. Für fünf Mark am Abend tritt sie hier auf, selbst für damalige Maßstäbe ein Hungerlohn. »Eine sehr süße kleine Rolle«, wertet sie das Lückenbüßer-Engagement mit dem ihr eigenen Optimismus auf. Ihre Unzufriedenheit würde sie sich nie anmerken lassen, selbst mehr als ein halbes Jahrhundert später nicht. Dabei muss sie, agil und ehrgeizig, wie sie ist, recht geknickt und unbefriedigt gewesen sein. Doch Jammern war und ist Inge Meysels Sache nicht, das dient weder dem Ansehen noch dem Vorwärtskommen. Eine kleine Rolle ist immerhin eine Rolle. Und wird sie nicht gar bedeutender, wenn man sie gut spielt?

Immerhin wartet ihr Agent in dieser tristen Lage mit einem Angebot aus Paris für eine deutsch-französische Co-Produktion auf, die in zwei Sprachversionen gedreht werden soll. Titel der deutschen Ausgabe: »Großstadtnacht«. Eine winzige Rolle, doch für Inge zählt nur eins: Paris! Paris!

Die Eltern sind entsetzt. »Meine Familie tat so, als wollte ich zu den Menschenfressern.« Ihre Tochter allein nach Paris, das ist Grete und Julius nicht geheuer. Inge aber hält es nicht nur wie geplant fünf Wochen an der Seine, sondern ganze drei Monate. Der russische Regisseur des Films und seine Frau nehmen sie gastfreundlich bei sich auf. Sie ahnen schon in diesem Frühjahr 1932, dass die wirkliche Gefahr für Inge nicht im fremden Paris, sondern daheim in Deutschland lauert, und warnen sie davor, nach Berlin zurückzukehren.

Inge erkundigt sich also umgekehrt nach Einreisemöglichkeiten in Frankreich für die ganze Familie, muss aber erfahren, dass ihr Vater als Invalide ohne Vermögen nicht die geringste Chance hat, eine Einwanderungserlaubnis zu bekommen. Trotz des angespannten Verhältnisses zu ihren Eltern ist es für Inge undenkbar, sich in Zeiten der Not so weit von ihrer Familie zu entfernen. Also kehrt sie in das politisch und wirtschaftlich geschüttelte Berlin zurück.

»Man sage nicht so leicht daher«, mahnt sie in ihrer Autobiografie, »dass die Juden ja Deutschland hätten verlassen können. Das war Bürgern ohne großes Vermögen gar nicht möglich, denn wie sollte man sich und seine Familie ohne Arbeitserlaubnis in einem fremden Land mit fremder Sprache duchbringen?« Und wer hätte 1932 vorhergesagt, dass es bald darum gehen würde, das nackte Leben zu retten?

Erste wahre Liebe – Kurzschluss in Bitterfeld

Berlin bietet ein trostloses Bild, als Inge Meysel heimkehrt. Die Krise ist sichtbar und spürbar an allen Ecken und Enden. Die Arbeitslosenziffer übersteigt die Sechs-Millionen-Marke. Bettler bevölkern die Straßen, verzweifelte Arbeitslose ziehen von Tür zu Tür, um wenigstens ein paar Schnürsenkel oder Streichhölzer zu verkaufen. Für Vergnügungen ist kein Geld mehr da. Restaurants und Cafés müssen schließen, Kinos und Theater sind schlecht besucht. Auch viele Schauspieler sind inzwischen ohne Job und Verdienst. In Massenkundgebungen fordern die Menschen Brot und Arbeit. Die Kampftruppen der Nazis liefern sich – obwohl sie verboten sind – Straßen- und Saalschlachten, von denen Inge einige miterlebt.

Inmitten dieser katastrophalen Lage ist ihr persönlich das Glück wohl gesinnt. Sie erhält ihre erste Berliner Hauptrolle, und zwar am Renaissance-Theater in dem Lustspiel »Fräulein Frau«, das zuvor schon am Hamburger Thalia Theater gut angekommen ist. Zu verdanken hat sie die Sternstunde Wolfgang Poppe, der die Regie führt und ihr in alter Verbundenheit dieses Engagement verschafft.

Inge ist außer sich vor Freude: »Erst drei Jahre am Theater und schon die Hauptrolle! In Berlin! An so einem Haus! Ich hatte nicht nur Glück, nein, ich reüssierte sogar!« Photos von Proben und Aufführungen dieses Stücks zeigen Inge Meysel als aparte und zierliche junge Dame, die dunklen, halblangen Haare in hübscher Dauerwelle, der Blick mal sanft, mal frivol. Keine Schönheit, aber ein attraktives Persönchen.

Die Kritiker jedenfalls zeigen sich überzeugt: »Die junge Schauspielerin Inge Meysel ist eine angenehm natürliche Nina; ein Mädel, das trotz aller Gutbürgerlichkeit ihr Temperament prickelnd spielen lässt. Die Kleine hat Talent und ist wert, dass man ihre Entwicklung verfolgt.« So schreibt die »Deutsche Tageszeitung«, und »Der Abend« stimmt ein: »Fräulein Inge Meysel, aus dem Reich in Berlin zu Besuch, vielleicht mit Niederlassungsabsichten, besitzt die Pikanterie des herausfordernden Blicks, die Pfiffigkeit, auch in der großen, natürlich nicht fehlenden Abrechnungsszene die schluchzende Nachtigallenstimme und schließlich jenen erlösenden Aufschrei, der das Signal zum Zuziehen des Theatervorhangs und der Bettgardine gibt.«

Doch wird dieser Erfolg nicht zum ersten Schritt der ersehnten Berliner Karriere. Wolfgang Poppe, inzwischen in Leipzig, hilft ihr ein weiteres Mal durch diese flaue Spielzeit und verschafft ihr eine Gastrolle als kleine Gaunerin in der Kriminalgroteske »Der Tiefstapler«. Poppe hofft, dass Inge nun wieder bei ihm wohnen wird, aber sie besteht auf klarer Trennung. Der Leipziger Oberspielleiter ist derart zufrieden mit dem Gast, dass er Inge Meysel gleich dort behält und zum Abschluss der Saison »Fräulein Frau« auf den Spielplan setzt.

Nur ungern lässt sie ihre Eltern in dieser schwierigen Zeit allein in Berlin zurück, aber ihr Egoismus siegt – so sieht sie es selbst –, und wirklich helfen kann sie ihnen ohnehin nicht. Also folgt sie dem Ruf bereitwillig, denn Leipzig ist keine unbedeutende Stadt. Dieses Engagement könnte sie ihrem Ziel, an den Berliner Bühnen Fuß zu fassen, näher bringen, zumal die Aufführung von »Fräulein Frau« auch hier wieder viel Anklang findet, nicht zuletzt wegen der Hauptdarstellerin: »Allerdings stand auch in Inge Meysels humorvoll überspannter kleiner Nina eine drollige Sehenswürdigkeit für sich auf der Szene, die viel zum Erfolge beitrug. Die Verbindung von Temperament mit diesmal mehr feinkomischen Nuancen ergab reizende Effekte. Hier wächst ein Talent besonderer Art heran!«, schreiben die »Leipziger Neuesten Nachrichten«.

Leipzig bringt Inge Meysel nicht nur den Applaus auf der Bühne, sondern auch eine schicksalhafte Begegnung, die ihr Leben in den nächsten 15 Jahren bestimmen wird.

Ihr Partner in »Fräulein Frau« ist Helmut Rudolph. Zunächst hält sie ihn für arrogant und bringt ihm wenig Respekt entgegen, weil er ja »nur« von den Städtischen Bühnen Nürnbergs kommt. Leipzig, so meint sie, müsse Besseres zu bieten haben. Doch kommen sich die beiden während der Proben und Vorstellungen von »Fräulein Frau« immer näher und finden schließlich großen Gefallen aneinander. Das Schlüsselerlebnis ereignet sich während eines Gastspiels in Bitterfeld.

Ein Stromausfall hüllt nicht nur das Theater, sondern die ganze Stadt in Dunkelheit, und das gerade als die Darsteller auf der Bühne den phantastischen Ausblick auf Nizza und das Mittelmeer rühmen. »Nu, hier sähn Se sogar die See!«, erläutert der sächselnde Kellner, und Inge kichert erst zurückhaltend, dann haltlos vor sich hin. Helmut Rudolph trägt das Seinc zur Erheiterung von Darstellern und Publikum bei. Mit dem spärlichen Schein eines Feuerzeugs beleuchtet er die Szene und konstatiert: »Nu wer'n wir uns mal die Gegend besonders ansehn!« Inge kann sich nicht mehr halten vor Lachen und ist nur froh, dass die Vorstellung sowieso unterbrochen werden muss.

Inge Meysel, die hoch disziplinierte ehrgeizige Schauspielerin, lässt sich nur zu gern anstecken mit dem Lachvirus, selbst wenn er das Bühnenspiel gefährdet, das gilt nicht allein für die jungen, sondern auch für die späteren reifen Jahre. Sie lacht für ihr Leben gern, und all ihre Freunde bescheinigen ihr eine gehörige Portion Humor. Nicht verwunderlich also, dass ausgerechnet das Gelächter nach dem Kurzschluss an jenem Abend 1932 in Bitterfeld Inge Meysel und Helmut Rudolph zusammenbringt. Bei den Bühnenküssen sprüht es plötzlich Funken, aus dem Theaterpaar wird ein wirkliches Liebespaar. Helmut Rudolph trennt sich von seiner damaligen Freundin, und auch Inge zieht einen endgültigen Schlussstrich unter ihre Beziehung zu Wolfgang Poppe. Die Abschiedsbriefe an ihre Partner schreiben sie gemeinsam.

Helmut Rudolph ist der »Bonvivant« des Leipziger Theaters. Er spielt also vornehmlich den eleganten Mann von Welt, den redegewandten und geselligen Herzensbrecher. Auch im wirklichen Leben ist er »ein Herr«, zurückhaltend und angenehm im Umgang, natürlich und echt, »fabelhaft« aussehend, so erinnert sich der Schauspieler Manfred Steffen an den längst verstorbenen Kollegen. Etwas »phlegmatisch«, meint Steffen, doch das habe Inge durch ihr Temperament wieder ausgeglichen und ihn immer ein wenig »gepuscht«.

Sie sei »nie auf schöne Jungs geflogen oder auf stattliche und elegante Männer«, behauptet Inge Meysel. »Ich musste mit Freunden lachen, mit ihnen streiten, mich am liebsten mit ihnen hauen können. Und ich musste auch immer ein ganz klein wenig bewundern können. Ich glaube, wenn mir

Sabine Stamer

ein Mann mit dem größten Buckel begegnet und geistreich gewesen wäre – das wäre mir egal gewesen. Dass ich auf einen schönen Burschen wie den ›Hell‹ hereinfiel, lag – glaube ich – an dem ungeheuren Gelächter, das wir beide in Bitterfeld veranstalteten.« Nun, Tatsache ist, die großen Lieben in Inge Meysels Leben werden beide als ausnehmend attraktive Männer beschrieben.

Helmut Rudolph heißt eigentlich Helmut Rudolf Heyn, von Inge kurz Hell gerufen. Viele Schauspieler legen sich in jener Zeit einen Künstlernamen zu. Auch Inge wird dringend angeraten, sich lieber nach ihrer Mutter zu nennen, Inge Hansen, das klinge viel schöner. »Ich bin Inge Meysel geblieben«, erklärt sie heute, »obwohl alle meinten, ich sei verrückt geworden. Dann sagen doch alle ›Scheysel‹. Aber ich hab gesagt, das kann ich meinem Vater nicht antun, ich bleibe bei Meysel.«

Die Zeit meint es nicht gut mit den beiden frisch Verliebten. Zum zweiten Mal innerhalb weniger Monate hat die NSDAP bei der Reichstagswahl die meisten Stimmen erhalten. Reichskanzler Franz von Papen hebt das Verbot der Hitlerschen Sturmtruppen SA und SS wieder auf. Im »roten« Sachsen werden die Auseinandersetzungen zwischen links und rechts besonders hart ausgetragen. Straßenschlachten mit Verletzten und gar Toten sind an der Tagesordnung. Trotzdem, so erinnert sich Inge Meysel an die letzten Wochen des Jahres 1932: »Es braute sich alles um uns herum zusammen, aber wir haben es nicht ernst genommen. Dieser Vorwurf geht an uns alle. Wir haben gesehen, aber nicht begriffen, oder besser gesagt, spät begriffen. Noch richtiger ausgedrückt: Zu spät begriffen ...«

Die 23 Jahre junge Schauspielerin ist viel mehr mit ihrer Karriere beschäftigt als mit der allgemeinen politischen Lage. Zumal sie gerade erst wieder so gute Kritiken erhalten

hat für ihre Rolle als Kreszenz in Richard Billingers »Raunacht«. Nach altem heidnischem Brauch dürfen in der Zeit
der Raunächte zwischen Weihnachten und Dreikönigstag
die Hemmungen fallen und alle unterdrückten Triebe zum
Ausbruch kommen. Inge spielt ein Mädchen, das sich zunächst von einem sonderlichen Bauern verführen lässt und
anschließend in blindem Rausch erstochen wird. »Sehr stark
Inge Meysels Kreszenz, das Opfer«, kommentiert ein Leipziger Kritiker, »ein Jungmädel mit vibrierenden Nerven und
Sinnen, naiv und ein bisschen lüstern, lebenshungrig und mit
plötzlich erwachtem Drang nach Selbstaufgabe.« Sie solle
sich bloß nicht weiter in Leipzig verpflichten, melden ihre
Agenten aus Berlin, es gebe andere Angebote.

Beflügelt vom Glauben an ihren persönlichen Aufstieg,
beflügelt auch von der neuen Liebe zu ihrem Hell, unter-
schätzt sie die Gefahr des Nationalsozialismus, der sich auch
in der Kultur durchsetzt. Auch an den Bühnen breitet sich
der Antisemitismus aus. So schreibt die »Weltbühne« vom
6. September 1932: »Was noch vor wenigen Wochen als dro-
hendes Zukunftsbild des deutschen Theaters aufgestellt
wurde: die Demoralisierung der Betriebe durch Denunzia-
tion, die Zerstörung künstlerischer Gemeinschaften durch
Terrorisierung, die Feigheit des Bühnenvereins, das ist längst
Gegenwart geworden. Intendanten versperren jüdischen
Darstellern das Engagement aus Angst vor den Nazis. Stücke verdächtiger Autoren – und jede Begabung ist verdäch-
tig – werden nicht mehr gespielt. Schauspieler schrecken vor
keinem Mittel zurück, gegen ihre Intendanten Material zu
bekommen, wenn sie ihnen nicht gefügig sind.«

Inge Meysel ahnt nicht, dass ihre viel versprechende Karriere bald enden wird, noch bevor sie ihren Höhepunkt erreicht hat.

Die gestohlenen Jahre –
»Durchstehn, mein Mädel!«

Am 30. Januar 1933 ernennt Reichspräsident Paul von Hindenburg Adolf Hitler zum Reichskanzler. Mit einem Fackelzug zur Reichskanzlei feiern die Nationalsozialisten ihren Triumph. Ängstlich und verstört sitzen Julius, Grete und der 18-jährige Harry zu Hause in der Berliner Badenallee. Inge ruft gleich nach ihrer Vorstellung in Leipzig aus dem Theaterrestaurant an und mahnt die Eltern und den Bruder, sich jetzt nicht unterkriegen zu lassen. Bald werde alles schon wieder vorbei sein. Und daran glaubt sie zu diesem Zeitpunkt tatsächlich.

Doch auch in Leipzig zieht sich die Schlinge enger. Schon am 31. Januar platzen SA-Leute in die Probe, um den Schauspieler Karl Walden festzunehmen, weil er Kommunist ist. Direkt im Anschluss erscheinen der erste und der zweite Dramaturg, Otto Kasten und Walter Meyer, um den »Aufräumarbeiten« der Nazis Beifall zu spenden. Kasten gibt seiner Hoffnung Ausdruck, dass auch die Theater nunmehr »entjudet« würden. Inges Partner in der »Raunacht«, Gerhard Ritter, hält die Zeit für gekommen, sein Parteiabzeichen unter dem Revers hervorzuholen und für jeden sichtbar zu tragen. Er lässt die Theaterleitung wissen, dass er mit der »Halbjüdin« Meysel nicht länger auftreten wolle. Die Arbeitsatmosphäre, die Inge bis dahin als so angenehm kollegial empfunden hat, ist mit einem Mal vergiftet.

Theaterdirektor Otto Werther lässt sich von dem Strom nicht mitziehen und zeigt Zivilcourage. Er versichert Inge Meysel, dass er sie beschäftigen werde, solange ihr Vertrag noch läuft, also bis zum Ende der Spielzeit. Doch mehr kann er nicht für sie tun. Für ihren Auftritt als Ämilia in Shakespeares »Komödie der Irrungen« erhält die talentierte Nachwuchsschauspielerin noch einmal besondere Anerkennung, sogar vom berühmten Gustav Gründgens, der eigens zur Premiere aus Berlin anreist.

Während ihr Ende am Leipziger Schauspielhaus näher rückt und offensichtlich wird, dass sie keine Chancen hat, an irgendeinem anderen deutschen Theater aufzutreten, erhält Helmut Rudolph ein Angebot vom Danziger Staatstheater mit dem Versprechen, auch seiner Lebenspartnerin eine Gastrolle pro Saison zu geben. Das erscheint beiden als Möglichkeit zu überwintern, bis der Spuk vorbei ist. Denn Danzig ist Freistaat, wird also nicht vom Deutschen Reich kontrolliert.

Den Hauptanteil ihrer Gage gibt Inge in diesen Wochen für Telefongespräche mit ihrer Familie aus, um deren Wohlergehen sie sich große Sorgen macht. Berlin ist ein Hexenkessel. Überall wird die schwarz-rot-goldene Fahne durch das Hakenkreuz ersetzt; Verhaftungswellen überrollen Politiker und Intellektuelle; die Gewerkschaften und andere links stehende Verbände werden verboten. Reichspräsident von Hindenburg setzt die verfassungsmäßigen demokratischen Freiheiten außer Kraft. Und als am 27. Februar der Reichstag brennt, ist das Vorwand für die Nationalsozialisten zum erneuten Sturm auf ihre Erzfeinde, Kommunisten und Juden, die sie als Brandstifter verdächtigen. Täglich marschieren SA und SS durch Berlin, laut grölend: »Kauft nicht bei Juden!« Bei der Reichstagswahl am 5. März wird die NSDAP mit Abstand stärkste Fraktion, und kurz darauf stimmt der Reichstag dem »Ermächtigungsgesetz« zu, das Hitler die Macht verleiht, die parlamentarische Kontrolle gänzlich auszuschalten.

Julius steckt bald in ernsten wirtschaftlichen Schwierigkeiten. Zwei seiner Vertreter haben gekündigt. Die staatlichen Kantinen, die ihre Zigaretten und Zigarren bisher von ihm bezogen haben, wollen und dürfen nicht mehr mit ihm zusammenarbeiten. Dabei fällt es Einzelnen oft schwer, Julius die Entscheidung mitzuteilen, denn er ist im Allgemeinen sehr beliebt. Es sei nicht persönlich gemeint, entschuldigen sie deshalb ihr Verhalten, aber es werde eben nicht länger geduldet, dass sie bei Juden kauften. Die Konkurrenz lauert schon darauf, Julius Meysel aufzukaufen. Je früher, desto besser für ihn, drängen sie, jetzt würde man noch zahlen, in ein paar Monaten übernähme man das Geschäft »für 'n Appel und 'n Ei«. Tatsächlich muss Julius 1935 auf Druck der Nationalsozialisten sein Geschäft zu einem Schleuderpreis abgeben. Den Namen »Monopol« darf er allerdings behalten, und so eröffnen Madka und Harry eine neue Firma mit Julius als ihrem Angestellten.

Harry hat seine Schule verlassen müssen, denn »Halbjuden« dürfen nun ebenso wenig das Abitur machen wie Juden. Außerdem kann die Familie das hohe Schulgeld nicht mehr aufbringen. Einige ehemalige Kunden bleiben Julius treu und kaufen bei seiner neuen Firma. Mitunter liegen auch Geschenke vor der Tür, anonyme Solidaritätsbeweise. Der Lebensstandard der Meysels verschlechtert sich merklich, doch sie haben ihr Auskommen.

Julius versteht die Welt nicht mehr, ist er doch im Herzen

ein Deutscher, ein Deutschnationaler gar, und hat sich im Kampf für Deutschland seinen rechten Arm wegschießen lassen und das Eiserne Kreuz dafür bekommen. Wie viele andere ärgert auch er sich über die zugewanderten Ostjuden, mit denen er genauso wenig gemeinsam haben will wie die arischen Nationalsozialisten. Ihn als nicht-deutsch zu bezeichnen, erscheint ihm eine der schlimmsten Kränkungen. 1936 oder '37 muss er sogar seinen Kriegsorden zurückgeben. Und da erst wird für ihn klar: »Mit diesem Land möchte ich nichts mehr zu tun haben.«

Obendrein erhalten Grete und Julius eines Tages einen Anruf von ihrem Vermieter, der sich scheinheilig erkundigt, ob ihnen denn die Wohnung nicht zu teuer werde. Er würde sie gern ohne Einhaltung der Kündigungsfrist aus dem Vertrag entlassen. So mieten sie eine Dreieinhalbzimmerwohnung in der Luitpoldstraße zum halben Preis. Als sie die Hälfte der Möbel verkaufen müssen, weinen sie Julius' sonderbarem Geschmack hinterher, an den sie sich mittlerweile so gewöhnt hatten.

Irgendwann in dieser schweren Zeit organisiert Julius für die ganze Familie Zyankalikapseln. Jeder, auch Inge, trägt nun auf Schritt und Tritt so eine Kapsel bei sich. Nein, eher nehmen sie sich selbst das Leben, als dass sie sich wie Vieh abtransportieren und vergasen lassen.

Ein judenfeindliches Gesetz nach dem anderen wird verabschiedet. Für Inge und ihren Hell bedeutet das: Sie dürfen nicht heiraten. Geschlechtsverkehr zwischen »Ariern« und Juden oder »Mischlingen« wird bei Androhung der Todesstrafe verboten. Helmut Rudolph bleibt seiner Inge trotz allem treu und wird ihr während all dieser schweren Jahre zur Seite stehen. Vielleicht ist es letztendlich ihre Verbindung zu ihm, dem berühmten Schauspieler, die Inge Meysel vor den Nazis rettet.

Sabine Stamer

Zwar haben die deutschen Ariergesetze in Danzig keine Gültigkeit, doch ist die Stimmung in der Stadt fremdenfeindlich und antisemitisch. Die zwangsweise Trennung Danzigs vom Reich durch den Versailler Vertrag, die Kontrolle der Zufahrtswege durch die Polen treibt viele Menschen im Freistaat in die Arme der Nazis. Intendant Hanns Donadt, der Meysel und Rudolph nach Danzig geholt hat, wird gleich zu Beginn der Spielzeit 1933/34 durch den NSDAP-hörigen Erich Orthmann ersetzt. Folglich wird nichts aus der versprochenen Gastrolle für die »Halbjüdin«. Stattdessen kommt sie beim Danziger Hörfunk unter und erhält ein paar Rollen in Hörspielen. Helmut Rudolph ist beim Danziger Publikum beliebt, erhält eine ordentliche Gage, und so beziehen die beiden eine »herrliche Wohnung« in der Langgasse, voller Zuversicht, dass auch Inge bald wieder auf der Bühne stehen kann. Doch die Ernüchterung folgt auf dem Fuße.

Grete wendet sich, noch immer an Recht und Gerechtigkeit glaubend, an die Reichstheaterkammer und bittet um Aufhebung des Spielverbots für ihre Tochter. Immerhin kennt Inge den Präsidenten der Kammer, Ludwig Körner, persönlich aus alten Leipziger Tagen. Mithin dürfen die beiden auf einen positiven Bescheid hoffen, als Inge zur Reichstheaterkammer bestellt wird. Empfangen wird sie dort vom Bruder des Präsidenten, einem jungen Parteisoldaten in strammer Uniform, der ohne viel Federlesens verkündet, dass alles viel einfacher wäre, wenn ihr Vater damals an der Somme gefallen wäre. Inge reagiert mit einem hysterischen Lachanfall und versichert, dass die Familie im Gegenteil recht froh sei, den Vater noch lebend um sich zu haben. Der Parteisoldat ist peinlich berührt, wird kreidebleich, rennt aus dem Raum und lässt sie zurück, allein mit dem Führerbild an der Wand. Wenig später wird sie zu Ludwig Körner, dem Präsidenten selbst, gebeten, der ihr versichert, sein Bruder habe das alles nicht so gemeint, und man werde ihren Fall erneut prüfen. Dann schließt er Inge Meysel in seine Arme und dankt noch einmal für die vielen schönen Abende im Leipziger Schauspielhaus.

Auf dem Weg nach draußen spielt sie Sekundenbruchteile mit dem Gedanken, sich das hohe Treppenhaus hinunterzustürzen. Doch der Gedanke an ihren Vater hält sie davon ab. Draußen wartet zum Glück ihr Hell.

Die versprochene Prüfung ihres Falls ist schnell abgeschlossen. Nur wenige Tage nach dem Termin erhält Inge Meysel im August 1935 schriftlich ihr endgültiges Auftrittsverbot. Auch Helmut Rudolphs Engagement in Danzig wird nicht verlängert. »1935 bis 1945 – von diesen Jahren existieren keine Bühnenbilder mehr. Es sind meine gestohlenen Jahre«, hält sie in ihrer Autobiografie fest. »Wir waren zwar engagementlos, aber voller Optimismus. Woher wir den nahmen, weiß ich nicht, es lag absolut kein Grund vor.« Sie ist erst 25 Jahre alt, hat sich gerade die ersten Sporen verdient. Auf dem Höhepunkt ihrer Schaffenskraft wird sie zum Nichtstun verurteilt. So raubt man ihr, was im Berufsleben gemeinhin als »die besten Jahre« bezeichnet wird.

Vielen Schauspielerinnen ergeht es kaum besser als ihr. Ihre jüdische Schauspiellehrerin Ilka Grüning verlässt Deutschland 1934 und emigriert nach Amerika. Lucie Höflich, Partnerin von Ilka Grüning, wird, da nicht mit dem »Makel« des Judentums belastet, zur Staatsschauspielerin erkoren, weigert sich aber während der Nazi-Zeit, auf deutschen Bühnen aufzutreten. Nur bei einigen wenigen Filmproduktionen wirkt sie mit. Dem großen Berliner Bühnenchef Max Reinhardt bieten die Nazis eine »Ehren-Arierschaft« an. Empört lehnt er ab, verlässt Deutschland und wird dafür nicht nur mit dem Verlust seiner Position in der

Theaterwelt, sondern auch mit der Enteignung seines Privatbesitzes gestraft.

Wer sich im Einklang mit dem neuen Regime weiß, der erlebt die ersten Jahre der Naziherrschaft durchaus als glanzvollen Aufschwung der Theaterwelt, die eine bis dahin nicht gekannte Unterstützung aus der Staatskasse erfährt. Schon 1937 gibt es keine Arbeitslosen im Bühnenbereich mehr. Die Organisation »Kraft durch Freude« füllt die Zuschauersäle, Beteiligung am Kulturgenuss gilt geradezu als nationale Pflicht. Viele Nazigrößen suchen die Nähe der Prominenz, sonnen sich gern in deren Licht, während sie durch bewundernde Umklammerung Macht und Kontrolle über sie ausüben. Die bekanntesten Künstler erhalten nicht nur Beifall und Ruhm, sondern auch großzügige steuerfreie Zuwendungen und legendäre Filmgagen: Gustav Gründgens zum Beispiel 80 000 Reichsmark, Heinrich George und Brigitte Horney, Inge Meysels einstige Mitschülerin im Höflich-Grüning-Studio, 50 000 Reichsmark (*). Auch Marianne Hoppe, Gründgens' zukünftige Frau, früher ebenfalls Schülerin bei den nun in Ungnade gefallenen Schauspielerinnen, reüssiert.

Inge Meysel dagegen lebt nicht nur ohne Perspektive, sondern auch ohne jegliches Einkommen, obendrein in ständiger Angst um ihren Vater. Doch sie lässt den Kopf nicht hängen und meint heute – Optimistin durch und durch – über ihre damalige wirtschaftliche Lage: »Eigentlich war das damals nicht so schlimm, weil ich so viel hintenherum gemacht habe. Ich bin ja als Geschäftstante aufgewachsen und habe alles Mögliche verkauft, Kleider und Blusen, tausend Dinge. Ich habe heimlich gearbeitet, bin überall hingegangen

---

* Zum Vergleich: Ein Staatssekretär im Reichsministerium erhielt damals rund 20 000 jährlich, ein Facharbeiter 2500 RM jährlich.

und habe gesagt: Ich bin eine tüchtige Verkäuferin, können Sie mir mal vier oder fünf Blusen mitgeben? Ich habe viele Freunde, die das für mich verkauft haben, und dann bekam jeder etwas ab.«

Aber hat sie ihre Bühnenauftritte nicht fürchterlich vermisst?

»Merkwürdigerweise«, sagt sie, »in dem Augenblick, wo man mir das verboten hat, habe ich einen Strich gemacht: So, jetzt erst wieder, wenn die alle weg sind! Ich war ja immer davon überzeugt, dass das Dritte Reich nicht hält.« Hat sie persönlich der Antisemitismus sehr verletzt? »Das kann man nicht verletzend finden«, antwortet sie mit einer wegwerfenden Handbewegung, »weil diese Leute ja so dämlich sind, die sind die Dummheit in Person!« Hat sie Angst gehabt um ihre Zukunft, um ihr Leben? »Ich habe nie Angst gehabt im Leben!«, erwidert sie voller Überzeugung. »Ich habe immer gesagt: Das schaffe ich!«

Woher bloß schöpft diese kleine Person, in die Enge getrieben und ohne Spielraum, solch ungeheure Energie und den Lebensmut? Hat sie diese Kraft vielleicht, weil sie schon in jungen Jahren Schwächen gar nicht erst aufkommen lässt und im Keim erstickt? Wenn man sie später in den 50er, 60er Jahren als »unverbesserliche« Käthe Scholz oder resolute Portiersfrau Anni Wiesner in der Komödie »Das Fenster zum Flur« sieht, dann glaubt man zu spüren, wie sie dem Nazi-Terror begegnet ist: Keine »unnützen« Gefühle, nichts anmerken lassen, Zähne zusammenbeißen, immer kampfbereit und ganz fest an ein besseres Morgen glauben!

Zunächst wird ihr Optimismus bestätigt: Helmut Rudolph erhält ein Engagement am Komödienhaus in Dresden. Wenigstens die nahe Zukunft scheint gesichert zu sein. Sie freuen sich auf diese Stadt, in der sie schon viele lustige Stunden zusammen verbracht haben. Vor lauter Übermut kaufen

Sabine Stamer

sich Hell und Inge einen kleinen gebrauchten Opel, einen Zweisitzer, den sie »Häschen« taufen.

»Verrückterweise fing ich an, depressiv zu werden«, schreibt Inge Meysel in ihrer Autobiografie.

Warum eigentlich verrückterweise? Weil sie von sich selbst verlangt, zufrieden zu sein, nun, da wenigstens Rudolph eine Anstellung hat? »Mein ›Drohnen-Dasein‹ wurde mir mehr und mehr bewusst. Aber ich durfte das vor Hell natürlich nicht zeigen.« Nur Julius merkt, was in seiner Tochter vorgeht, denn ihn plagen oft dieselben Gefühle. Manchmal, wenn niemand hinschaut, nimmt er sie in den Arm und sagt: »Durchstehn, mein Mädel!« Und eines Tages legt er ihr ein kleines verschrumpeltes Hundebaby in den Schoß, nur sechs Wochen alt und am Ende seiner Kräfte. Die Sorge um das hilfsbedürftige Wesen lenkt Inge von ihren immer wiederkehrenden Gedanken an Zukunft und Beruf ab. Da ein Schluck Milch mit wenigen Tropfen Cognac den kranken Terrier wieder zum Essen animiert, ist auch gleich ein passender Name gefunden: Cognac.

Cognac zieht also mit Inge nach Dresden. Doch auch diese ihnen einst so freundlich gesinnte Stadt hat sich entscheidend gewandelt. Schon bald nach ihrer Ankunft teilt ein peinlich berührter Theaterdirektor Herrn Rudolph mit, dass seine Frau im Theater nicht mehr gesehen werden dürfe. Die SA sei darauf aufmerksam geworden, dass sie ein »Mischling« ist. Keine Sekunde denkt Hell daran, sich von seiner Inge zu trennen.

Am liebsten hätten beide diesem unwirtlichen Ort sofort den Rücken gekehrt, aber wo wären sie freundlicher empfangen worden? Grete hatte einen letzten verzweifelten Versuch unternommen, um mit Julius in ihre alte Heimat Dänemark zu emigrieren. Doch nach wie vor wollen die dänischen Behörden einem nunmehr mittellosen Schwerstbehinderten kein Asyl bieten. Emigrieren ohne Julius, das kommt nicht in Frage. Heimlich schickt Inge Geld an Harry, will die Eltern unterstützen, ohne sie zu kränken. Harry erfindet Geschichten über irgendwelche tollen Jobs, die er zufällig ergattert habe. Die kleine Firma, die zum Schein auf Madkas und Harrys Namen läuft, deckt nur die nötigsten Ausgaben. Um sich über Wasser zu halten, vermieten die Eltern eines ihrer Zimmer möbliert und verkaufen wertvolle Brücken und Teppiche, die Julius seit Jahrzehnten fachkundig gesammelt hat.

Um sich aus dem Beobachtungsradius der SA-Schnüffler zu entfernen, ziehen Inge und Hell nach Moritzburg bei Dresden. Hier verlässt selbst die tapfere Inge Meysel für eine Weile der Glaube an das Gute. Sie, die sonst nur über die Schokoladenseiten des Lebens berichten mag, liefert eine ungewöhnlich offene Schilderung ihrer einsamen Tage in diesem idyllischen, aber abgelegenen sächsischen Dorf.

»Ich war von neun Uhr früh bis ungefähr drei Uhr nachmittags allein. Dann kam Hell, aber nur kurz zum Mittagessen, ein bisschen Erzählen von den Proben, hinlegen. Er brauchte diese Pause, denn er spielte ja jeden Abend. Zwischendurch lernte er noch, verließ dann um 18 Uhr das Haus und war natürlich müde, wenn er gegen Mitternacht zurückkam. So war ich Stunden um Stunden, Tage für Tage, Monat um Monat allein. Allein mit meinem kleinen ›Cognac‹ in zwei möblierten Zimmern. Was hat dieser Hund für Tränen gesehen, für Ausbrüche erlebt …« In Danzig, da hat sie wenigstens noch ihre Rollen beim Radio gesprochen, ist aus dem Haus gekommen, aber hier in Moritzburg steht sie plötzlich vor dem Nichts. Keine Arbeit, keine Kontakte, keine Inspiration.

»Ich war meinen eigenen Gedanken ausgeliefert, und die waren gnadenlos. ›Hältst du das durch? Wird unsere Liebe

Sabine Stamer

daran kaputtgehen?‹ Und dann die Verlustängste. ›Was ist, wenn er sich in eine Kollegin verliebt? Vielleicht merkst du es nicht? Vielleicht traut er sich nicht, es dir zu sagen?‹ Von all den Zweifeln, den Ängsten sollte und durfte Hell nichts merken. Auf keinen Fall wollte ich ihn belasten. Also Zähne zusammenbeißen und die Einsamkeit ertragen. Ich weiß nicht, wie viel Nächte ich wach neben ihm lag. Manches klingt so einfach, so ›dahergesagt‹, aber es ist wirklich so, dass man in schlimmen Situationen Kräfte entwickelt, von denen man nichts ahnt. Nein – sie haben mich nicht kleingekriegt, im Gegenteil.«

Schwer vorstellbar, dass Helmut Rudolph von all dem wirklich nichts merkt. Vielleicht hindert ihn letztlich die Ausweglosigkeit der Lage daran, mit Inge über ihre Situation und ihre Gefühle zu sprechen. Vielleicht fürchtet er auch, mühsam aufgebaute Dämme könnten einreißen, sobald man sie nur anrührt. Jedenfalls – so empfindet es Inge – wird ihre Beziehung durch den Druck von außen nur umso enger. Und klar ist auch, Hell bemüht sich nachdrücklich um ein anderes Engagement – und hat schließlich Erfolg.

Es ist sogar ein traumhaftes Angebot: drei Jahre als erster Bonvivant mit großzügiger Gage am Hamburger Thalia Theater. Inge kann ihr Glück nicht fassen: »An diesem Abend haben wir uns restlos betrunken.«

Die Schlinge zieht sich enger –
Das tote Kind

Hamburg scheint auch 1936 noch etwas von seinem weltoffenen Ruf bewahrt zu haben. »Guten Tag«, grüßt man hier zumeist anstelle des obligaten »Heil Hitler«. Als Helmut Rudolph die beiden Direktoren des Thalia Theaters, Paul Mundorf und Ernst Leudesdorf, darauf aufmerksam macht, dass seine Partnerin keine »Arierin« ist, betonen diese, sein Privatleben sei seine Sache, und sie würden sich freuen, Inge Meysel kennen zu lernen.

Zum Ensemble gehört Willy Maertens, der nach dem Krieg zum Intendanten des Theaters berufen und in dieser Funktion Inge Meysel für ihre erste große Rolle nach der Zwangspause engagieren wird. Maertens ist mit Charlotte Kramm verheiratet, einer jüdischen Schauspielerin, die ebenfalls Auftrittsverbot hat. Die Ehe mit Willy Maertens und die frühere Freundschaft mit dem Präsidenten der Reichstheaterkammer, Ludwig Körner, auf den ja auch Inge Meysel Hoffnung gesetzt hatte, retten ihr das Leben. Zwar zeigt sich Körner unerbittlich und parteitreu, was das Berufsverbot für die beiden »nichtarischen« Schauspielerinnen angeht, doch versieht er Charlotte Kramms Akte immerhin mit einer entscheidenden Notiz: »Bereits erledigt«, vermerkt er auf der schriftlichen Order, ihre arische Abstammung zu belegen.

Nach jeder Vorstellung, so erinnert sich Manfred Steffen, ein Kollege vom Thalia Theater, holt Inge ihren Hell ab, wartet meistens mit dem kleinen Cognac am Bühneneingang. Die Hamburger Schauspieler pflegen engen Kontakt miteinander, laden sich gegenseitig ein, treffen sich abends in Kneipen und Clubs, debattieren in aller Offenheit über Kultur und Politik. Wenn das die Falschen belauscht hätten, da ist sich Inge Meysel sicher, wäre mancher nicht mit einem blauen Auge davongekommen. Jeder weiß, dass sie »Halbjüdin« ist, keinen stört es. Man ermuntert sie durchzuhalten. Auch die Kollegen vom Schauspielhaus, unter ihnen Gustav Knuth, sind häufig mit von der Partie.

Helmut Rudolph avanciert schnell zum Publikumsliebling, sein Vertrag wird schon nach einem Jahr auf fünf Jahre verlängert. Der Theaterdirektor Paul Mundorf, sehr wohl Parteigenosse, erlaubt Inge, bei den Proben anwesend zu sein, und Hell bittet sie, mehr mit ihm an seinen Rollen zu arbeiten. Auf diese Weise hat sie, wenn auch keine eigenständige Arbeit, doch wieder eine Aufgabe. Sie kaufen sich Möbel und mieten eine großzügige Wohnung in der Oberstraße im schnieken Stadtteil Harvestehude, deren dänische Eigentümer wunderbarerweise keine Angst zeigen, wegen des illegalen Paares in Schwierigkeiten zu geraten.

So verbringen die beiden zwei relativ ruhige Jahre in der Hansestadt – bis zum 7. November 1938, als die Ermordung des deutschen Botschaftsattachés Erich vom Rath in Paris dem Judenhass neue Nahrung liefert. Der Attentäter ist der junge polnische Jude Herschel Grynszpan, der die Ausweisung seiner Eltern aus Deutschland rächen will. Als hätten die Nationalsozialisten nur auf ein Zeichen gewartet, marodieren sie durch das Land, zerstören Synagogen, verwüsten jüdische Wohnungen und Geschäfte, prügeln deren Inhaber zu Tode. »Von da ab gab es kein Pardon mehr«, stellt Inge Meysel fest.

Nach dieser so genannten Reichskristallnacht werden die letzten jüdischen Geschäfte enteignet und neue antisemitische Gesetze erlassen. Juden dürfen keine Theater und Kinos mehr besuchen, nicht mehr die öffentlichen Verkehrsmittel benutzen. Sie dürfen nicht auf Parkbänken sitzen, keine Autos mehr haben und nur noch jüdische Bücher und Zeitungen kaufen. »Das Idiotischste war aber«, findet Inge Meysel, »als ich an einem Sarggeschäft gelesen habe, dass Juden der Eintritt verboten ist. Das habe ich fotografiert, und wenn mein Vater depressiv war, habe ich ihm das Foto gezeigt.«

Auch das Klima am Thalia Theater ändert sich etwas. Konnten Inge Meysel und Charlotte Kramm bisher die Proben ungestört aus dem dunklen hinteren Zuschauersaal verfolgen, so wird das nun zu riskant. Der Gauleiter, der sich ansonsten nie im Theater sehen lässt, beschwert sich plötzlich bei der Direktion, dass in diesem Haus nicht einmal an der Kasse mit dem »deutschen Gruß« gegrüßt werde.

Mundorf beruft sofort eine Vollversammlung ein und hält eine knappe Standpauke, etwa so: »Ich möchte Ihnen sagen, das ist eines deutschen Theaters unwürdig. Ab sofort wird in diesem Theater nur noch mit ›Heil Hitler‹ gegrüßt. So, das war's. Guten Morgen.« Bezeichnenderweise erscheint der Intendant, immerhin Parteimitglied, zu diesem »Anschiss« im Straßenanzug und nicht in Parteiuniform. »Aber doch nicht zu mir!«, wehrt Mundorf ab, weil ihn danach alle vorschriftsmäßig grüßen. »Das war die Komik«, erinnert sich Inge Meysel, »darüber lachte er sich tot. Die Schauspieler untereinander, Frau Mundorf und so, die haben doch nicht ›Heil Hitler‹ gesagt.« Trotz des relativ liberalen Intendanten wird Inges Bewegungsfreiheit nun mehr und mehr eingeschränkt.

Außenpolitisch steuert Hitler auf den Krieg zu. Nachdem 1938 Österreich und das Sudetenland »heim ins Reich geholt« worden sind, kennt der Expansionswille der Nazis keine Grenzen mehr: Am 1. September 1939 marschiert die deutsche Wehrmacht in Polen ein und löst damit den Zweiten Weltkrieg aus. Harry gehört zu den ersten deutschen Kompanien, die die polnische Grenze überschreiten. Nur zwei Tage vor dem Aufbruch informiert er noch in aller Kürze die Eltern. Inge kann nun froh sein, dass man sie aus Danzig »rechtzeitig rausgeschmissen« hat, denn der Freistaat wird dem Reich gleich am ersten Kriegstag »einverleibt«.

Auf das Leben am Thalia Theater hat das Weltgeschehen nur wenig Einfluss. Keiner der Schauspieler wird eingezogen, alle genießen eine UK-Stellung, gelten als unabkömmlich. Ab und zu erhält einer der Bühnenarbeiter einen Gestellungsbefehl, doch meist erwirkt das Theater seine Rücknahme. Die Theater, Kinos und Tanzsäle sind bestens besucht. Die staatliche Förderung der Kulturbetriebe ist trotz der militärischen Ausgaben beträchtlich. Schließlich sollen sich die Fronturlauber prächtig amüsieren.

Inge erinnert sich noch gut an den Ersten Weltkrieg, der nur so kurz dauern sollte und dann zu einer ewigen Zeit der Entbehrung wurde. Sie sorgt also vor und hamstert in verschiedenen Läden eine ganze Batterie an Ölkanistern zusammen (keine Glasflaschen, die könnten bei Bombenangriffen zerbrechen). Hell hält ihre Vorsichtsmaßnahmen für übertrieben. Doch als die Versorgung im Laufe der Kriegsjahre immer dünner wird, genießt er natürlich die krossen

Bratkartoffeln und die Salatsaucen, die dank ihrer Weitsichtigkeit immer noch auf den Tisch kommen.

In Berlin traut sich Julius nicht mehr auf die Straße, denn inzwischen haben die Nazis mit den Deportationen begonnen. Man hört von den Gaskammern, aber Inge und ihre Familie halten das zunächst wie viele andere für »Gräuelmärchen«. »Jule, nur nicht alles glauben, so was kann es nicht geben«, versucht sie hilflos, ihren Vater zu trösten. Doch die Deportationen sind Tatsache, sie finden in aller Öffentlichkeit statt. »In den Großstädten konnte doch wirklich keiner sagen, er hätte es nicht gewusst«, meint Inge Meysel. »Fortwährend ›verschwanden‹ Nachbarn, wurden Geschäfte geschlossen, ›arisiert‹, sah man Lastwagen mit Menschen drauf. Man konnte doch sehen! Und begreifen!« Häufig geht sie selbst am Dammtor-Bahnhof vorbei, sieht, wie Juden dort zusammengetrieben werden, auf einer Wiese mitten in der Stadt, bevor man sie dann in Konzentrationslager verschleppt. Unzählige Passanten werden Zeugen, tagtäglich. Einmal erlebt sie, wie Hunderte Hamburger die Absperrung durchbrechen und den gefangenen Menschen Pakete mit Decken und Essen bringen.

Harry überlebt den »siegreichen« Polenfeldzug und wird nach Frankreich geschickt. Dort erhält er die »Nahkampfspange« und wird zum Obergefreiten befördert, wegen »Tapferkeit vor dem Feind«. Als sein Vorgesetzter ihn gar für einen Offizierslehrgang vorschlagen will, stellt man bei der Prüfung seiner Papiere fest, dass er »Halbjude« ist. Umgehend wird er »unehrenhaft« entlassen. Zunächst sehr gekränkt, merkt Harry bald, welch ein Glück er hat, auf diese Weise vor dem fast sicheren Heldentod bewahrt zu werden. Nur wenige seiner Kameraden sind später aus Russland zurückgekommen. Julius Meysel setzt nun alle Hebel in Bewegung, um seinen Sohn an einem möglichst sicheren Platz unterzubringen. Ein alter Freund aus dem Tabakgeschäft hilft und engagiert Harry – blond und blauäugig, wie er ist – als Verkäufer im Hotel Kaiserhof. Ausgerechnet hier, ganz in der Nähe der Reichskanzlei, wo so viele Nazi-Größen verkehren! Doch kommt keiner auf die Idee, Harrys Ariertum in Frage zu stellen. Mehr als das Nötigste verdient er dort allerdings nicht und lebt mit seiner Frau Herta nurmehr in einem möblierten Zimmer.

Inge wohnt noch immer mit Hell unter der vornehmen Hamburger Adresse. Wie leicht könnte jemand die beiden verraten! Und wie schnell könnte man sie für ihre verbotene Liebe bestrafen! Ausgerechnet jetzt wird Inge schwanger, im Jahre 1941. Sie will sofort abtreiben, doch der werdende Vater ist blind vor Glück und hofft sogar, jetzt doch eine Heiratserlaubnis zu bekommen. Inge lässt sich von seinen Illusionen mitreißen und entscheidet sich gegen eine Abtreibung.

Eines Morgens Anfang November erfährt sie, dass sich der Schauspieler Joachim Gottschalk gemeinsam mit Frau und Kind umgebracht hat. Die Situation der Gottschalks ist ihrer ähnlich: er ein erfolgreicher Schauspieler, seine Frau Jüdin. Immer wieder drängt man Gottschalk, sich von seiner Frau zu trennen, und stellt ihn schließlich vor die Wahl: Scheidung oder Front. Er könne sich ja denken, was mit Frau und Kind geschehe, wenn er sie allein zurücklasse, droht man ihm gleichzeitig. Die Gottschalks vergiften sich mit Gas. Die Behörden versuchen, Ort und Zeit der Beerdigung geheim zu halten, damit die Beisetzung unter Ausschluss der Öffentlichkeit erfolgt. Einige Kollegen lassen sich dennoch nicht davon abhalten, den Gottschalks das letzte Geleit zu geben, darunter Gustav Knuth, Brigitte Horney und andere Publikumslieblinge jener Zeit.

Die Nachricht dieses Verzweiflungstodes versetzt Inge einen Schock. Sie wird ohnmächtig und – im sechsten Monat schwanger – ins Elisabeth-Krankenhaus eingeliefert. Ein Arzt, der mit ihrer prekären Lage vertraut ist, stellt fest, dass die Fruchtblase beschädigt ist, und verordnet strengste Ruhe. Wochenlang liegt Inge still. Eines Nachts wird sie durch heftigen Fliegeralarm geweckt und springt so überstürzt aus dem Bett, dass die Fruchtblase platzt. Danach lässt sich die Geburt kaum noch hinausschieben.

Am 19. Januar 1942 um ein Uhr nachts bringt Inge Meysel ein kleines rothaariges Mädchen zur Welt. Der werdende Vater ist – sehr ungewöhnlich für die damalige Zeit – bei der Geburt dabei. Nur kurz hält sie ihr Neugeborenes, das im Brutkasten aufgepäppelt werden soll, im Arm. Dann schläft sie ein, erschöpft von der Geburt, die sie ohne Narkose durchgestanden hat. Als sie aufwacht, sitzt Hell weinend am Bett, und sie weiß sofort: Das Kind ist tot. »Wir haben diesen Verlust beide nie verwunden«, schreibt sie in ihrer Autobiografie. Nur sehr selten wird sie über diese wahrscheinlich schmerzhafteste Erfahrung in ihrem Leben sprechen. Nach zwei Wochen verlässt sie das Krankenhaus, nur noch 82 Pfund leicht, was selbst bei 1,56 Meter ein Fliegengewicht ist.

Am Thalia Theater weht inzwischen ein scharfer Wind. Die beiden eher liberalen Direktoren werden abgesetzt. Ernst Leudesdorf darf als Schauspieler im Ensemble bleiben, während Paul Mundorf Hamburg verlassen muss. Das Reichspropagandaministerium setzt den Schauspieler Robert Meyn vom Hamburger Schauspielhaus als Intendanten ein, einen linientreuen Parteigenossen mit engsten Beziehungen zum Gestapo-Chef Graf von Behr-Bassewitz. Jetzt wird am Thalia ernsthaft der »deutsche Gruß« eingeführt, es werden auch andere, »deutsche«, Schauspieler berufen, und es wird ein neuer, »deutscher«, Spielplan gemacht. Intendant

Robert Meyn will keine halben Sachen mehr. Er zitiert Helmut Rudolph zu sich und eröffnet ihm zweierlei: Erstens habe er erreicht, dass Rudolph wieder »uk« gestellt werde. Zweitens dürfe seine Partnerin das Theater nie wieder betreten. Helmut Rudolph versteht die Drohung.

Wenige Wochen später erreicht Inge Meysel eine Vorladung zur Gestapo in der Rothenbaumchaussee. Hell begleitet sie, sehr zum Entzücken des Gestapo-Mannes, eines kleinen Buchhaltertypen, der stolz auf sein Abonnement am Thalia Theater verweist. Er ist geradezu euphorisch, den prominenten Schauspieler in seinem Büro empfangen zu dürfen, lässt sich aber, wenngleich etwas peinlich berührt, von der Erfüllung seiner nationalsozialistischen Pflicht in keiner Weise abhalten. »Herr Rudolph, Sie dürfen sich setzen, aber das Weib muss stehen«, so übt er sich im Spagat zwischen Respekt und Verachtung. Inge Meysel habe, so ordnet er an, die gemeinsame Wohnung innerhalb von vier Wochen zu verlassen, und das sei eine sehr großzügige Frist. Verboten wird dem Paar weiterhin, sich künftig in geschlossenen Räumen zu treffen. Anordnung von oben, erklärt er noch, als sei das eine Entschuldigung. Inge Meysel müsse sich nun alle zwei Wochen bei der Gestapo melden und werde in den nächsten Tagen ihre Arbeitszuweisung erhalten.

»Wir sind irgendwann nach Haus gekommen in die geliebte Wohnung«, erinnert sich Inge. »Wir haben geheult, wir haben vor Wut getobt.« Über Bekannte gerät sie an die Fichtel & Sachs-Werke, wo Hermann Gottlieb Schmidt, ein blonder Hüne (»so wie man sich Jung Siegfried vorstellt« – laut Meysel), sie als Telefonistin und technische Zeichnerin einstellt und damit vor dem Arbeitseinsatz in einer Munitionsfabrik bewahrt. Ein Dankeschön für die vielen unterhaltsamen Theaterabende, die Helmut Rudolph ihm und seiner Frau bereitet habe, erklärt er. Abends absolviert die

Sabine Stamer

ehemalige Schauspielerin nun einen Fortbildungskurs als technische Zeichnerin. Schmidt lässt sie für seinen Betrieb »uk« stellen, und so braucht Inge der Einberufung zur unterirdischen Munitionsherstellung in Krümmel nicht zu folgen.

Eine Verkäuferin in der nahen Stadtbäckerei, Ilse Abraham, ebenfalls »Halbjüdin«, bietet Inge an, zu ihr zu ziehen in die leer stehende Villa eines hohen Parteigenossen in der Scheffelstraße. Der Brauereidirektor hat seine Familie evakuiert und lässt die beiden Frauen nun bei sich wohnen, um bei Fliegeralarm eine Brandwache im Haus zu haben. Cognac kann allerdings nicht mit und findet Asyl bei Hells Mutter in Horn im Südosten Hamburgs. Als Inge wenig später die Arbeitszuweisung erhält, gibt sie die Papiere an ihren neuen Chef – und hört nie wieder davon.

Nur noch heimlich trifft sie sich mit Hell, übernachtet dann und wann verbotenerweise in der alten gemeinsamen Wohnung. Als sie sich Ende Juli 1943 zum ersten Mal ein langes verbotenes Wochenende mit Hund und Kegel in ihrer alten Wohnung gönnen wollen, starten die britische und die amerikanische Luftwaffe die »Operation Gomorrha«. Vier Nächte und zwei Tage lang sind die dicht besiedelten Innenstadtbezirke der Hansestadt dem alliierten Bombenhagel ausgeliefert. Die eigentlich recht starke Flak ist durch den Abwurf unzähliger Stanniolstreifen außer Gefecht gesetzt worden.

Inge und Hell stehen am Fenster, denn im Luftschutzkeller darf sie sich nicht sehen lassen. Mitten in der Nacht leuchten die Straßen taghell, ganz Hamburg scheint zu brennen. 8500 Tonnen Spreng- und Brandbomben werden abgeworfen, darunter Phosphorbomben, deren Flammen durch den Einsatz von Löschwasser nicht eingedämmt, sondern nur noch gefräßiger werden. Etwa 35 000 Menschen verlieren bei diesen Angriffen ihr Leben, mindestens ebenso viele werden verletzt. Am Morgen nach der ersten Bombennacht macht sich Inge auf in die Scheffelstraße. Der Himmel über Hamburg ist schwarz von Rauch, mitten am Tag liegt die Stadt im Halbdunkel.

Die Villa des Brauereidirektors ist vollständig heruntergebrannt, Inges Hab und Gut vernichtet, doch Ilse Abraham ebenso gerettet wie sie selbst. Auch Hells Mutter hat die Schreckensnacht überlebt. Sie befindet sich in einem Notquartier, denn ihre Horner Wohnung steht nicht mehr. Cognac ist verschwunden. Inge rennt durch die Straßen, fragt jeden nach ihrem Hund, während andere nach vermissten Angehörigen suchen. Sollen sie sie doch verrückt finden, sie sucht ihren Cognac! Vergeblich, das Schicksal des Hundes bleibt ungeklärt.

255 000 Hamburger Wohnungen werden während des »Unternehmens Gomorrha« ausgebombt, fast eine Million Menschen werden obdachlos. Glücklicherweise bietet Hermann Gottlieb Schmidt, Inges Arbeitgeber, ihr an, in seiner Villa unterzuschlüpfen, nachdem er seine Familie evakuiert hat.

Auch in Berlin gibt es schwere Bombenangriffe. Die elterliche Wohnung in der Luitpoldstraße ist zerstört, aber Julius, Grete, Harry und Herta haben überlebt. Grete hielt sich gerade bei einer Freundin auf, während Julius, der nicht in den Luftschutzkeller durfte, sich aus dem brennenden Haus schlich, seine Aktentasche mit den allerwichtigsten Dingen unterm Arm. »Wenn etwas passiert, treffen wir uns bei Trudchen«, hatten sie ausgemacht. Trudchen Meinecke, Julius' frühere Sekretärin, erweist sich als couragierte, treue Freundin. Sie hatte Julius angeboten, ihn bei sich zu Hause in Müggelheim, 20 Kilometer südöstlich von Berlin, aufzunehmen und zu verstecken.

Sabine Stamer

Dorthin schlägt sich Julius nun durch – und wird Müggelheim zwei Jahre lang, bis zum Zusammenbruch des Nazi-Regimes, nicht mehr verlassen. Nur wenn die Nachbarn sich vor den feindlichen Fliegern in den Bunker retten, kriecht er aus dem Keller von Trudchens Häuschen, um frische Luft zu schnappen. Würde Julius hier entdeckt, wäre das nicht nur sein, sondern auch Meineckes sicherer Tod. Doch diese wischt die Bedenken vom Tisch: »Krieg ist Krieg, es kann mir morgen auch so etwas passieren. Sie waren ein guter Chef, und ich bin Ihnen eine gute Angestellte.«

Harry und Herta schicken Grete zu Inge nach Hamburg, weil sie Angst haben, die Gestapo könne nach Julius forschen und Grete werde einem Verhör nicht standhalten. Zudem leben sie zu zweit in einem möblierten Zimmer. In Schmidts Blankeneser Villa ist dagegen ausreichend Platz, doch mangelt es an Nahrungsmitteln: Da Grete sich nicht offiziell melden konnte, erhält sie keine Lebensmittelkarten.

Ende 1943 wird Inge obendrein gekündigt. Schmidt erklärt ihr, dass er sie leider nicht mehr halten könne. Da fast alle Juden mittlerweile deportiert sind, setzen die Nazis in der Munitionsherstellung verstärkt »Mischlinge« und Fremdarbeiter ein. Diese Fabriken gehören zu den bevorzugten Angriffszielen der Alliierten und somit zu den gefährdetsten Orten im permanent bombardierten Deutschland. Jetzt muss Inge ernsthaft mit einem zwangsweisen Arbeitseinsatz rechnen.

Schmidt gibt ihr noch die Empfehlung, sich bei einer Frau Amanda Baake-Scherping, deren Textilbetrieb für die Fallschirmindustrie arbeitet, zu melden. Baake-Scherping erweist sich – obwohl NSDAP-Mitglied – als Engel in der Not und stellt die Entlassene bei sich ein, zu denselben Bedingungen wie im vorherigen Job. Nach kurzer Zeit in der Fallschirmproduktion erhält Inge eine besonders pikante

Aufgabe. Sie erledigt Behördengänge für ihre Chefin, die eine Reihe von Immobilien ihr Eigen nennt, deren Beschädigung oder Zerstörung durch die Bombenangriffe registriert werden muss.

So stapft die vollkommen ungeschützte Inge Meysel während des letzten Kriegsjahres regelmäßig in die Höhle des Löwen. »Mein ganzer Stolz war, dass ich in allen Ämtern, in die ich kam, und ich musste in viele gehen, nie ›Heil Hitler‹ gesagt habe. Das war das Einzige, was ich wusste: Das schaffen die nie! Ich habe mit meiner kleinen Aktentasche unter dem Arm an die Türe geklopft und habe gesagt: ›Verzeihung, bin ich jetzt wieder falsch? Es ist nämlich schon das dritte Zimmer. Könnten Sie mir helfen, wo das richtige ist? Ich muss den und den Sachbearbeiter finden.‹ Dann haben die den Antrag genommen und gesagt: ›Aber da sind Sie doch richtig!‹ Und ich habe gesagt: ›Gott, bin ich glücklich. Darf ich mich 'n Augenblick setzen? Mir zittern nämlich direkt die Knie. So lange bin ich schon unterwegs.‹ Das habe ich echt durchgehalten.« Und heimlich dachte sie bei ihren Besuchen immer: »Wenn ihr wüsstet, mit wem ihr gerade verhandelt …«

1944 werden sämtliche Theater geschlossen, die Schauspieler nach Hause geschickt, auch Helmut Rudolph. Wenig später erhält er seine Einberufung und zieht in die Kaserne nach Hamburg-Rahlstedt. Hier verlässt Helmut Rudolph der Lebensmut. Die mit ihm kasernierten Schauspielerkollegen versuchen ihn aufzuheitern, Inge bringt ihm täglich warmes Essen. Doch nichts hilft. Immer wieder spricht er davon, Schluss zu machen. Völlig deprimiert und am Ende seiner seelischen Kräfte, sieht Helmut nun die Zeit gekommen, die Giftkapseln einzusetzen, die Julius besorgt hat. Inge fleht ihn an durchzuhalten, nicht mehr lange, meint sie und sieht das Ende der Schreckensherrschaft kommen.

Sabine Stamer

Schließlich wird die Rahlstedter Kaserne nach Dänemark abkommandiert. Doch bevor es zum Einsatz kommt, ist der Krieg zu Ende. In endlosen Märschen werden die deutschen Soldaten von den Engländern nach Hamburg zurückgetrieben. So beginnt für Helmut Rudolph die lang ersehnte Befreiung mit der Gefangenschaft im Kriegsgefangenenlager Hamburg-Eidelstedt.

Nach tausend Jahren – Nachholbedarf

Am 3. Mai 1945 sitzen Inge und Grete vor ihrem Volksempfänger: »Hello, this is Radio Hamburg, the station of the military government ...«. Weinend und schluchzend fallen sie sich in die Arme, können nicht fassen, dass die Tyrannei vorbei ist. Unendliche Male wird Inge Meysel in den kommenden Jahrzehnten Reportern erzählen, was sie ihrer Mutter in jenem Moment sagt, während sie sich fest in die Arme nehmen: »Madka, wenn es von jetzt ab klingelt, dann ist es nicht mehr die Gestapo, dann ist es der Milchmann.« Ihre erste Tat in Freiheit: »Fast noch in Trance« nimmt sie die Zyankalikapsel aus ihrer Handtasche und wirft sie in die Toilette.

In wenigen Wochen 35 Jahre alt, fühlt sie sich nun wie neu geboren. Zwölf Jahre, drei Monate und acht Tage hat der Spuk gedauert, rechnet sie aus. Eine Ewigkeit. Wer immer sie von nun an auf diese zwölf Jahre der Unterdrückung ansprechen wird, den wird sie berichtigen: Tausend Jahre sind vorbei, tausend Jahre!

Die beiden Frauen laden ihre sieben Sachen auf einen kleinen Handwagen und ziehen ihn quer durch Hamburg in die

Oberstraße. Tatsächlich, Inge und Hells alte Wohnung hat die Bombenangriffe überstanden, sogar die Fensterscheiben sind heil geblieben. Rasch besorgt sich Grete eine Bescheinigung von der dänischen Botschaft, damit die Engländer ihre Unterkunft nicht beschlagnahmen wie so viele andere Wohnungen um sie herum.

Getrübt wird ihre Freude durch die Ungewissheit über das Schicksal der übrigen Familie. Berlin hat unter permanentem Beschuss gestanden, bis es schließlich an die Russen fiel. Was machen Julius, Harry und Herta? Leben sie überhaupt noch? Der Rundfunk verkündet täglich die Namen von Menschen, die ihre Angehörigen verloren haben. Schließlich kommt im Juni die erlösende Durchsage: »Julius, Harry und Herta Meysel grüßen innigst Grete und Inge.« Grete wäre am liebsten sofort nach Berlin abgereist, doch ihre Tochter hält sie zurück von diesem unkalkulierbaren Abenteuer. Die Züge verkehren selten und ohne Plan. Sie sind ständig überfüllt, selbst die Trittbretter bis auf den letzten Zentimeter besetzt. Um von einem Sektor in den anderen zu gelangen, muss man sich über die grüne Grenze, d. h. durch Wald und Feld, schleichen, wobei etliche Menschen ausgeraubt und ermordet werden.

Eines Tages schickt Julius einen Boten, um seine Grete abholen zu lassen. Diese zögert keine Sekunde, und nach drei Tagen erhält Inge die Nachricht, dass ihre »Madka« unversehrt in Berlin angekommen ist.

Für Inge selbst gibt es nun nichts Wichtigeres, als ihren Hell aus der Gefangenschaft zu befreien. Vom Hamburger Kultursenator erhält sie ein fünffach gestempeltes Papier, das ihr bescheinigt, Helmut Rudolph sei für die Wiederaufnahme des Hamburger Bühnenbetriebes unabkömmlich. Vier Tage braucht sie, bis sie, völlig verschmutzt und mit Blasen an den Füßen, in Eidelstedt ankommt. Der wachhabende Offizier zeigt sich unbeeindruckt sowohl von ihrer Mühe als auch von den vielen Stempeln und setzt sie einfach vor die Tür, obendrein schimpfend, jetzt wollten die Juden dieselbe Vorzugsbehandlung, die eben noch die Nazis genossen hätten. Sie schimpft zurück, sie schreit, sie verlangt nach dem Vorgesetzten, ohne Erfolg. Drei Tage lang harrt sie aus, bringt ihr Anliegen immer wieder vor. Dann endlich erbarmt sich einer und kümmert sich darum. Hell und Inge können gemeinsam nach Hamburg zurückkehren.

Ohne zu zögern, heiraten die beiden kurz darauf im Schnellverfahren. Inge Meysel und Helmut Rudolph sind das erste Paar in Hamburg, das nach dem Krieg getraut wird.

Die meisten Hamburger Theater liegen in Schutt und Asche, doch trotzdem haben die Schauspieler nur eines im Sinn: so schnell wie möglich wieder auf die Bühne. Eine der ersten provisorischen Bühnen finden sie in der Johanniskirche am Turmweg. Hier soll Anfang September »Jedermann« von Hugo von Hoffmannsthal aufgeführt werden, ein Stück vom Sterben des reichen Mannes, der sein Geld verprasst, während er seine Schuldner gnadenlos ins Verderben stürzt. Man bietet Inge Meysel an, des Schuldknechts Weib zu spielen.

All das geschieht ihr wie im Traum. Es dauert, bis sie wahrnimmt, dass hier der Beginn ihres zweiten Schauspielerlebens vor ihr liegt. Mit ihr auf der Bühne stehen soll Ida Ehre als Jedermanns Mutter. Auch für sie ist es der erste Auftritt nach elf Jahren Berufsverbot. Ida Ehre hat das Konzentrationslager Fuhlsbüttel lebend verlassen können nach Fürsprache ihres arischen Mannes, der zwar überzeugter Nationalsozialist war, sich aber für die Freilassung seiner jüdischen Frau einsetzte.

Während der ersten Proben erfährt Inge Meysel, wer der Regisseur des Stückes sein soll. Sie traut ihren Augen nicht:

Professor Wolfgang Liebeneiner, seines Zeichens Leiter der Filmakademie Babelsberg und Produktionschef der UFA unter Hitler. Und dann erkennt sie, wer im Kostüm des Mammons steckt: Gerhard Ritter, jener Ritter, der gleich nach der Machtübernahme der Nazis in Leipzig getönt hatte, mit einer »Halbjüdin« wolle er nicht auf der Bühne stehen. Empört gibt Inge ihre Rolle zurück. Ihr Protest zeigt Wirkung: Liebeneier wird die Regie umgehend entzogen, Inge kehrt zu den Proben zurück. Was Gerhard Ritter angeht, stellt sich heraus, dass er 1939 aus der NSDAP ausgetreten war, aus religiösen und Gewissensgründen.

»Für damals sehr mutig«, kommentiert Inge Meysel , »für mich war der Fall damit erledigt, nachtragend sind nur dumme Menschen. In den nächsten Monaten habe ich sowieso noch derart viele ›Wäschen‹ erlebt, dass ich mich gefragt habe, ob es überhaupt jemals Nazis gegeben hatte. Mein Gott, was hatten doch alle gelitten, was waren doch alle dagegen gewesen – ein Volk voller Widerstandskämpfer! Ich frage mich heute noch, wie die tollen Wahlerfolge der NSDAP zustande gekommen sind. Um ehrlich zu sein: Mir haben später nur noch die imponiert, die zu ihrer Vergangenheit gestanden haben, die zugaben, dass sie dran geglaubt haben.«

Obwohl sie nur eine kleine Rolle zu spielen hat, ist Inge Meysel bei jeder Probe bis zum Schluss dabei. Endlich darf sie wieder spielen! »Es lässt sich kaum beschreiben, mit welchen Hemmungen und Beklemmungen und gleichzeitig von Lustgefühl durchseelt ich die Worte des Schuldknechts Weibs sprach.« Die Aufführung am 1. September 1945 wird ein großer Erfolg. Die erste Theaterpremiere nach dem Krieg! Die Kirche ist gerammelt voll, unter den Zuschauern viele heimgekehrte Soldaten, noch in abgerissenen Uniformen. »Wo bett' ich heut' die Kinder mein?« ist nicht nur Inges letzter Satz, es ist eine Frage aus dem wirklichen Leben jener Tage.

Sabine Stamer

Inge ist überglücklich und belohnt sich – das wird sie noch öfter tun – mit einem kleinen Geschenk an sich selbst. In einem Antiquitätengeschäft erhandelt sie für ein Pfund Kaffee eine hübsche Lampe. Bald darauf erhält sie einen festen Vertrag am Hamburger Schauspielhaus. Sechs Monate lang bekommt sie hier zwar eine Gage von 800 Mark, doch keine einzige Rolle. Voller Wut und Enttäuschung beschwert sie sich über diesen scheinheiligen Wiedergutmachungsvertrag. Hell und ihre Freunde raten ihr, gelassen zu bleiben und abzuwarten. Doch nach zwölfjährigem Nichtstun ist ihre Geduld erschöpft. Lieber Sekretärin werden oder Verkäuferin, denkt sie trotzig, als noch länger passiv bleiben – und kündigt.

Ein Angebot von Ida Ehre, inzwischen Direktorin der Hamburger Kammerspiele, bedeutet eine neue Chance: eine Rolle in der »Quadratur des Kreises«, eben jenes Stückes, mit dem Inge in Zwickau vor tausend Jahren so erfolgreich gewesen war. Allerdings entscheidet die »Prinzipalin«, wie sich Ida Ehre selbst nennt, kurz vor Beginn der Proben, die Rolle einer Jüngeren zu geben und Inge in einem anderen Stück einzusetzen. Abermals aufgebracht und verärgert kündigt Inge Meysel auch diesen Vertrag.

Na, bald habe sie alle Theater durch, unkt man schon in Schauspielerkreisen, aber zum Glück hat Hamburg noch mehr zu bieten, zum Beispiel das Thalia Theater mit seinem neu gewählten Intendanten Willy Maertens, der eines Tages im Februar 1946 mit einem Textbuch unter dem Arm erscheint und Inge die Rolle der Kammerjungfer Dorine in Molières Komödie »Tartuffe« anbietet.

Das Thalia, Hamburgs ältestes Theater und einst wunderschön in olivgrün-goldenem Jugendstil, ist durch einen Bombenangriff im April 45 stark beschädigt, doch hat Maertens es geschafft, ein Nottheater mit zwei Sälen in der

Schlankreye zu eröffnen. So steht Inge Meysel am 17. April
1946 zum ersten Mal wieder auf richtigen Bühnenbrettern
und knüpft gleich an ihre Leipziger Erfolge an. »Die Parade-
rolle der Zofe Dorine lag bei … lag? Nein, hüpfte, tänzelte,
äugelte sehr kess, sehr beweglich mit Inge Meysel«, applau-
diert ein Kritiker.

Es folgt ein Dreijahresvertrag mit dem Thalia und ein
neues Rollenangebot, die Maschinenschreiberin Proserpina
in Bernard Shaws »Candida«. Theaterkarten sind jetzt be-
gehrte Mangelware. Nachdem sich während des kalten Win-
ters nur wenige Menschen vermummt wie Eskimos in die
ungeheizten Säle trauen, verweist Intendant Willy Maertens
umso stolzer auf seine Bilanz der Spielzeit 1946/47: 400 000
Zuschauer besuchten fast 800 Vorstellungen in den beiden
provisorischen Theatersälen der Schlankreye. Während des
Kriegs war es verboten, Stücke ausländischer Autoren auf-
zuführen, kein Shakespeare, kein Wilder, kein Molière. Nun
ist das Publikum hungrig auf die Klassiker und ebenso auf
die modernen Werke aus anderen Ländern.

Im September 1946 wird das alte Thalia Theater am Ger-
hart-Hauptmann-Platz mit der Aufführung von William
Shakespeares »Was ihr wollt« wieder eröffnet. Inge Meysel
erscheint in einer Nebenrolle, als Kammermädchen Maria.
Der Zuschauerraum ist wesentlich kleiner als vorher und die
Bühne noch kein technisches Meisterwerk, räumt Maertens
in seiner Festschrift ein. Doch immerhin ist es mit Unterstützung der Militärregierung, der öffentlichen Ämter und
privater Unternehmen gelungen, wieder ein funktionstüch-
tiges Theater zu errichten. Zum Ensemble gehört Manfred
Steffen, der sich gern an den Einfallsreichtum der kargen
Nachkriegsjahre erinnert: »Der zweite Rang wurde leer ge-
räumt, man hat Eisenstangen aus den Trümmern geholt,
darübergelegt und dann übrig gebliebene Fallschirmseide

Sabine Stamer

gespannt. Darüber wurden Glühbirnen an Drähten aufge-
hängt, das ergab so ein diffuses Licht – ganz toll. Die Spiegel
im Foyer waren alle kaputt. Sie wurden durch Bilder ersetzt.
Aber das Gestühl war da, und die Hamburger strömten und
freuten sich, dass sie ihr Thalia wieder hatten.«

Mehr als ein Dutzend Mal hat Manfred Steffen gemeinsam mit Inge Meysel auf der Bühne gestanden, zum ersten
Mal in der französischen Gesellschaftskomödie »Cyprienne« von Victorien Sardou, sie als ehemüde Cyprienne, er als
ihr Vetter Adhémar. »Sie ist ja sehr temperamentvoll und
auch sehr expansionsbedürftig, und sie hatte natürlich großen Nachholbedarf, verständlich, weil sie so eingeschränkt
war und sich zurückhalten musste. Da hatte sich etwas auf-
gestaut. Sie stieg mit großem Elan in die Rollen ein. Es hat
Kollegen gegeben, die mit ihr eine Carambolage hatten, die
mit ihr kein richtiges Auskommen fanden. Zu denen gehöre
ich nicht. Wenn sie auf den Proben mal zu sehr mit den Ellenbogen gearbeitet hat, habe ich ihr gesagt: ›Nee, Inge, das
finde ich nicht gut, das lass mal, das möchte ich nicht, das
nimmt mir ja was weg.‹ Und dann hat sie das akzeptiert: ›Ja,
ja schon gut.‹ Das ist immer gut ausgegangen.«

Stets Gentlemen der alten Schule bleibend, formuliert
Steffen galant, was andere in den kommenden Jahrzehnten
mit sehr viel schärferen Worten beschreiben werden: Inges
Streitbarkeit, ihr Konkurrenzdenken und ihren unbedingten
Durchsetzungswillen. Die zwölf Jahre jüngere Schauspielerin Gisela Trowe meint, der Nachholbedarf habe Inge Meysel zu einer »niederwalzenden Person« gemacht. Und selbst
einer ihrer besten Freunde, der ehemalige »Tagesschau«-
Sprecher Wilhelm Wieben, gibt zu: »Wo sie Konkurrenz
wittert, da kann sie ziemlich aasig werden. Das ist auch ein
Teil ihres Erfolges. Sie hat eine Art von Behauptungswillen
entwickelt, falls sie den nicht schon vorher hatte, dann hat

sie den in den zwölf Jahren entwickelt, aus denen sie nichts machen konnte. Das hat sie tief getroffen und ein Leben lang nicht verlassen.«

Inge Meysel kämpft mit harten Bandagen um ihre Rollen und ihre Position im Theater. Bescheidenheit und Rücksichtnahme gehören nicht zu ihren Tugenden. Lob und Tadel verteilt sie geradeheraus, ohne sich taktvoller Umschreibungen oder diplomatischer Floskeln zu bedienen. Dafür wird sie bald berühmt und berüchtigt sein.

Inge selbst meint, sie sei nicht nur anderen gegenüber oft schroff, sondern auch sich selbst gegenüber hart und anspruchsvoll: »Ich glaube, dass meine oft scharfe Kritik, die ich heute noch übe, und mein großes Misstrauen anderen Menschen gegenüber in diesen Jahren [der Nazi-Herrschaft] geprägt wurden. Auch als ich 1945 wieder mit dem Theaterspielen begann, war ich mir gegenüber so kritisch, dass ich darum bat, mich zunächst nur mal auszuprobieren.« Viele Kollegen erinnerten sich leider bloß, dass sie manchmal »ein bisschen sperrig war«, bedauert Manfred Steffen, sie hätten vergessen, wie hilfsbereit die Inge war, gerade in jenen ersten Jahren nach dem Krieg, wo es nichts zu essen gab: »Da waren dann junge Anfänger bei uns, die sich vieles nicht leisten konnten. Für die hat sie gesammelt, hat im Konversationszimmer einen Teller hingestellt und gesagt: ›Tut da mal Lebensmittelmarken drauf, dass der sich mehr kaufen kann!‹ oder so ähnlich. Das habe ich öfters erlebt.« Obwohl sie selbst nun ihr Auskommen hat, zeigt sie sich mit der größten Selbstverständlichkeit solidarisch gegenüber jenen, die weniger haben als sie.

Neben ihrem Engagement für das Thalia Theater spricht Inge auch Hörspiele für den Nordwestdeutschen Rundfunk. Im Juni 1948 bangt sie mit ihren Kollegen und Kolleginnen um die Gage. Am Sonntag, dem 21. Juni, soll die neue D-

Mark eingeführt und die Reichsmark schon am Tag darauf ungültig werden. Der Umtausch des alten Geldes ist nur begrenzt möglich. Am Freitag vor dem großen Ereignis rasen alle beim NWDR engagierten Schauspieler zur Kasse, wollen sich schnell ihre 600 Mark abholen, um sie noch rechtzeitig in etwas Handfestes und Nützliches umzusetzen. Große Enttäuschung: Die Kasse ist geschlossen. Durch den Umtauschkurs von 10:1 wird die Gage – nach dem Wochenende in neuer Währung ausgezahlt – arg geschrumpft sein, fürchten nun alle. Doch dann, was für eine Überraschung: Am Montag drückt der Kassierer Inge sechs nagelneue Hundertmarkscheine in die Hand.

Ganz aus dem Häuschen und voller Übermut gibt Inge das Geld sofort aus. Wofür? Für eine grüne Wildlederjacke, die sie schon seit längerer Zeit sehnsüchtig im Blick hat. Ein unvorstellbarer Luxus in jenen Tagen, wo die meisten dankbar sind, wenn sie ausreichend zu essen haben. »Alle haben gesagt, du bist ja verrückt!«, erinnert sich Inge Meysel noch heute und schiebt schelmisch blinzelnd hinterher: »Aber sie haben alle gestaunt, wie ich aussah. Die Jacke habe ich lange getragen, und dann habe ich sie jemandem geschenkt.« Schon während der kärglichen Nachkriegsjahre zeigt sich Inges Hang zum Mondänen. Sie liebt es, sich gut auszustaffieren, und legt dabei besonderen Wert auf die Accessoires: feine Schuhe, passende Tasche und Handschuhe, Schmuck und vor allem Hüte. Da sei am Rande erwähnt, dass schon 1950 die Theaterzeitung »Der Freihafen« in ihrer Ankündigung des Schwanks »Die Gräfin soundso« einen eingerahmten Hinweis trägt: »Frau Meysel«, so erfährt man, »trägt einen Hut aus dem Atelier Irmgard Deick, Bleichenbrücke 10.«

Inges Optimismus hat seine Berechtigung. Ihre Bedeutung am Theater wächst, sie wird häufig eingesetzt, ihre Rollen werden größer. Traditionell steht hier eher leichte Unterhaltung auf dem Spielplan, Relikt einer alten Vorgabe aus dem Jahre 1837 an den Vorläufer des Thalia Theaters: Lust- und Singspiele wollte der Senat auf dieser Bühne sehen, damit dem ernsten Programm des Stadttheaters keine Konkurrenz gemacht würde. So spielt Inge in einer Komödie nach der anderen und erweist sich als ungeheuer wandlungsfähig.

Wenn man heute meint, diese Schauspielerin sei doch sehr auf einen bestimmten Typ festgelegt, auf die resolute Kratzbürste mit Herz, die patente Mutter oder unbeirrbare Großmutter, bezeugen die ersten Jahre ihres zweiten Schauspielerlebens doch, dass sie ein weit größeres Repertoire hat. Allein ihre Verwandlungskunst in John B. Priestleys Komödie »Seit Adam und Eva« ist sehr überzeugend: Die strahlend-hübsche Conférencière im schulterfreien Abendkleid, die eher derbe, grell-bunte Zigeunerin, die zarte »hocharische« Bigotte mit aufgedrehten Zöpfen, die »französische« Verführerin und die alte grauhaarige Schwiegermutter – sie alle wirken äußerst authentisch. In Windeseile umziehen, Perücken wechseln, schminken, da ist sie ganz in ihrem Element.

Bei der Premiere gibt es eine frohe Überraschung: In der ersten Reihe entdeckt sie plötzlich unter den Zuschauern ihren Vater, der von Berlin nach Hamburg gereist ist, weil er unbedingt seine Inge auf der Bühne sehen will. Nur ein einziges Mal nach der Zeit der Verfolgung hat sich die ganze Familie 1947 wiedergetroffen. Julius ist gezeichnet von den zwei Jahren seines Kellerdaseins. Er ist enttäuscht, dass die Abrechnung mit den Nazis ausbleibt, dass dieselben Leute, die ihm das Leben zur Hölle gemacht haben, nun wieder Einfluss ausüben und auf lukrativen Posten sitzen. Plötzlich scheinen alle Opfer gewesen zu sein, die Täter spurlos vom Erdboden verschluckt. Angesichts dieser Heuchelei hält Julius Meysel nichts von der so genannten Wiedergutmachungspolitik.

Er wohnt mit Grete in einer Fünfzimmerwohnung in der Schöneberger Heylstraße, die sie in den ersten Nachkriegsjahren mit bis zu 15 anderen Menschen teilen müssen. Erst 1948 haben die Mitmieter ihre eigenen Unterkünfte gefunden, und Grete und Julius können sich nun richtig zu Hause fühlen. Inge wird sich häufig in der Heylstraße aufhalten und die Wohnung erst 1999, lange nach dem Tod ihrer Eltern und selbst bereits 89 Jahre alt, aufgeben, weil man sie drängt, sie zu kaufen.

Die ehemaligen Kollegen aus der Tabakbranche beschenken Julius mit Zigarren und Zigaretten, sind aber wenig daran interessiert, ihn als möglichen Konkurrenten wieder ins Geschäft einsteigen zu lassen. 1949 gelingt es ihm und Harry dennoch, eine neue Firma auf die Beine zu stellen.

Aber Julius Meysel hat keine Kraft mehr, um noch einmal von vorn anzufangen. Im Februar 1950 stirbt er, nicht einmal 60 Jahre alt.

Er stirbt an der Enttäuschung, dass die Täter ungestraft herumlaufen, davon ist Inge überzeugt. Sein größter Wunsch, wenigstens noch sein Enkelkind zu erleben, geht nicht in Erfüllung. Erst nach seinem Tod bringt Herta Zwillinge zur Welt, zwei Mädchen, von denen eines sehr schnell stirbt. Es bleibt Christiane, Inges Nichte und einziger Spross der Meysel-Sippe.

Inge erfährt von Jules Tod kurz vor einer großen Premiere: »Madame Sans-Gêne« von Victorien Sardou unter der Regie von Karl Heinz Schroth. Der persönliche Kummer ist ihr auf der Bühne nicht anzumerken. Sie ist Vollprofi. Zum Trauern nimmt sie sich keine Zeit. Was mag sie denken? Dass ihr Jule-Pa doch nicht wieder lebendig würde, wenn sie nicht auf der Bühne stünde? Dass der Kummer nur größer würde, säße sie untätig herum? Dass sie keinen Tag ihres zweiten Schauspielerlebens missen möchte nach tausend Jahren des Wartens? Sie spielt die amüsant-ungenierte Madame Sans-Gêne, die es in Napoleons Frankreich von der einfachen Wäscherin zur Marschallin am königlichen Hofe bringt, ohne eine Spur von Melancholie.

Das Stück wird ein glänzender Erfolg. Es wird in den kommenden zehn Jahren noch zweimal fürs Fernsehen inszeniert werden. Inges zweiter Karrierestart lässt sich gut an. Das Berufsverbot hat ihr Talent und ihre Kräfte nicht zerrüttet. »Ich hatte das Gefühl zu spielen, als ob ich nie aufgehört habe, kein bisschen verkrampft«, erinnert sie sich. »Die Welt« vom 24. Mai 1949 attestiert ihr, selbst während der erzwungenen Pause gewachsen zu sein: »Inge Meysel hat die hergebrachte Meinung, dass der Künstler nur in der Arbeit, nur in der Unmittelbarkeit des Schaffens reifen könne, revidiert.«

Ebenso wie ihr Vater ist Inge empört, dass die kleinen Leute für ihre Mittäterschaft im nationalsozialistischen System bestraft werden, die Verantwortlichen in hohen Positionen aber häufig nicht. Wer sich unter Hitler nach oben gedient hat, der wird vor ihr keine Gnade finden, insbesondere Personen, mit denen sie sich vergleichen kann. Schauspielerinnen, die 1933 ungefähr am selben Punkt standen wie sie und dann unter dem Applaus der Nazis an ihr vorbeirauschten, die kann sie einfach nicht ausstehen. Kolleginnen wie Marianne Hoppe* oder Berta Drews** missgönnt sie von

* Marianne Hoppe, unter den Nazis beliebte und erfolgreiche Film- und Theaterdarstellerin, sog. Staatsschauspielerin ab 1937, verheiratet mit dem Berliner Staatstheaterintendanten Gustaf Gründgens.
** Berta Drews, unter den Nazis Schauspielerin am Berliner Schillertheater, das von ihrem Mann Heinrich George geleitet wurde, Mutter von Götz George.

Herzen jeglichen Erfolg. Und dann ist da diese eine Kollegin, die unter Hitler vor ihr auf der Straße ausspuckte und sie anraunzte: »Dass so etwas noch sein darf!« Nach dem Krieg zählt sie sich plötzlich zu Meysels Verehrerinnen. Den Namen dieser Schauspielerin gibt Inge der Öffentlichkeit nicht preis. Von Hass oder Rachegefühlen wird sie nicht getrieben, obwohl sie vieles weder verzeihen kann noch will. Drei oder vier Leuten verbietet sie regelrecht, sie zu grüßen.

Doch betrachtet sie die vielen Helfer und Helfershelfer nicht mit derselben Bitterkeit wie ihr Vater, denn auch in dieser Hinsicht hält sie sich an die Maxime ihres Lebens, immer das Positive hervorzuheben, und stellt fest: »Die Deutschen sind sehr anständige Leute. Wer mir alles geholfen hat, das war wirklich sehr erstaunlich. Ich wusste auch von vielen jüdischen Kollegen, die durch Deutsche rausgebracht worden sind, nach England zum Beispiel.«

Hat sie denn die tausend Jahre überhaupt abschütteln können, frage ich sie fast 60 Jahre später. »Das habe ich zuerst ganz leicht getan«, antwortet sie. »Dann, so nach fünf oder zehn Jahren, ist die Erinnerung hochgekommen. Und jetzt ist es vorbei. Ich erzähle das jetzt so, wie man erzählt: Also, ich bin zur Schule gegangen, dann hat man gesagt, mach das Abitur, du brauchst das, wenn du was werden willst. Das erzähle ich so, wie ich sage, was ich einkaufen will. Das ist vorbei.« Wir kennen ja ihre Lieblingsweisheit: »Vorbei ist vorbei! Aufs Gewesene gibt der Jude nix. Man sollte nicht unentwegt nachdenken, was gewesen ist, man muss mit dem fertig werden, was man hat.«

Sie habe ihr Leid während des Hitler-Faschismus später nie instrumentalisiert, bemerken etliche Freunde und Kolleginnen anerkennend. »Sie ist nicht damit hausieren gegangen«, meint Karin Veit, heute Intendantin am Schlosstheater

Celle, in den 70er und 80er Jahren Tourneeleiterin bei der Theateragentur Landgraf. »Wenn die Sprache auf dieses Thema kam, war sie komischerweise ganz ruhig und ganz klar.« Sie habe mit ihrer Vergangenheit nicht kokettiert, bestätigt Thilo Kleine, Geschäftsführer der Bavaria Filmgesellschaft: »Das spielt überhaupt keine Rolle für sie. Das ist Vergangenheit. Da muss man sehr intensiv fragen, wenn man was wissen will. Sie hat eine ganz gesunde Unsentimentalität, die dann Sentimentalität beim Zuschauer erzeugt.«

So abgeklärt, wie sie sich einige Jahrzehnte nach ihrer Leidenszeit gibt, ist sie wahrscheinlich nicht von Anfang an. Wer sie in den 40er, 50er Jahren getroffen hat, weiß, dass in jener frühen Nachkriegszeit die Erinnerung noch frisch, der Schmerz noch nicht überwunden ist. In jenen Tagen, so erinnert sich Gisela Trowe, habe sie jedem sofort von ihrem Berufsverbot erzählt. In der Öffentlichkeit allerdings nimmt bis Ende der 60er Jahre trotzdem kaum jemand wahr, dass Inge Meysel auch jüdischer Abstammung ist und deswegen dem Terror der Nazis ausgesetzt war. Oder es will niemand wissen, keiner möchte mit den quälenden Fragen von Schuld und Wiedergutmachung konfrontiert werden – und sie drängt es den Journalisten nicht auf.

Später erscheint Inges Verhältnis zur eigenen Geschichte recht rational. Sie hat Schmerz erfahren, sie weiß, wie er sich anfühlt, er gehört zu ihr, aber sie will diese Gefühle nicht immer wieder nach außen kehren, höchstens auf der Bühne, wenn es in eine ihrer Rollen passt. Inge eignet sich nicht als Opfer, sie will handeln, will leben. »Ich glaube«, so meint die Schauspielerin Kerstin de Ahna, die Meysel seit 1967 kennt und in den 80ern mit ihr auf lange Tourneen gegangen ist, »ich glaube, dass diese ungeheuren Nachholbedürfnisse ein Quell ihrer Lebensfreude sind, dass diese zwölf aufgestauten Jahre ihr einen ganz starken Impuls geben, nun zu leben, nicht in der Vergangenheit zu wühlen und zu sagen: ›Ich armes Opfer ...‹, sondern: ›Jetzt bin ich dran, jetzt lebe ich und packe das Leben an!‹«

Inge Meysel ist bekannt für ihren Optimismus, ihre positive Grundeinstellung, für ihre unbändige Lebensfreude. Hat ihr der Überlebenskampf so viel Kraft verliehen? Oder hat sie die Hitler-Diktatur so gut überstanden, weil in ihr, der kleinen Meysel, von Beginn an so reichlich Energie steckt? In jedem Fall hatte sie den Willen, sich durchzubringen, ohne an den Demütigungen zu zerbrechen, und den Mut, ein neues Leben anzufangen. Von ihren Erfolgen allerdings hat sie wahrscheinlich nicht einmal zu träumen gewagt.

John Olden –
»Ihnen geht es ja wohl
nicht gut!«

Im August 1945, während der Generalprobe zu »Jedermann« in der Johanniskirche, macht Inge eine folgenschwere Bekanntschaft. Nach ihrem Auftritt sieht sie sich das Stück zu Ende an und steht dabei zufällig neben einem englischen Offizier, der eine junge, hübsche Schauspielerin überschwänglich würdigt, die Leistung des Hauptdarstellers Werner Hinz dagegen unerwähnt lässt. Inge ärgert sich und schleudert dem unbekannten Mann ein respektloses »Ihnen geht es ja wohl nicht gut!« entgegen. Wenig später erfährt sie, dass es sich um den zuständigen Theateroffizier John Olden handelt.

John Olden, 1918 in Wien geboren, hat als Jude vor den Nationalsozialisten fliehen müssen, sich in England als Panzerfahrer gemeldet und kommt nun als englischer Staatsbürger nach Deutschland. Wenn ihn jemand fragt, ob er vielleicht Österreicher sei, antwortet er in breitestem Wienerisch: »Na, i bin Engländer.« In Hamburg wird er zum Theateroffizier ernannt, quasi zum Kulturbeauftragten der Besatzungsmacht, und macht sich durch gescheite und kompetente Ratschläge schnell beliebt. Er wacht darüber, dass die Reorganisierung des Theaters ideologisch und politisch im Sinne der Siegermächte vor sich geht und dass alte Seilschaften gekappt werden. Er pflegt internationale Verbindungen und versorgt die Hamburger Theater, die unter Hitler jegliche Beziehung ins Ausland verloren haben, mit Stücken aus England, Frankreich und Amerika.

»Er war sehr für die Hamburger Theater eingenommen«, anerkennt Manfred Steffen, »und hat sehr viel für sie getan, auch für die Schauspieler. Die waren ja alle so elend, so dünn. Ja, wirklich. Wir haben den ganzen Krieg nichts zu essen gehabt, und da hat er große Buffets veranstaltet, für die englischen Truppen kam ja alles rüber. Er war ohne Ressentiments gegen Deutsche.« Wer von einem Hamburger Theater engagiert werden möchte, braucht einen »Persilschein« John Oldens, der ihn von dem Verdacht der Nazi-Vergangenheit freispricht. Zweimal fordert Olden Inge Meysel auf, sich ihr »Befreiungspapier« abzuholen. Doch sie lässt ihm bestellen: »Ich habe mich selbst befreit.«

Auf einem rauschenden Fest nach der »Jedermann«-Premiere kommen sich die beiden näher. Trotz der Ausgangssperre wird die ganze Nacht durchgefeiert. Olden wird ein Freund der Familie und erscheint jeden Sonntagmorgen mit Sandwiches zum Frühstück, versteht sich auch blendend mit Inges Mann. Doch lange hält diese harmlose Freundschaft zu dritt nicht. Inge und John verlieben sich ineinander.

Die gerade erst vor einem Jahr geschlossene Ehe der Meysel-Rudolphs befindet sich in einer schweren Krise, ausgerechnet jetzt, wo es doch nach zwölf schwierigen, wenngleich innigen Jahren einmal einfach und normal werden könnte für die beiden. Doch die Zeit der Unterdrückung hat sie zu sehr verändert. Endlich befreit, reagieren sie völlig unterschiedlich auf die neue Situation.

Helmut igelt sich ein, zeigt sich misstrauisch gegen jeden,

geht nicht aus, schließt keine Freundschaften mehr. Jeden Tag nach der Aufführung flieht er sofort nach Hause. Der Kasernenaufenthalt und das anschließende Kriegsgefangenenlager haben tiefe Spuren in seiner Seele hinterlassen.

Inge dagegen atmet auf, freut sich an der wiedergewonnenen Bewegungsfreiheit, arbeitet, feiert, lacht, genießt, als könnte sie nun all das nachholen, was man ihr so lange vorenthalten hat. Nach der Vorstellung zieht sie mit den Kollegen durch die Kneipen. Hell sitzt zu Hause und wartet. Tagsüber sehen sie sich kaum, obwohl sie beide am Thalia engagiert sind. Doch spielt er in anderen Stücken und auch an einem anderem Ort, da das Theater noch in zwei auseinander liegenden provisorischen Sälen angesiedelt ist. Inge ist nicht mehr die fürsorgliche, stets verfügbare Ehefrau, die einzige Rolle, die man ihr in den vergangenen Jahren gelassen hatte. Sie ist nun selbstständig und beruflich engagiert.

Nein, sagt sie, betrogen habe sie ihren Hell nicht. Sie habe ihm gleich gestanden, dass sie sich in John »verschossen« hat. Lange Diskussionen, Fassungslosigkeit. Sie beschließen, alle Freunde zu bleiben – keine Ehe, kein Bett. Doch die Liebe zu John siegt. 1947 bittet Inge ihren Helmut um die Scheidung. Er willigt ein und nimmt auch noch alle Schuld auf sich*. Sie verzichtet im Gegenzug auf jegliche Unterhaltszahlungen.

Es sei ihr nicht schwer gefallen damals, sich von Hell zu trennen, gesteht sie. Wir sitzen in ihrer Küche, sie deutet auf ein Frachtschiff, das so tief im Elbwasser liegt, als würde es gleich untergehen. »Ich muss doch sehr mutig gewesen sein, dass ich mich plötzlich getrennt habe. Denn ich habe nicht

---

* Geschieden wurde zu jener Zeit noch nach dem Schuldprinzip, d. h., ein Ehepartner wurde für das Scheitern der Ehe verantwortlich gemacht.

nur an ihm gehangen, er hat mich ja auch gerettet. Und manchmal, wenn ich im Bett liege und mein Leben vorbeiziehen lasse – wenn man alt ist, tut man das immer, weil man ja nicht schlafen kann –, dann denke ich: Es ist komisch, dass ich da nicht ein schlechtes Gefühl hatte, dass ich mich nicht geschämt habe. Also, heute würde man ein schreckliches Wort benutzen: Ich muss damals wahnsinnig geil gewesen sein, dass ich gar keine Rücksicht genommen habe, nicht nehmen wollte. Ich wollte gar nicht mehr anders denken. Ich habe gewusst, das ist nicht anständig, habe mir aber gesagt: Der hat ja eine Mutter. Die liebt er ja so, und sie liebt ihn. Da ist der in guten Händen. Ich will jetzt bei dem anderen bleiben, bei dem Engländer.«

Sie sei immer »sehr wild« auf »gute Liebesmöglichkeit« gewesen, sagt sie an anderer Stelle, »eigentlich zu wild«. Die Erklärung in ihrer Autobiografie klingt etwas feierlicher: »13 Jahre hatte diese Gemeinschaft gehalten, und ich habe sie weiß Gott nicht leichtfertig beendet. Meine Rechtfertigung? Die zweite Gemeinsamkeit hielt 19 Jahre, bis zum Tode meines geliebten zweiten Mannes John Olden.«

Die 35-jährige Inge Meysel fühlt sich vor allem sexuell angezogen von dem acht Jahre jüngeren John Olden, wobei der Appeal keineswegs durch reine Äußerlichkeiten hervorgerufen wird. Beide Männer sind gut aussehend, groß und schlank, zwei Gentlemen mit feinen Manieren und vornehmem Auftreten. John, ein dunkler, sinnlicher Typ – Helmut blond und blauäugig. »Bildschön, aber streng arisch«, pflegte Inge über ihn zu sagen, um John zu ärgern.

Beide Männer sind eher ruhig, sanft und zurückhaltend. Doch verkörpert Rudolph den gesetzten Charakter: korrekt, anständig, etwas älter. Er hat Inge Sicherheit und Geborgenheit vermittelt in einer Zeit, als sie genau das am meisten brauchte. Doch seit dem 3. Mai 1945 dreht sich die

Sabine Stamer

Uhr weiter, und Inge fühlt sich wie neu geboren, voller Tatendrang und Unternehmungslust. Da kommt dieser junge weltoffene Engländer daher, gut gelaunt, mit Wiener Charme und Leichtigkeit, gleichzeitig nachdenklich, geradeheraus, nennt sie »Ingelein« und verkörpert für sie das neue Leben schlechthin. »John war ganz einfach ein großes Vergnügen. Bei Hell kannte ich ja nichts anderes. Als wir zusammenkamen, war ich zwar schon über 20, aber sehr artig gewesen.«

Inges Eltern sind entsetzt über die Trennung: »Sie haben mir die ersten Jahre meines Lebens mit John sehr schwer gemacht. Sie haben mich nicht vergessen lassen, dass sie mir die Trennung von Hell nie verziehen haben. Seine Anständigkeit haben sie wirklich mit Nibelungentreue gedankt. Und er hat weiter bei ihnen verkehrt.« Auch manche Kollegen betrachten das neue Verhältnis mit Skepsis: »Wir haben erst gedacht, wie Inge Meysel da mit John Olden anfing, das wäre eine Karrieregeschichte«, gesteht Manfred Steffen, »vielleicht weil der Engländer war. Da haben wir uns aber alle geirrt. Es war wirklich die große Liebe und ist es bis zuletzt gewesen. Sie spricht heute noch von ihm und hat ihm sehr nachgetrauert, als er gestorben ist. Es musste wohl sein, dass sie sich von Helmut Rudolph getrennt hat.«

Rudolph wird die Trennung nie wirklich verkraften. Zwar heiratet er wieder und zieht nach München, doch bleibt Inge wohl die Frau seines Herzens. Nach der Scheidung sehen sie sich nur selten. »Mein Hell war immer sehr anständig. Er galt beinahe als dumm, weil er so anständig war. Da war die Trennung sehr unanständig von mir. Als ich ihn einmal wiedertraf, war er Trinker geworden. Das hab ich auf dem Gewissen«, glaubt Inge Meysel heute. Es tut ihr Leid, aber dennoch bereut sie den vielleicht wichtigsten Entschluss in ihrem Leben nicht.

Beide Männer, so berichten Freunde und Kollegen aus der damaligen Zeit, hat sie nicht nur sehr geliebt, sondern auch sehr verwöhnt. »Sie hat sie, wie man in Hamburg sagt, betüdelt und alles für sie gemacht, Pantöffelchen hinterhergetragen, gekocht und so was«, weiß Manfred Steffen noch, »sie hat sie auch beruflich immer ein bisschen gepuscht und geschubst. Olden war eher phlegmatisch. Die Männer mochten es, und es hat ihnen gut getan. Sie ist nebenbei eine glänzende Gastgeberin gewesen. Wenn sie Besuch hatte, brutzelte sie und machte, dass jeder bloß alles schön hatte und schön fand. Immer ein fein gedeckter Tisch. Sie hatte Freude daran, wenn alle fröhlich und zufrieden waren.«

Nebenbei wusste sie ihre Gäste noch prächtig zu unterhalten, manchmal zu prächtig, meint die Schauspielerin Gisela Trowe, die sich an einen dieser Abende noch gut erinnert: »Sie fegte mit Lachen und guter Laune und von Hölzchen auf Stöckchen kommend eigentlich alles beiseite. Olden saß relativ schweigend dabei. Sie war dominant. Naja, wenn er anfing zu reden, hielt sie schon den Mund. Er musste nur immer den Punkt finden, wo er dazwischengehen konnte.«

Wer in dieser Beziehung der bestimmende Part war, darüber gehen die Einschätzungen der Zeugen weit auseinander. Der Hamburger Filmproduzent Gyula Trebitsch erlebt das Paar ganz anders als Trowe:

»Ich möchte behaupten, dass John die führende Persönlichkeit war. Sie hat ihn sehr geliebt, mit vollem Herzen und voller Hingabe. Sie haben viel diskutiert und unterschiedliche Meinungen gehabt. Aber dem John war sie richtig hörig. Wenn John etwas gesagt hat, vor uns oder vor anderen, dann hat sie, ich will nicht sagen, ›still gehalten‹, aber die absolut führende Person im Haus war John. Und wenn John gesagt hat: ›So machen wir es!‹ oder ›Dahin gehen wir!‹ oder ›Das essen wir!‹, dann wurde das so gemacht. Das Glück für die beiden war sicherlich, dass sie in sehr vielem einer Meinung waren.«

»Sie passten unglaublich gut zusammen«, ergänzt Trebitsch. Beide sind durch ihre persönlichen Erfahrungen nachdenkliche, politische Menschen geworden, auf der Suche nach Toleranz und Verständigung, mit einem kritischen Blick auf die Welt, zu deren Verbesserung sie etwas beitragen wollen. Mit einem kritischen Blick auch aufeinander.

»John war schwierig, und John war ein Gott«, so charakterisiert Inge Meysel ihren zweiten Mann. Ihre erste Ehe war »verspielter«, sagt sie, die zweite »anspruchsvoller«. Wenn es am Theater Schwierigkeiten gab, wenn sie abends nach Hause kam und sich fragte: »Wie war das möglich? Warum haben wir heute nicht gut gespielt?«, dann hat Rudolph immer alles auf sich genommen: Pass mal auf, hat er sie beruhigt, da war ich Schuld. Olden dagegen sucht die Verantwortung immer bei ihr. Nicht selten kommt es zwischen Inge und John zu heftigen, auch lautstarken Auseinandersetzungen. Das ändert nichts daran, dass sie ihn im wahrsten Sinne des Wortes anbetet. »Weißt du, der John, wie der ein Hühnchen zerlegt, das ist ein Gedicht«, schwärmte sie ihrer Freundin, der Schauspielerin Regine Lutz, vor. Die ist überzeugt, dass John der Überlegene in der Beziehung gewesen sei, während Inge sich abgerackert habe, ihm nachzueifern, sei es nun in der Küche oder im Beruf. In jedem Fall meint sie, war es eine besondere Ehe, die auch in besonderer Form zelebriert wurde. Beispielsweise erschienen John und Inge am Heiligen Abend zum selbstgekochten Dinner in den eigenen vier Wänden im Abendkleid und im Smoking.

»John Olden war für mich die absolute Erfüllung«, sagt Inge in einem Interview zehn Jahre nach seinem Tod. »Es hat alles gestimmt zwischen uns, vom Aufstehen bis zum Ins-

Bett-Gehen. Wir sprachen einfach dieselbe Sprache, hatten dieselben Antennen. Und sogar dieselben Ticks, wenn man das so nennen will: Wir verließen zum Beispiel die Wohnung immer so, dass es abends eine Freude war, sie wieder zu betreten: Die Betten waren gemacht, der Tisch war gedeckt, wir mochten das so.«

Die Schauspielerin Monika Peitsch erinnert sich an eine Garderobe im Souterrain eines Theaters: »Also, man konnte nur die Beine sehen, wenn jemand draußen vorbeiging. Einmal kam John ganz überraschend, sie sah ihn durch dieses Fenster und schrie auf: ›John! John!‹ Er war wirklich ein ganz besonderer Mann. Der war toll, ganz wunderbar. Er sah super aus, er war ein Superregisseur. Er hatte eine Riesenpersönlichkeit und Charisma.«

Zehn Jahre lang bleibt die Partnerschaft Meysel-Olden ohne Trauschein. Zwar leben sie zusammen in einer geräumigen Harvestehuder Wohnung, gleich neben der Jacobikirche, doch sie heiraten erst, als es einen ganz profanen materiellen Anlass gibt. Die Berliner Komödie plant für 1957 eine Tournee durch Südamerika, finanziert aus dem Bonner Kulturetat. Inge lässt die Tourneeplanung wissen, dass sie nur mitreise, wenn ihr Mann sie begleiten könne. Daraufhin erhält sie einen Anruf aus Bonn: Man sei ja bereit, für ihren Mann zu zahlen, aber sie habe doch gar keinen. Doch, insistiert Inge Meysel, sie habe zwar keinen Ehering, betrachte sich aber als verheiratet. Der düpierte Kommentar aus Bonn: »Aber gnädige Frau, wir können doch nicht für ein Konkubinat zahlen.«

Sechs- bis achttausend Mark müsste das Paar aus eigener Tasche berappen. Das ist den beiden entschieden zu viel. Nach elfjähriger »wilder Ehe« heiraten sie – aus Geiz, wie die Braut selbst feststellt. Nach der Trauung im Standesamt der Hamburger Grindelhochhäuser muss John gleich wieder zur Arbeit ins Studio, und sie geht allein nach Hause. Amüsiert lässt sie den Bonner Beamten kurz darauf wissen, dass ihr Verhältnis nun legalisiert sei, und teilt ihm obendrein mit, dass sich die Nacht nach der Hochzeit in nichts von den vorangegangenen Nächten unterschieden habe.

Mutter der Nation –
»Die Meysel ist 'ne Wolke!«

Anfang der 50er Jahre haben sich die meisten Theater wieder etabliert, der Betrieb läuft fast normal, wenn man von kleinen Einschränkungen absieht. Einige Kinos, auch Theater, verlangen von jedem ihrer Besucher ein Stück Brikett als Heizmaterial für die großen Säle. Deutschland ist geteilt; die DDR hat den Ostteil Berlins zu ihrer Hauptstadt erklärt, in der Bundesrepublik haben die ersten Wahlen stattgefunden. Mit viel Elan und amerikanischer Hilfe haben sich die Menschen im Westen an den Wiederaufbau gemacht. Das folgende so genannte Wirtschaftswunder bewirkt steigende Einkommen, doch für viele längst nicht hoch genug, um sich all das zu leisten, was nun wieder im Angebot ist. »Nicht zurückschauen!«, lautet die Devise jener Jahre, sondern arbeiten, etwas Neues aufbauen und dabei nicht vom Weg abweichen. Der Durchschnittsdeutsche ersehnt sich nichts mehr als die Rückkehr zur Normalität, was immer das sein mag.

Jeans jedenfalls gelten noch nicht als normal, vor allem dann nicht, wenn sie von Frauen getragen werden. Das kommt geradezu einer Revolution gleich. Zu Rock-'n'-Roll-

Konzerten gehen viele Jugendliche heimlich, während ihre Eltern – vermutlich ein großer Teil des Meyselschen Publikums – den neuen Stil verächtlich als »Räubermusik« abtun. Doch selbst zu »Räubermusik«-Partys erscheinen die jungen Männer in Anzug und Krawatte, Mädchen in Kleidern mit Petticoats. Und für den Besuch im Theater zieht man sich natürlich erst recht »anständig« an.

Inge Meysel spielt so viel, »wie Schauspieler heute in einem Jahrzehnt nicht spielen«. Zwischen neun und zehn Premieren hat sie im Jahr mit jeweils vier Wochen Proben. »Das bedeutete, man lernte, probte, spielte, und während man spielte, lernte und probte, spielte man bereits das nächste Stück usw.« Nicht selten kommt sie ein, zwei Stunden vor der Vorstellung, eine große Tasche mit Essbarem am Arm, und füttert die ums Thalia herumstreunenden wilden Katzen. Dann steht sie auf der Bühne – mit Heinz Rühmann, mit Willy Birgel, Ingrid Andrée und vielen anderen, deren Namen bis heute legendär sind. Sie spielt Zuckmayer, Wilde und Ibsen, immer öfter die Hauptrolle, vorzugsweise aus dem Rollenfach der Salondame, also elegante, manchmal überkandidelte Frauen aus höheren Gesellschaftsschichten.

Als Salondame auf der Bühne zu stehen, davon hat sie schon in Zwickau geträumt. Jahrzehnte später, mit über 90 Jahren, ist ihr Blick auf sich selbst etwas weniger verklärt: »Von einer Salondame hatte ich absolut nischt.« Dennoch übt sie sich recht häufig in Vornehmheit auf der Bühne. Aber, so gesteht sie: »Die Salondame hatte immer einen kleinen Stich.«

Das große Theaterereignis des Jahres 1952 zeigt sie denn auch in einer ganz anderen Rolle. Als Serafina delle Rose in »Die tätowierte Rose« von Tennessee Williams, der hier in saftigen, derben Szenen die neu belebte Sinnlichkeit dieser sizilianischen Witwe in New Orleans schildert. Alle deutschen Häuser reißen sich um die Erstaufführung, das Thalia bekommt sie, denn der Regisseur, Leo Mittler, ist mit Williams befreundet. Er weist Inge Meysel die Hauptrolle der leidenschaftlichen Dunkelhaarigen zu, obwohl alle, Intendant Willy Maertens eingeschlossen, davon abraten, da sie doch eigentlich ein ganz anderes Genre spiele.

Die Kritiker sind von ihrer Darstellungskunst begeistert: »Das Thalia Theater hatte einen der größten Erfolge in seiner Geschichte, und die Meysel als Serafina im Mittelpunkt konnte fast unerschöpfliche Möglichkeiten zeigen. Es war einer ihrer größten Abende. Ovationen!« Das »Hamburger Abendblatt« prophezeit, diese Serafina werde »in ihrem Nuancenreichtum gelebter und dargestellter Vitalität« lange unvergessen bleiben. Inge Meysel selbst scheint im Gegenteil zu befürchten, sie habe sich zu sehr auf ernsthaftes Terrain vorgewagt. Sie verspricht der Zeitung in einem Interview, selbstverständlich wieder »leichtgewichtiger« daherzukommen, denn die Zuschauer lachen zu machen, das bleibe doch die schönste Aufgabe.

Während der Proben bricht sie sich den Daumen, doch kann sie das kaum von der Arbeit ablenken. Schon als Madame Sans-Gêne hat sie ihren temperamentvollen Einsatz mit dem Bruch eines kleinen Fingers bezahlt. Nie würde sie sich mehr erlauben, als mit der Wimper zu zucken und die notwendige medizinische Behandlung über sich ergehen zu lassen – solange das nicht die Aufführung gefährdet. Unter Kollegen und Kritikern ist Inge Meysel bekannt für ihre Selbstdisziplin, ihre Professionalität und Akkuratesse.

»Sie ist eine Verfechterin der genauen Form«, schreibt der »Hamburger Anzeiger« am 3. Mai 1953, »es kommt sehr genau darauf an, dass eine Geste bei der 24. Aufführung genauso ausgeführt wird, wie sie auf den Proben zwischen Darsteller und Regisseur festgelegt worden ist. Nebenbei bemerkt: Wer zum Beispiel die letzte (50.) Aufführung der ›Tätowierten Rose‹ gesehen und mit der ersten verglichen hat, wird bestätigen müssen, dass die Serafina nichts an Prägnanz eingebüßt hatte. Es war eine erstaunlich dicht gebliebene Leistung in einer außergewöhnlich intakt gebliebenen Inszenierung. Improvisationen und schweifende Gefühle sind gewöhnlich Kennzeichen des Dilettantismus. Inge Meysel ist eine Künstlerin vom Scheitel bis zur Sohle.«

So paart sich ihr Talent mit außergewöhnlicher Präzision, ihr Ehrgeiz mit bemerkenswerter Selbstbeherrschung. Die besten Voraussetzungen für eine steile Karriere, die Inge schon bald Schlagzeilen einbringt wie »Ganz Hamburg liebt sie« oder »Kleine Frau mit großen Plänen«. So viel wie sie von sich selbst verlangt, fordert sie allerdings auch von ihrer Umwelt.

Im Dezember 1954 hat das Boulevardstück »Meine beste Freundin« von John van Druten Premiere am Thalia. Im Publikum sitzt Hans Wölffer, Direktor von »Komödie und Theater am Kurfürstendamm«. Er engagiert Inge Meysel nach der Vorführung in der Garderobe vom Fleck weg. Berlin ist zwar nicht mehr Hauptstadt wie einst, doch hat sich Inges alter Traum deswegen längst nicht in Luft aufgelöst: In Berlin zu spielen scheint ihr immer noch das Größte, und das Theater am Kurfürstendamm hält sie für das schönste der Stadt. Thalia-Intendant Willy Maertens lässt sie ziehen. So gehen ihre Wünsche von vor über tausend Jahren in Erfüllung.

Im März 1955 steht Inge Meysel mit dem erprobten Van-Druten-Stück zum ersten Mal als Hauptdarstellerin auf einer Berliner Bühne. Ihr Partner ist Harald Juhnke, Regie führt der spätere Fernseh-Kommissar Erik Ode. Fast hätte sie sich den Einstieg in die Berliner Karriere selbst vermasselt. Als sich herausstellt, dass sie mit einer ihrer Kollegin-

Sabine Stamer

nen häufig aneinander gerät, kehrt sie nach einer Probe kurzerhand nach Hamburg zurück, wo ihr John auf seine zurückhaltende Art den Kopf wäscht: »Inge, du kannst gern
hier bleiben«, sagt er, »aber dann ist Berlin für dich erledigt.«
Noch mit dem Nachtzug fährt sie wieder zurück. Sie bekommt beste Kritiken für die Aufführung und in der Folge
Angebote von anderen Berliner Bühnen, dem Hebbel- und
dem Renaissance-Theater. Auftritte in Hamburg, am Thalia
Theater ebenso wie am Schauspielhaus, gehören weiter zu
ihrem Spielplan.

Obwohl sie gern betont, wie sehr sie sich als geborene Berliner Göre nach Berlin hingezogen fühlt, kauft sie 1958 mit
John ein bezauberndes Grundstück in Bullenhausen direkt
am Elbufer, 20 Kilometer südlich von Hamburg. Hier bauen
sie sich ein gemeinsames Zuhause mit phantastischem Blick
auf die Bunthäuser Spitze, wo Norder- und Süderelbe zusam-
menfließen. Ein weitläufiges Stück Land, das sie – verglichen
mit heutigen Preisen – für 'n Appel und 'n Ei erwerben. Am
eigenen Elbstrand können sie sich nicht nur sonnen, hier ist
das Wasser noch so sauber, dass man sogar darin schwimmen
kann. Sie bauen sich einen Klinkerbungalow mit Flachdach,
sammeln in den kommenden Jahren mit Hingabe und Sorgfalt Antiquitäten für die Einrichtung und eröffnen ihre eigene »Kneipe«.

Die »Kneipe«, das ist die Küche, ihr Lieblingsraum, aus-
gestattet mit modernster Technik, Kupferkamin und blit-
zenden Kupferkesseln. John und sie seien immer gern in
Kneipen gegangen, erklärt sie einem höchst beeindruckten
Reporter. »Nicht in so aufgespielte Restaurants. Und da man
in Hamburg ohnehin wenig Möglichkeiten hat, gemütlich
auszugehen, beschlossen wir, uns unsere eigene Kneipe zu
schaffen.« Hier kann sie nun erst recht die treu sorgende
Ehefrau und perfekte Gastgeberin ausleben. Sie pflanzt mit

John Apfel- und Pflaumenbäumchen, züchtet Rosen mit wahrer Passion.

Noch während sich ihr neues Heim im Aufbau befindet, wird Inge die Rolle angeboten, die ihrer Karriere den entscheidenden Schub verleihen wird: die Portiersfrau Anni Wiesner in der Komödie »Das Fenster zum Flur«. Nur weil die damals bekanntere Schauspielerin Grete Weiser diese Rolle abgelehnt hat, wird sie Inge angetragen. Die Uraufführung soll im Herbst 1960 am Berliner Hebbel-Theater unter der Regie von Erik Ode stattfinden; Karl Wiesner wird von Rudolf Platte gespielt. »Das Fenster zum Flur« ist eine Berliner Milieustudie des erfolgreichen Boulevard-Autorenduos Curth Flatow und Horst Pillau, die liebevoll-ironisch den alltäglichen Selbstbetrug einer deutschen Durchschnittsfamilie der 50er Jahre beschreibt.

Die Wiesners leben im Souterrain eines Berliner Miethauses. Hausmeisterin Anni rackert sich tagtäglich ab. Ihre Kinder sollen es einmal besser haben. Doch weiß die Familie ihren Einsatz nicht zu schätzen. Sohn Herbert, den sie schon als Doktor sieht, studiert nur widerwillig Medizin. Tochter Inge jobt als Kellnerin, anstatt an ihrer Ballettkarriere zu arbeiten. Die zweite Tochter Helen kehrt nicht wie erhofft mit einem Millionär, sondern als allein erziehende Mutter mit einem kleinen Enkel an den heimischen Herd zurück.

Inge Meysel spielt die patente und resolute Frau Mama, die sich von nichts umhauen lässt, unsentimental und abgehärtet jeden Kummer augenblicklich in der Kitteltasche vergräbt. Sie weiß, was das Beste für jeden einzelnen Wiesner ist, und strickt energisch an ihren Zukunftsträumen, unbeirrt vom Undank ihrer Schutzbefohlenen: der Prototyp der Rolle, die Inge Meysel in den kommenden Jahrzehnten per Fernseher in Millionen Wohnzimmer tragen wird.

»Das Fenster zum Flur« macht Inge Meysel zur »Mutter

der Nation«. Inthronisiert wird sie vom prominenten Theaterkritiker Friedrich Luft, dem es die Portiersfrau Anni Wiesner sehr angetan hat: »Diese Gestalt steht, atmet und hat die richtige Fülle. Inge Meysel spielt sie denn auch, dass die Fetzen der Heiterkeit fliegen oder die Tränendrüsen im Parkett schwellen. Sie lässt keinen Nebenton aus. Sie fuhrwerkt in allen Stockwerken der Empfindung herum. Die Rolle gehört ihr. Und der Abend gleich auch.«

Die »Mutter der Nation« ist eine, die die Ärmel hochkrempelt, die für Mitleid oder gar Selbstmitleid keine Zeit hat, sich höchstens mal eine heimliche Träne mit dem Schürzenzipfel aus dem Augenwinkel reibt, sie ist eine Glucke, die ihre Brut verteidigt bis zum Letzten, ob diese es dankt oder nicht, eine Wiederaufbau-Mutter, die ihren weichen Kern unter harter Schale versteckt, nie zurück-, sondern immer nach vorn schaut.

Nicht allein Friedrich Luft ist enthusiastisch, sein Kollege Gerhart Ritter spart ebenfalls nicht mit Lob: »Die Besetzung ist gut. Vor allem Inge Meysel. Sie ist die Tyrannin aus dem Souterrain und schlankweg ein berlinisches Elementarereignis. Ihr Temperament ist umwerfend. Hier steht eine echte Volksschauspielerin – eine Vollblut-Komödiantin. Die Meysel ist 'ne Wolke!« Das Publikum jubelt, monatelang läuft das Lustspiel in Berlin, anschließend in Hamburg und Frankfurt am Main. Zwei große Tourneen absolviert Inge als Anni Wiesner.

Bis heute hat »Das Fenster zum Flur« mehrere hundert nationale und internationale Inszenierungen erlebt, u. a. in der Türkei, in Finnland und in Kanada, und zählt damit zu den erfolgreichsten Theaterstücken der deutschen Nachkriegsgeschichte. Inge selbst spielt diese Rolle mehr als 200-mal. Mehrfach ist der Stoff verfilmt worden; die erste Version wird 1960 mit ihr gedreht. Ein Publikumserfolg, der noch im dritten Jahrtausend – natürlich in immer neuer Inszenierung – als Zuschauermagnet wirkt.

Von Stund an wird Inge Meysel das einmal geschaffene Etikett »Mutter der Nation« nicht mehr los. Die meisten Rollen, die ihr ab jetzt angeboten werden, passen in das damit geschaffene Schema, und wenn nicht, dann weiß sie, wie sie sich die Stücke zurechtbiegt. »Sie hat die Rollen immer so stark an sich herangezogen, dass man das Gefühl hatte, das ist eine Rolle für Inge Meysel«, erinnert sich ihr Kollege Peter Striebeck, der sie vom Thalia Theater kennt und 1963 als ihr 18-jähriger Sohn am Hebbel-Theater auftritt.

Dort wird »Die Frau im Morgenrock« mit Inge als Amy Preston inszeniert. Amy, eine schlampige Mittvierzigerin, ist eigentlich herzensgut, kriegt aber weder den Haushalt noch sich selbst in den Griff. Erst als sie erfährt, dass ihr Angetrauter eine jüngere Geliebte hat, zieht sie den abgetakelten Morgenrock aus und versucht mit allen ihr zur Verfügung stehenden Mitteln, ihren Mann zurückzugewinnen. Ein Hausfrauendrama aus dem Kleinbürgermilieu, ein tragikomischer Blick auf die Folgen von Unachtsamkeit und Gewöhnung in einer stereotypen langjährigen Ehe.

Striebeck, damals noch unerfahrener Anfänger, ist dankbar, viel von Inges Professionalität gelernt zu haben: »Das heißt, sich so zu konditionieren, dass man, egal was man sonst noch so alles macht und treibt, auf der Bühne immer versucht, das Allerbeste zu geben. Egal ob nachmittags oder abends ... Wenn der Hund gerade totgefahren worden ist und man weinen möchte oder sonst was. Es gibt keine Entschuldigung. Man muss sein Talent abrufen und sich auf die Sache konzentrieren. Da ist sie absolut vorbildlich.«

Dass manche Leute sie für »schwierig« halten, kann Striebeck kaum verstehen. Er findet ihre Direktheit »wunderbar« und »erfrischend« – erstaunlicherweise, muss man sagen,

Sabine Stamer

denn immerhin hat sie versucht, ihn buchstäblich in die Knie zu zwingen. Irgendwann, so erzählt er, habe sie angefangen, auf der Bühne »in seine Pointen reinzureagieren«, und er habe sich mit derselben Methode zur Wehr gesetzt.

«Da hat sie einen Anfall gekriegt und mir in der Garderobe gesagt: ›Auf die Knie!‹

Und ich: ›Was?‹

Sie: ›Küss mir die Füße!‹ Ich habe dich mitgenommen nach Berlin, und was machst du?‹

Ich habe geantwortet: ›Sie haben mich nicht mit nach Berlin genommen, die haben uns eingekauft, und wenn ich das nicht ordentlich machen würde, dann wäre ich jetzt nicht hier. Sie sind mir da rein, und ich habe mich gewehrt.‹

Ich war gar nicht erschrocken.

Sie dann wieder: ›Was fällt dir ein? Du Lümmel!‹ und so was.

Am nächsten Tag war alles vorbei. Es war wunderbar. Es hat ihr sehr imponiert, dass ich mich gewehrt habe. Sie hat immer die schwachen Leute heruntergeputzt. Wenn die sich nicht gewehrt haben, das hat ihr nicht gefallen, sie musste immer kämpfen.«

Peter Striebeck, obwohl noch sehr jung, lässt sich von der berühmten und erfahrenen Meysel nicht ins Bockshorn jagen. Er bewundert sie, und abgesehen von dieser einen Situation sieht er meist einen guten Grund, wenn sie mal »harsch und herb« wird. »Sie konnte sehr böse und sehr streng sein, aber eigentlich nur, wenn sich jemand nicht professionell verhalten hat. Solange die Arbeit gut war, ist sie ganz einfach gewesen. Sie hat auch viel Humor.« Aber wenn etwa die Aufnahmeleitung mit unpräzisen Anweisungen aufwartete wie: »Es wäre ganz gut, wenn Sie jetzt kommen würden, wir möchten drehen«, dann konnte Inge in Rage geraten, erinnert sich Striebeck: »Wie redest du denn? Entweder seid ihr fertig, oder ihr seid nicht fertig. Wenn ihr fertig seid, dann heißt das: Kommt!! Dann geht es los, an die Arbeit. Aber dieses Gepussel ... Jetzt sag mal, was hier Sache ist!«

Die englische Originalversion der »Frau im Morgenrock« zeigt eine zarte, nervöse Amy, die aus Verzweiflung den Äußerlichkeiten des Alltags gegenüber gleichgültig wird und resigniert. Obwohl die Darstellerin Yvonne Mitchell für ihre Leistung preisgekrönt war, hat Inge Meysel den Mut, eine ganz andere Interpretation vorzulegen. Sie spiele »eine Schlampe aus positiver, ständig heiterer Begeisterung«, stellt der Berliner »Telegraf« fest, und in der »Welt« anerkennt Friedrich Luft: »Frau Inge Meysel zäumt die gleiche Sache (und wer will ihr das übel nehmen?) viel unkomplizierter auf. Sie spielt keinen nervösen Klemmfall weiblichen Ungenügens. Sie macht die Figur der strauchelnden Hausfrau, die wohl das Herz auf dem rechten Fleck, die aber den Kamm immer neben der Butter hat, nicht peinlich. Sie macht ihn nicht quälend. Sie macht ihn nicht ernst. Sie spielt ihn freiweg volkstümlich und komisch.«

»Die Frau im Morgenrock« wird ein voller Erfolg. Kritiker und Publikum feiern den »Sieg der Schauspielerin über die Dramaturgie des Stückes«. Ihre Präsenz ist so stark, dass die »Frau im Morgenrock« – obwohl keineswegs als solches konzipiert – mit Inge Meysel zum Einpersonenstück wird. Karl John, den Inge noch aus Lucie Höflichs Schauspielschule kennt, inzwischen ein arrivierter und beliebter Schauspieler, hat es als ihr untreuer Ehegatte ebenso schwer, gegen sie anzuspielen, wie Eva-Ingeborg Scholz als seine Geliebte, der Friedrich Luft attestiert, sie halte sich »erstaunlich tapfer in der nun eigentlich unspielbar gewordenen Rolle«.

Inge Meysel wird zur Vollblutkomödiantin und Volksschauspielerin Nummer eins gekrönt: »Sie ist vielleicht die größte Volksschauspielerin, die wir besitzen. Sie kann ein-

Sabine Stamer

fach alles«, schwärmt ein Kritiker, und Friedrich Luft stimmt ein: »Klaus Wagners Regie spekuliert ganz richtig: Wenn wir eine Volksschauspielerin wie Inge Meysel haben, dann soll man sie machen lassen. Und sie macht's tatsächlich.« Inge selbst empfindet diese Lobeshymnen jedoch keineswegs als Kompliment.

»Darüber hat sie sich wahnsinnig geärgert«, erinnert sich Peter Striebeck. »Wieso Volksschauspielerin? Sie wollte nicht Volksschauspielerin sein, sondern als große Charakterschauspielerin anerkannt werden.« »Volksschauspiel«, das klingt zu trivial, hat nichts mit hoher Kunst zu tun, es schmeckt nach Bauerntheater. Ein »Volksstück« lässt zuerst an die Hamburger und Kölner Dialektbühnen denken, an Millowitsch- und Ohnsorg-Theater, beide ungeheuer populär, doch wer wollte das als künstlerische Leistung loben?

Heidi Kabel, die soll wohl eine Volksschauspielerin sein, aber sie, Inge Meysel, nein. Immer wieder kommt es vor, dass die Leute sie mit der Kabel verwechseln, und nur mit Mühe kann sie dann ihre Enttäuschung verbergen. »Ich wollte damals einfach nicht einsehen«, so Inge Meysel Mitte der 8oer Jahre im Rückblick, »dass all meine Theaterjahre mit Kleist, Shakespeare, Goethe, Ibsen oder Strindberg einfach so beiseite geschoben wurden. Nur weil ich eine einfache Frau spielte, sollte ich plötzlich eine Volksschauspielerin sein?«

Noch im Jahr 2000 wehrt sie sich vehement gegen einen Journalisten, der es wagt, sie als Volksschauspielerin zu klassifizieren: »Oh Gott! Ich will Ihnen mal was sagen: Ich finde das Wort Volksschauspielerin einfach degradierend. Für mich gibt es Schauspieler oder Laien. Aber es gibt doch keine Schauspieler, die fürs Volk spielen. Wer ist das Volk? Jeder Mensch, egal welcher Nation, ist doch ein Stückchen vom Volk. Ich bin Schauspielerin, ich habe bei sehr guten Lehrern gelernt, ich habe mein Leben lang gearbeitet, warum sollte ich da nur fürs Volk da sein? Ich spiele auch für die besseren Leute.«

Die Kritiker ignorieren ihre Empörung von Anfang an geflissentlich und freuen sich über die hervorragenden volkstümlichen Leistungen. Volkstümlich – was heißt das eigentlich? Nehmen wir ein beliebiges Lexikon*: »Dem Volk eigen, der Art des Volkes entsprechend, den Wünschen der breiten Masse des Volkes entgegenkommend, allgemein verständlich, bekannt oder beliebt«. Im Grunde nichts, was Inge Meysel beleidigen könnte, im Gegenteil. Wie gern wird sie von der Masse des Volkes geliebt! Vor allem wird sie verstanden, das ist ihr wichtig. Intellektuelle Reden sind ihre Sache nicht. Da lässt sie lieber ihrer »Berliner Schnauze« freien Lauf.

Doch auf der anderen Seite möchte sie deswegen die Weihen der höheren Kunst nicht missen, wenngleich sie dieses Thema eher mit Understatement behandelt. »Ich tue, was in meinen Kräften steht«, sagt sie 1963 in einem Interview, »wenn Kunst dabei herauskommt, umso besser. Mit Gewalt kann man da sowieso nichts machen.«

Ohne Zweifel, sie hat das Zeug zur Charakterdarstellerin. Sie hat das Talent, die Wandlungsfähigkeit, die Ausdruckskraft, obendrein die Disziplin und ein ausgezeichnetes Gedächtnis. Alles vielfach unter Beweis gestellt in unterschiedlichsten Bühnenrollen während der 50er und 60er Jahre. Sie versteht die ernsten, tragischen Bereiche ihres Metiers, und doch: In den kommenden Jahren wird sie sich mehr und mehr für die leichte Unterhaltung entscheiden.

* Wahrig Deutsches Wörterbuch, Gütersloh, Berlin, München, Wien 1968.

Der Flimmerkasten –
»Lacht und heult!
Seid Menschen!«

Neben den Theater-Engagements übernimmt Inge Meysel zahlreiche Film- und Fernsehrollen. Nach ihrem ersten kleinen Film-Part 1932 in der Pariser Produktion »Großstadtnacht« erscheint sie nach dem Krieg zum ersten Mal 1949 auf der Leinwand in »Liebe 47«, inszeniert nach Wolfgang Borcherts Drama »Draußen vor der Tür«, und spielt von da an einige Nebenrollen in Kinofilmen. Nur wenige sind so nachhaltig im Gedächtnis geblieben wie »Rosen für den Staatsanwalt« (1959) mit Martin Held und Walter Giller sowie Inge Meysel als Hausmädchen des Staatsanwalts Schramm, der von seiner nazistischen Vergangenheit eingeholt wird.

Ihr Fernsehdebüt gibt sie in Dieter Rohkohls »Skandal um Peggy«, 1953, als das Fernsehen in der Bundesrepublik noch in den Kinderschuhen steckt. Produziert werden die 45 Minuten in einem alten Bunker auf dem Heiligengeistfeld, wo man wenige Jahre zuvor noch Schutz vor Bomben suchte. Grete bestaunt ihre Tochter in Berlin bei einem Händler, der ein Fernsehgerät in seinem Schaufenster stehen hat. Um sie herum bildet sich vor dem Geschäft eine Menschentraube, denn seinerzeit haben die wenigsten einen eigenen Apparat. Die Krönung der Königin von England (1953) und die Fußballweltmeisterschaft (1954) verfolgen dennoch Tausende. Sie stehen sich vor den Auslagen von Rundfunkläden die Füße platt oder drängeln sich in Gaststätten mit Fernsehempfang.

Der Krieg und seine Folgen haben die Entwicklung des neuen Mediums in Deutschland entscheidend verlangsamt. Während es 1952 in den USA zum Beispiel bereits 15 Millionen Fernsehzuschauer gibt, in Großbritannien 1,2 Millionen und in Frankreich immerhin knapp 11 000, zählt man in der BRD nur rund 300 Teilnehmer. Für diese 300 wird das Programm des Deutschen Fernsehens im Dezember 1952 gestartet. Als »Flimmerkasten« wird das neue Medium, dessen Programm zunächst auf zwei Stunden pro Tag begrenzt ist, bespöttelt, doch die Zahl der Zuschauer steigt rasant. 1957 überschreitet sie im Bundesgebiet die Millionenmarke. Der Durchbruch zum Massenmedium erfolgt schließlich 1959: Täglich werden 5000 Geräte verkauft.

»Ich muss ja ehrlich sagen, dass ich überhaupt nicht an diese Briefmarke geglaubt habe«, gesteht Inge Jahrzehnte später in Anspielung auf die kleinen Maße des neuen Mediums. Drei Wochen zu proben für ein paar Dutzend Fernsehzuschauer, das macht ihrer Meinung nach keinen Sinn, spielt sie doch am Thalia allabendlich vor mindestens 1200 Menschen. »Warte nur«, mahnt John, »bald wird das Fernsehen Millionen erreichen.« Ohne ihn wäre sie anfangs wohl kaum am Ball geblieben. Ihre Fernsehkarriere ist in diesen Jahren eng verknüpft mit der ihres Mannes.

Eigentlich sollte Olden, nachdem die zunehmende Unabhängigkeit der Bundesrepublik seine Funktion als Theateroffizier überflüssig gemacht hatte, nach Burma versetzt werden. Aber was hätte eine deutsche Schauspielerin in Burma

Sabine Stamer

anstellen können? So mustert Olden seinem »Ingelein« zuliebe ab und bleibt in Deutschland. Nach einigen perspektivlosen Jahren fängt er als Regisseur beim NDR an, noch nicht ahnend, dass eine beachtliche Karriere vor ihm liegt, in deren Verlauf er es zum Oberspielleiter der Rundfunkanstalt bringen wird.

Seine erste Regiearbeit übernimmt er für das 72-Minuten-Stück »Im sechsten Stock« von Alfred Gehri, das die ARD am 11. Dezember 1954 ausstrahlt, eine Art »Lindenstraße« der 50er Jahre, die auf amüsant-melancholische Weise das Leben von fünf Mietparteien eines Pariser Wohnhauses beschreibt. Die Alltagsdramen eines erfolglosen Malers und seiner Frau Germaine (Inge Meysel), eines alternden Schauspielers, eines zerstrittenen jungen Paares und anderer Bewohner, die eher mittel- und aussichtslos durchs Leben schlingern, spielen sich vornehmlich im Hausflur des sechsten Stocks ab. Die Handlung beschränkt sich also weitgehend auf einen Ort. Die Kulissen sind eindeutig als Bühnenausstattung zu erkennen; noch gibt sich keiner Mühe, die Dekoration als Realität erscheinen zu lassen.

Fernsehen zu jener Zeit ist kaum mehr als verfilmtes Theater, live vom Drehort übertragen – was für die Schauspieler übrigens bedeutet: Sie können sich nie selbst bewundern. Mit starkem theatralischem Gestus und ausgeprägter Mimik inszenieren sich die Darsteller vor der Kamera nicht anders als auf der Bühne, als müsste ihr Mienenspiel auch in der letzten Reihe des Parketts und im höchsten Rang noch zu erkennen sein.

»Im sechsten Stock« ist so erfolgreich, dass zwei weitere Fernsehfolgen und darauf ein Kinofilm mit prominenter Besetzung (neben Inge Meysel Sabine Sinjen und Klausjürgen Wussow) gedreht werden.

John Olden erlernt die Kunst, Regie zu führen, sehr

schnell und erwirbt sich in Kürze einen erstklassigen Ruf. Der Schauspieler Uwe Friedrichsen lobt heute noch: »Er war ein sehr guter Regisseur, verstand sein Handwerk perfekt.« Und die Schauspielerin Monika Peitsch preist Oldens Verdienste geradezu überschwänglich: »Er war ein hervorragender Regisseur. John merkte alles. Also, der hat die kleinste Nuance, die man falsch machte oder nicht bedacht hatte, bemerkt. Auch die Kameraeinstellung, wie er alles fotografiert hat! Und wie er die Schauspieler geführt hat! Es gab ja noch richtige Proben damals. Er ist wirklich ein ganz besonderer Regisseur gewesen. Noch dazu gut aussehend, eine Persönlichkeit und gescheit!«

Die Schauspielerin Regine Lutz, über lange Jahre eine sehr enge Freundin Inge Meysels, hat John Olden 1961/62 bei den Dreharbeiten zu »Golden Boy« und »Schau heimwärts, Engel« erlebt: »Es war noch die Zeit, wo man beim Fernsehen mit erstklassigen Leuten zu tun hatte. Wenn Sie sich seine Sachen so ansehen, da sind die kleinsten Chargen mit besten Schauspielern besetzt. Er hatte auch immer einen sehr fähigen Kameramann. Olden hatte ganz einfach ein gutes Gespür. Er konnte zuhören, und umgekehrt hatte, was er einem sagte, Hand und Fuß. Er war ein Herr in der Arbeit. Er konnte sehr scharf sein, und wir hatten Respekt vor ihm. Er war bei der Arbeit sehr streng.«

Der sanfte, zurückhaltende John hielt die Zügel in der Hand und konnte auch aus der Haut fahren – selbst Inge gegenüber. John Olden war »geradeaus«, weiß der Schauspieler Gernot Endemann zu berichten, und so habe es auch mal »Fetzenworte« zwischen den beiden gegeben. Von ihrem John lässt sich sogar die eigensinnige Inge etwas sagen. Peter Striebeck, damals Mitglied des Thalia-Ensembles und darüber hinaus beteiligt an Produktionen des NDR, hat Inge und John aus nächster Nähe erlebt: »Inge Meysel konnte so viel, dass sie sich ihre Rollen im Wesentlichen selbst erarbeitet hat. Manchmal hatte sie das Glück, einen Regisseur zu haben, der sie gezwiebelt hat. Auch Herr Olden, auf seine sanfte, leise Weise: ›Nee, nee!‹, sagte er, dann ging er mit ihr auf und ab und hat ihr leise irgendwas erzählt. Danach hat sie plötzlich was anderes gemacht. Das war dann meistens gut. Er war sehr bestimmend, eine Autorität. Alle haben gern mit ihm gearbeitet. Das war, soweit ich das beurteilen kann, eine sehr harmonische Verbindung zwischen den beiden.«

Auch der Schauspieler Manfred Steffen hat die beiden im Studio arbeiten sehen: »John Olden hat sich nichts von ihr gefallen lassen. Wenn sie im Atelier plötzlich sperrig wurde, dann kam über den Lautsprecher vom Regietisch hinten: ›Inge, lass das!‹ Sofort war sie still, auf den hat sie gehört.« Vor allem erkennt John Olden den Unterschied zwischen Fernsehen und Theater, macht es sich zum Ziel, die im Film übertrieben wirkenden Theatertöne zu vermeiden. Keine einfache Aufgabe, stehen doch die meisten Schauspieler, mit denen er arbeitet – Inge eingeschlossen – immer noch häufiger auf Bühnenbrettern als vor der Kamera. Die Zusammenarbeit der beiden verläuft vielleicht nicht reibungslos, doch offensichtlich erzeugt die Reibung auf beiden Seiten jede Menge nutzbarer Energie, was die zwei sehr zu schätzen wissen, sodass, wer sie kennen lernt, von einer »höchst intensiven Lebens- und Arbeitsgemeinschaft« spricht.

Trotz ihrer beruflichen Selbstständigkeit bleibt Inge die perfekte Hausfrau und Gattin alter Schule, wie ihr Kollege Manfred Steffen wohlwollend bemerkt: »Als Ehefrau war sie unermüdlich, möchte ich sagen. Wenn sie Fernsehen mit Olden gemacht hat und nachts vom langen Drehtag im Atelier nach Hause kam, dann hat sie noch etwas gekocht in der Küche, bis in die Nacht hinein. Also, da ist sie fabelhaft gewesen, muss man wirklich sagen. Das wissen viele Leute nämlich nicht.«

Natürlich bleibt es nicht aus, dass man Olden vorwirft, er setze Inge Meysel wegen der privaten Verbindung zu häufig ein. Doch er schätzt nicht nur ihr Talent, er weiß auch, dass sie ein Publikumsmagnet ist. Spielt sie im Thalia Theater, so sind die Reihen gut besetzt; im noch jungfräulichen bundesdeutschen Fernsehen zählt sie zu den ersten Stars. Während Olden auf der einen Seite den Vorwurf der Bevorzugung zu entkräften sucht, möchte er auf der anderen Seite Inges Popularität nutzen, um den Zuschauern die Angst vor schwer verdaulichen Themen zu nehmen, zumal es seit 1963 gilt, auch in der Konkurrenz mit dem ZDF zu bestehen. So tritt Inge in seiner Fernsehproduktion »Der Prozess Carl von O.« auf, aber nur für fünf Minuten. Der Film vergleicht zwei Gerichtsverhandlungen aus dem Jahr 1931, die eine gegen einen Nazi-Totschläger, die andere gegen den linken Publizisten Carl von Ossietzky.

Während Inge Meysel eine eindeutige Vorliebe fürs Boulevardtheater hat, lässt Olden sich auch gern auf schwierigere Materie ein. Beide sind, nicht zuletzt aufgrund ihrer Verfolgung durch die Nazis, politisch bewusste, wachsame Menschen, doch eben auch erfolgsorientiert, und Erfolg misst sich in ihrem Beruf letztlich an der Zuschauerquote. Wenn sie sich – er als Regisseur, sie als Schauspielerin – ernsten Themen widmen, fürchten sie stets, das Publikum würde das nicht goutieren. Inge glaubt nicht, dass sie durch ihr Spiel die Welt verändern kann, aber sie will Menschen zum Nachdenken bringen: »Wenn es ein zu leichtes Stück war und die Leute haben nur gelacht, dann ging ich immer irgendwie leer nach Hause. Weil ich einfach das Gefühl hatte, es ist nichts übrig geblieben. Dabei ist das Lachen etwas sehr Schönes. Aber nur, wenn das Weinen nahe dabeiliegt. Ich lie-

Sabine Stamer

be Tragikomödien. Am liebsten möchte ich die Leute beides lehren: Lacht und heult! Seid Menschen!«

Was Inge Meysel als »Sternstunde des Fernsehens« und »eines der bedeutenden künstlerischen Kapitel in unserer Ehe« bezeichnet, ist denn auch keineswegs eine Komödie, sondern ein dramatisches Werk: »Schau heimwärts, Engel« von Ketti Frings nach einem 1929 veröffentlichten Roman des amerikanischen Autors Thomas Wolfe, der hier ein sehr dichtes psychologisches Porträt der Familie Gant zeichnet. Inge Meysel erscheint als harsche, geschäftstüchtige Pensionswirtin und Mutter, die mit aller Kraft gegen jegliche Art aufkeimender Gefühle ankämpft, weil sie meint, das Leben nur mit härtester Disziplin meistern zu können. Wie schon in anderen Mutter-Rollen will sie abermals nur das Beste für Mann und Kinder. Doch weder der erfolglose und ständig betrunkene Steinmetz (René Deltgen), noch ihre vier Kinder (dargestellt von Dietmar Schönherr, Christoph Bantzer, Gunnar Möller und Regine Lutz) danken es ihr.

Für solche Rollen scheint Inge Meysel geboren, und ihre persönlichen Erfahrungen haben Weiteres dazu beigetragen, dass sie sich nahtlos in das Schicksal der Eliza Gant einfühlen kann.

Kerzengerade geht sie durch den Film wie durchs wirkliche Leben, den Kopf trotzig nach schräg oben hebend, wenn sie sich einem ihrer Partner aus nächster Nähe zuwendet; den Kopf leicht schräg nach unten neigend, sollten Enttäuschung oder Trauer versuchen, sich ihrer zu bemächtigen; den Kopf kurz und entschlossen in den Nacken werfend, als Zeichen des Triumphs oder einfach als Signal zum Aufbruch: Gut, lässt sich nicht ändern, das Leben geht weiter, packen wir's an. Die kleine Meysel soll niemand hadernd oder leidend sehen, das macht sie alles mit sich allein ab. Kummer und Schmerz behält sie für sich. Hat sie nicht genau so, mit eben dieser Haltung, die Tausend Jahre überlebt?

Sicher ist es Oldens Einfluss, der Inge Anstoß und Mut gibt, sich vom sicheren Terrain der Salondame wegzubewegen und an Charakterrollen heranzuwagen. In den 60er Jahren sieht man sie als Hauptdarstellerin in einer ganzen Reihe von Klassikern und merkt, welches Potenzial in dieser »Zuckerpuppe« steckt, als die sie ein Kritiker 1930 bezeichnet hat. Inge selbst allerdings erkennt darin nicht die größte Herausforderung: »Unterhaltung ist sehr viel schwerer als Klassik zu spielen«, meint sie. »Mit dem Dichterwort im Munde kann man einherschreiten. Sag aber einmal: ›Guten Tag, wie geht es, was machen Sie so …‹ Da müssen Sie mit ein paar belanglosen Worten einen ganzen Saal einfangen.« Und das kann sie! Nicht selten zum Leidwesen ihrer Kolleginnen, wie sich Gisela Trowe erinnert, die mit ihr zusammen »Die Stimme des anderen« drehte. Inge spielt die Wirtschafterin eines Ermordeten. »Da ging die Tür auf, und Inge musste fragen: ›Gnädige Frau, soll ich ein Rinderfilet oder ein Schweineschnitzel kaufen?‹ Und sie kam rein und sagt: ›Gnädige Frau, soll ich ein Rinderfilet oder …‹ also, so farbig, zu deutlich gespielt. Und ich dachte nur: Was macht die? Die Stimme ging rauf und runter.«

Wie keine andere versteht es Inge Meysel, die Aufmerksamkeit auf sich zu ziehen, wenn es sein muss mit Tricks und Kniffen. John ist, wie gesagt, einer der wenigen, von denen sie sich auf leise Art zurückpfeifen lässt: »Aber Inge«, sagt er zum Beispiel, als sie Klaus Wussow in den Schatten stellen will, »der Klaus merkt doch, dass du ihn mit seinem Hut abdeckst.«

Uwe Friedrichsen macht ähnliche Erfahrungen, als er 1969 unter der Regie von Peter Beauvais »Die Ratten« von Gerhart Hauptmann mit Inge Meysel dreht, sie als Frau

John, er als Bruno Mechelke, ihr Bruder. Während einer Szene in der Küche versucht Inge Meysel sofort, ihrem Bühnenbruder Topf und Pfanne in die Hand zu drücken. Für den Laien eine völlig harmlose Geste, weiß Friedrichsen gleich, was das für ihn bedeutet: »Wenn ich die jetzt genommen hätte, wäre ich für den Rest der Szene, zumindest was das hand act betrifft, lahm gelegt gewesen. Ich weiß bis heute nicht, ob das bewusst ist bei ihr oder rein instinktiv. Man muss seinen Lebensraum verteidigen. Sie ist eine ungeheuer starke Frau, das macht aber auch ihre Qualität aus. Als Schauspielerin ganz hervorragend, phantastisch.«

Schließlich kommt es am Set zum Eklat. »Wenn wir uns gegenüberstanden, hier dann die Kamera, dann neigte sie dazu, sich zurückzuspielen, sodass ich mich zu ihr hindrehen musste und mit dem Rücken in der Kamera war. Das ist ein uralter wirklich abgegriffener Schauspieler-Trick.« Friedrichsen, der sich natürlich seinerseits gut ins Bild setzen möchte, beschwert sich darüber, dass Inge Meysel nicht an ihrem markierten Platz steht. Es gibt einen Riesenkrach. Inge weist die Vorwürfe empört zurück: Das habe sie doch nicht nötig. »Keine angenehme Arbeitsatmosphäre«, bedauert Uwe Friedrichsen.

Am Tag der ersten Aufzeichnung klopft es an seiner Garderobe, und Inge steht vor der Tür mit einem kleinen Päckchen: »Uwe«, sagt sie, »wir können so gut miteinander spielen und sind adäquat vor der Kamera. Es ist doch unwürdig, wenn wir uns um so Lächerlichkeiten hier zanken. Ich möchte ein Freundschafts- und Friedensangebot machen, und das ist ein kleines Versöhnungspräsent.« Gerührt nimmt Friedrichsen einen kleinen Biedermeierbecher mit der Aufschrift »In Freundschaft« entgegen.

»Ich habe mich wahnsinnig drüber gefreut. Ich dachte, wir steigen wieder in die Arbeit ein, und alles ist gut. Aber bereits nach einer halben Stunde war die Situation wieder die gleiche. Das wurde mir dann zu dumm. Da habe ich unterbrochen, bin in die Garderobe gegangen, habe den Becher genommen, ihn ihr zurückgegeben und gesagt: ›So, Inge, jetzt nimmst du den Becher, und wir bleiben beide auf unseren Kreidekreuzen.‹ Und so geschah es dann auch.«

Friedrichsens Fazit: »Es ist eine Lust, mit ihr zu arbeiten, man muss sich nur wehren können. Man muss genauso stark sein wie sie. Wehe, man ist es nicht, dann buttert sie einen unter, aber gnadenlos. Das ist so. Das ist manchmal auch gezielt.«

»Die Ratten« ist nur eines von mehreren Hauptmann-Stücken, die Inge Meysel im Fernsehen sowie im Theater mitaufgeführt hat. Im Rahmen eines Gerhart-Hauptmann-Jahrs der ARD zum 100. Geburtstag des Dichters 1962 entstehen unter John Oldens Regie zwei Filme, mit denen sich die künstlerische Zusammenarbeit des Paares erneut bewährt, zunächst die Diebeskomödie »Der Biberpelz«, angesiedelt im Berliner Vorstadtmilieu des ausgehenden 19. Jahrhunderts, die Inge Meysel als durchtriebene Mutter Wolffen zeigt. Um die Existenz ihrer Familie zu sichern, stiehlt und verhökert sie einen Biberpelz, macht aber gleichzeitig einen so arglosen Eindruck auf den königstreuen Amtsvorsteher von Wehrhahn, dass der keine Sekunde an ihrer Unschuld zweifelt. Kurz darauf wird »Der rote Hahn« verfilmt, in dem Inge Meysel als Frau Wolff-Fielitz durch Brandstiftung Versicherungsbetrug begeht, aber stirbt, bevor sie ihr Ziel erreicht.

Anfang 1962, die Dreharbeiten sind noch nicht abgeschlossen, ereignet sich in der Nacht vom 16. auf den 17. Februar in Hamburg die größte Sturmflut in der Geschichte der Hansestadt. Ohne Vorwarnung fegt der Orkan »Vincinette« mit 130 Stundenkilometern über Norddeutschland hinweg, entwurzelt Bäume, deckt Dächer ab und lässt die Elbe zu einem reißenden Schnellstrom werden. Die Deiche brechen, weite Teile der Stadt und des Umlandes stehen unter Wasser. Mehr als 300 Menschen kommen ums Leben, mehr als 60 000 Elbanwohner werden obdachlos. Bullenhausen wird evakuiert. Auf englischen und deutschen Militärlastwagen werden John und Inge kreuz und quer durch das überschwemmte Gebiet zu einer Notunterkunft transportiert. Unterwegs sehen sie Menschen, die sich – oft vergeblich auf Rettung wartend – verzweifelt in den Wipfeln der Bäume festklammern.

Als sie ihr geliebtes Haus am Bullenhausener Südstrand verlassen müssen, wissen sie nicht, was sie nach der Flut wieder vorfinden werden. Für zwei Wochen werden Inge und John ausgelagert, kehren nur tagsüber in die Villa zurück, um zu retten, was zu retten ist. Kein Strom im Haus, der Fußboden steht unter Wasser, der Teppich ist vermodert. Sie stapeln die Möbel, um größeren Schaden zu vermeiden. Dabei haben sie noch Glück im Unglück, andere verlieren wesentlich mehr.

Die Dreharbeiten werden erst Wochen später wieder aufgenommen, »den Schock noch in den Gliedern«, erinnert sich Inge Meysel.

Die Rotlicht-Hyäne –
Unverbesserlich erfolgreich

Den letztlich durchschlagenden Erfolg erzielt Inge Meysel als Käthe Scholz in der Fernsehserie »Die Unverbesserlichen«. Vom Autor Robert Stromberger ursprünglich als Bühnenstück gedacht und an Inge Meysel geschickt, reicht diese das Manuskript an den Leiter der Fernsehspielabteilung des NDR, Egon Monk, weiter, der sich spontan dafür begeistert. Die erste Ausstrahlung erfolgt am 9. Mai 1965 und ist ein Knüller. Obwohl ursprünglich nicht geplant, werden insgesamt sieben Folgen produziert, die ersten vier in Schwarzweiß, die späteren in Farbe.

Mitte der 60er Jahre beträgt die Zahl der deutschen Fernsehzuschauer schon ungefähr acht Millionen. Der kleine Kasten im Wohnzimmer hat das Leben der Republik verändert. Anstatt in die Kneipe oder ins Kino zu gehen, bleibt man häufiger zu Hause, wo man nun nicht mehr wie früher im Kreis um einen Tisch herumsitzt, sondern im Halbkreis mit Blick auf die »Flimmerkiste«. So nehmen Millionen Menschen bis 1971 einmal jährlich zum Muttertag regen Anteil an Freud und Leid der Familie Scholz.

Sie jubeln mit, als ein Treffer im Fußball-Toto die Erfüllung lang gehegter Wünsche zum Greifen nah bringt. Bibbern mit, nachdem Käthe den Glücksschein verbummelt hat. Schimpfen, weil die dummen Scholzens sich nicht darauf einigen können, was sie nun mit dem unerwarteten Geldsegen anstellen. Seufzen, weil die Moneten – sprichwörtlich wie gewonnen, so zerronnen – gleich für eine Autoreparatur draufgehen, denn Vater Kurt, gespielt von Joseph Offenbach, hat mit dem noch nicht abgezahlten Kleinwagen einen Unfall gebaut.

Eine Familie auf dem Bildschirm wie so viele vor dem Bildschirm, wo man auf Wunder hofft, von mehr Geld träumt, von einem anderen, besseren Leben. Der Patriarch, von der Front heimgekehrt, müde und verbittert, seiner Autorität beraubt. Kinder, die nicht mehr stramm stehen. Eine Mutter, die im Krieg gelernt hat, unabhängig und selbstständig das Leben zu meistern, das wahre Familienoberhaupt. Eine Menge Rückschläge und Enttäuschungen muss Käthe Scholz verkraften: Der Sohn macht, was er will, die Tochter lässt sich scheiden, und als Kurt und Käthe ihren Hochzeitstag einmal ganz und gar fernsehfrei verbringen wollen, merken sie, dass sie sich absolut nichts zu sagen haben. Das Gesicht der Käthe Scholz, kommentiert eine Zeitung angesichts der ernüchternden Dämpfer im Leben der Scholzens, habe Inge Meysel mehr geadelt als alle denkbaren Titel.

»Die Unverbesserlichen« sind eine Serie über die Schwierigkeiten und Nöte der »einfachen« Leute, als solche inzwischen ein Stück Zeitgeschichte, verpackt in bissigen Humor, das uns heute zeigt, wie es damals war: vom Tapetenmuster bis zur sozialen Lage, von der Kleidung bis zur Lebenseinstellung – alles echt Bundesrepublik der 60er Jahre. Naturgetreu bis ins Detail sollte es sein, erinnert sich Gernot Endemann alias Rudi Scholz: »Einmal ist Inge wie eine Irre durch das Studio Hamburg geflitzt und hat immer gesagt: ›Ich will einen richtigen Putzlappen haben!‹ Da hatten sie ihr von der Requisite irgendeinen Lappen gegeben, der für sie kein Putzlappen war. Sie hat so lange gesucht, bis sie irgendeine Reinemachefrau gefunden hat, und hat sich einen Lappen von ihr genommen.«

Die Regie der »Unverbesserlichen« führt Claus Peter Witt, seinerzeit ein junger Anfänger, der im NDR quasi Tür an Tür mit John Olden arbeitet. Olden selbst setzt andere Schwerpunkte in seiner Arbeit, unterstützt von Inge, die meint, er solle sich nicht zu sehr ins »leichte Fach« drängen lassen, seine Stärke liege im »großen guten Fernsehspiel«. Inge Meysel allerdings scheint die Rolle der Käthe Scholz wie auf den Leib geschrieben. Einmal mehr spielt sie diesen Typ der resoluten umtriebigen Mutter, die immer zu wissen meint, was für alle das Beste ist, und mit ihrer gut gemeinten Bevormundung auf wenig Gegenliebe stößt. Mit wenig Einfühlungsvermögen, aber umso stärkerem Durchsetzungswillen dirigiert sie ihren Mann und die drei Kinder (gespielt von Gernot Endemann, Monika Peitsch und Helga Anders) durch den Alltag.

Gar nicht so viel anders als Mutter Käthe verhält sich Inge Meysel, wenn die Kameras ausgeschaltet sind. Fürsorgliche Glucke auf der einen, energische Kämpferin auf der anderen Seite. Sie, die jeden Abend nach den Dreharbeiten in ihre Bullenhausener Villa fährt, übersieht nicht, dass ihre jungen Kollegen – noch in der Ausbildung und ganz am Anfang ihrer beruflichen Laufbahn – sich wenig mehr als das Nötigste leisten können. Monika Peitsch (Tochter Doris) verbringt die Nächte während der Dreharbeiten in einer bescheidenen Pension ohne Bad und spart, so viel sie kann, auch von den Diäten. »Und darum hab ich sie auch so geliebt«, erzählt sie, »sie hat uns alle versorgt. Es gab furchtbar viel Requisiten zum Essen, Kuchen, Würstchen, es gab alles Mögliche. Und sie hat immer gesagt: ›Iss 'n Stückchen Brot, und hier hast du das, und iss mal 'n Stückchen Kuchen ...‹ Ich hab so viel gegessen, dass ich abends satt war und nichts mehr zu kaufen brauchte. Der Requisiteur ist fast wahnsinnig geworden, weil alles aufgegessen war, bevor wir angefangen haben aufzuzeichnen.«

Wer Inge anruft und um Hilfe bittet, weil es an Beschäftigung fehlt, kann sicher sein, dass sie ihre Beziehungen spielen lassen wird, um ein Engagement einzufädeln. Solche Notlagen hat sie am eigenen Leibe erfahren und weiß, wie wichtig die Unterstützung anderer sein kann. Diese Menschlichkeit, die habe sie wirklich, betont Monika Peitsch, nur werde sie leider nicht von jedem entdeckt.

Inge Meysel gehört nämlich keineswegs zu jenen fürsorglichen Menschen, die am Ende selbst zu kurz kommen, vor allem nicht, wenn es um ihre eigene Karriere geht. Irgendwann fällt zum Beispiel ihrem Partner Joseph Offenbach – einem versierten Filmschauspieler, der aus zumeist kleineren Rollen bekannt ist, die er aber mit großer Prägnanz spielt – auf, dass die Meysel wesentlich mehr Großaufnahmen auf ihrem Konto verbuchen kann als er. Natürlich kommt es zum Streit. Offenbach knallt die Tür und wird an diesem Tag nicht mehr gesehen. »Die Inge ist eine Rotlicht-Hyäne!«, schimpft er, und Inge ihrerseits beschwert sich: »Der Jupp, der ist ja so was von kamerageil!« Wie bei den Scholzens renkt sich alles wieder ein.

»Mit ihr zusammenzuarbeiten ist nicht immer leicht«, meint Autor Robert Stromberger, »weil sie immer versucht, ihre Position durchzusetzen. Da kommt es häufig zum Streit, oft aber auch mit positivem Ergebnis. Aber Inge Meysel sieht eben ihre Rolle, und der Autor sieht das Gesamte, auch die anderen Rollen.«

Sabine Stamer

Vor der Kamera und auf der Bühne muss sie die unumstrittene Nummer eins sein. Sofern das akzeptiert wird, zeigt sie Teamgeist und Sinn für Gruppenarbeit. »Wenn sie das Gefühl hat, sie spielt nicht die beherrschende Rolle«, so glaubt Regisseur Claus Peter Witt, »ist ihre gute Laune gefährdet. Aber auf der anderen Seite ist sie immer besonders gut gewesen, wenn sie starke Partner hatte. Es war immer gut, wenn sie sich an ihren Partnern reiben konnte, wenn der eine den anderen provoziert hat, Qualität zu liefern. Mit einem schwachen Partner, das war nicht ihr Ding.«

»Schwierige Schauspieler sind für mich die guten«, meint sie selbst. »Wenn es nicht funkt auf der Bühne, wird es nichts.« Schwäche zu zeigen ist ihr zuwider, das duldet sie weder bei sich selbst noch bei anderen. Schwächen und Ängste – gleich welcher Art – sind für sie kein Grund zur Rücksichtnahme, sondern geradezu der Fanfarenstoß zum Angriff. »Sie hasst Leute, die drunter sind, die Angst vor ihr haben«, weiß Monika Peitsch, »wenn sie gesagt hat: Du machst das jetzt, du machst jenes, dann habe ich schon gezittert. Das hörte auf, als ich kesser wurde und ein bisschen Widerstand geleistet habe. Das respektiert sie. Es ging besser ab dem Moment, wo ich Stärke gezeigt habe.«

Als Monika Peitsch zum ersten Mal mit Inge Meysel zusammenarbeitet – in »Herr im Haus« an der Berliner Komödie –, ist sie Mitte zwanzig, steht zum ersten Mal auf der Bühne, und zwar ohne Ausbildung in einer Schauspielschule, gerade erst entdeckt für diesen Beruf von Erik Ode. Sie konnte eigentlich nichts, sagt sie heute, und sei vor den Auftritten ungeheuer aufgeregt gewesen. »Und immer, wenn mir etwas nicht gelang, sah ich den Blick von Inge und brach innerlich zusammen. Ich fand sie toll, ich habe sie irrsinnig respektiert, hatte aber nur Angst vor ihr, weil sie sehr resolut war. Irgendwann habe ich ihren Respekt gewonnen, und dann ging das gut. Aber während des ersten Theaterstücks habe ich ziemlich gelitten.«

Inge Meysel liebt den Streit, sie braucht Gegenwind. Sie provoziert und kritisiert, damit man ihr widerspricht. Das ist ihr Lebenselixier. Sie verachtet Unterwürfigkeit. Wer sich ins Bockshorn jagen lässt, kriegt keinen Stich bei ihr. Das bestätigt auch Gernot Endemann: »Es gibt viele Leute, die sagen, sie fürchten sich, mit ihr zu spielen, aber man muss, egal wie alt, groß, prominent oder unprominent man ist, man muss ein Pfund dagegensetzen. Das will sie. Das erwartet sie. Sie erwartet kein ›Jawohl, Frau Meysel!‹ Nur Zustimmung, das mag sie überhaupt nicht. Man muss nicht ihrer Meinung sein, man muss nur etwas Gescheites dagegensetzen können. Das habe ich gleich kapiert: Immer sagen, was einem schmeckt und was nicht. Heiß oder kalt, ja oder nein, warm gibt es nicht.«

Mit diesen Einsichten ist Gernot Endemann gut gefahren. Er fühlt sich mit Inge wie ein Herz und eine Seele, obwohl sie ihn während der Dreharbeiten für »Die Unverbesserlichen« nicht gerade mit Kritik schont. »Mach da eine Pause! Mach da einen Punkt! Sprich nicht so schnell!« usw. Es ist die Zeit der langmähnigen jungen Männer, Ende der 60er Jahre, und auch Gernot Endemann trägt eine Fransenmatte. »Mensch, bist du bescheuert?«, fragt Inge ihn entrüstet und verständnislos. »Dich sieht doch keener. Wie soll denn deine Mutter dich erkennen?« Endemann, Mitte zwanzig, stellt sich zunächst stur, aber dann kommt die Mähne doch ab. So verstehen sich die beiden siebeneinhalb unverbesserliche Jahre lang prächtig, und trotz des großen Altersunterschieds bietet Inge ihrem Film-Sohn recht bald das Du an.

Es ist nicht leicht zu ergründen, warum Inge wem ihre Gunst schenkt. Monika Peitsch, die ja schon vor den »Unverbesserlichen« mit ihr zusammen aufgetreten ist, muss das

Sabine Stamer

du und überhaupt Inges Wohlwollen jahrzehntelang geradezu erzwingen. »Irgendwann habe ich dann gesagt: ›Inge, jetzt reicht's mir. Wir kennen uns 20 Jahre, du sagst zu der du, zu der, und ich muss immer noch Sie sagen. Ich sag jetzt nicht mehr Sie, ich sag jetzt du zu dir!‹ Da guckte sie mich etwas keck an und antwortete: ›Ja gut, wenn du meinst.‹ Ich habe eigentlich immer um ihre Liebe kämpfen müssen. Bei ›Guppies zum Tee‹ [1997!] hat sie gesagt: ›Du bist ja wirklich 'ne gute Schauspielerin.‹ Da habe ich geantwortet: ›Das merkst du heute erst?‹ Ich habe so viel mit ihr gearbeitet, bis dahin hat sie mir nie ein Kompliment gemacht.«

Lob zu verteilen gehört nicht zu Inges alltäglichem Repertoire. Die Abwesenheit schroffen Tadels darf ihre Umwelt getrost als Kompliment werten. Ungelobt heißt bei ihr noch lange nicht ungeliebt. Hat sie dagegen Kritik anzumelden, so tut sie das unerbittlich. Sie nimmt kein Blatt vor den Mund. Sie sei geradeheraus, würdigen das die einen, sie sei verletzend, missbilligen die anderen. Keine Rücksicht auf Empfindlichkeiten, ist Inges Maxime, auf die eigenen nicht und auch nicht auf die anderer.

In all dieser Schonungslosigkeit ist sie ein hundertprozentiger Profi, gewissenhaft präpariert, penibel bis ins Detail und hochkonzentriert.

»Wir haben hart gearbeitet«, erinnert sich Claus Peter Witt, »mit der ihr eigenen Intensität, äußersten Korrektheit und Präzision. Alles, was man mal verabredet hatte, was man erarbeitet hatte, das blieb auch so. Die Zentimetergenauigkeit in der Aktion ist ihr wirklich eigen.«

»Sie war die Erste morgens beim Drehen«, ergänzt Gernot Endemann, »und hat nie vertragen, wenn jemand zu spät kam oder den Text nicht konnte, oder wenn jemand lasch war.« Das sei eben die preußische Erziehung, die in ihr stecke, erklärt Inge selbst.

Wie sehr ein jeder Regisseur und andere am Set diese Genauigkeit und Verlässlichkeit in der Arbeit geschätzt haben müssen, wird umso verständlicher, wenn man sich ins Gedächtnis ruft, dass die ersten »Unverbesserlichen« noch nicht auf Cassetten, sondern auf Magnetband aufgezeichnet werden – eine Technik, die keinen Schnitt und damit keine nachträglichen Korrekturen erlaubt. Das bedeutet: 14 Minuten bzw. 20 Seiten am Stück ohne Pause zu drehen und beim kleinsten Fehler wieder von vorn anzufangen.

»Die Verantwortung, die man den Kollegen gegenüber hat …«, Monika Peitsch seufzt noch heute bei der Erinnerung. »Wenn ich mich auf der 19. Seite verspreche – Ende! Und du hast die Verantwortung für alles. Es ist furchtbar gewesen, es war so viel Angst da, das kann ich gar nicht sagen. Bei den ›Unverbesserlichen‹ lief es eigentlich gut. Wir hatten immer gut probiert und fühlten uns im Grunde sicher. Aber Angst hatten wir alle, das sieht man auch am Mundzucken. Die Probleme waren meistens technisch, die Kamera stand ein bisschen falsch, oder es war ein Galgenschatten (*) im Bild. Furchtbar, immer waren Galgen drin! Wir Schauspieler waren in den seltensten Fällen schuld, wenn wiederholt werden musste.«

Wer will sich da schon einen Patzer erlauben? Inge Meysel jedenfalls nicht. Zwar erwartet sie von anderen, zu ihren Fehlern zu stehen, gibt jedoch nur äußerst ungern zu, selbst einen gemacht zu haben. »Hatte sie mal einen kleinen Hänger«, weiß Monika Peitsch noch, »dann stand ich plötzlich falsch. ›Du stehst falsch!‹, sagte sie dann. ›Nee‹, sag ich, ›ich steh genau hier auf der Marke, hier steh ich.‹« Immer muss sie perfekt sein. Und weil das natürlich keiner durchhält, müssen wenigstens die anderen schuld sein, wenn es aus-

* Der Schatten von der langen Angel des Mikrofons.

Sabine Stamer

nahmsweise nicht gelingt. Inge selbst trauert den Herausfor-
derungen des Magnetbands richtig nach. Das waren noch
Zeiten, als man mit der oberen Körperhälfte vor laufender
Kamera spielte, während einem untenherum die Garderobiere half, die Kleidung zu wechseln für die nächste Szene.
Diese Art von Spannung haben Dreharbeiten heutzutage
nicht zu bieten – bedauert Inge.

Von 1965 bis 1971 trifft sich »Familie Scholz« also einmal
im Jahr sechs Wochen lang, um eine neue Folge zu drehen.
Zwei Wochen Probe, dann eine »heiße Probe«, mit Kostü-
men und Kamera im Atelier, schließlich drei Wochen lang
Aufzeichnung. Nach der siebten Folge wirft Autor Robert
Stromberger das Handtuch. »Wir kamen nicht auf einen
Nenner«, sagt er über sein Verhältnis zu Inge Meysel.
Außerdem ist Darsteller Josef Offenbach so schwer er-
krankt, dass seine weitere Mitwirkung in Frage steht. Das
Ende der erfolgreichen Serie wird von den Zuschauern mit
eindeutigem Bedauern quittiert, die Beteiligten nehmen mit
gemischten Gefühlen Abschied. Man habe sich gefreut auf
das jährliche Treffen, erinnert sich Monika Peitsch, aber
auch ab und an gedacht: »Jetzt geht das schon wieder los! Es
war nicht die reine Wonne. Aber es war sehr viel Wonne dabei.«

Robert Stromberger jedenfalls hat nie wieder ein Drehbuch für Inge Meysel geschrieben: »Ein Schriftsteller muss
frei sein«, begründet er das, »und darf nicht das Gefühl haben, es sitzt jemand in seinem Nacken, der ihn zwingt.« Inge
Meysel dagegen versteht es geradezu als ihre Pflicht, jedem
Beteiligten im Nacken zu sitzen. Sie hat ihre eigenen, sehr
konkreten Vorstellungen, vom Drehbuch, von der Regie,
vom Bühnenbild, und sie setzt alle Hebel in Bewegung, um
sie durchzusetzen.

Inzwischen sind außer Joseph Offenbach auch Agnes

Windeck und Helga Anders verstorben. Für die übrigen Scholzens sind die runden Geburtstage Inge Meysels, die ARD und ZDF abwechselnd mit Galas und Extraprogrammen feiern, wie ein Familientreffen.

Johns Tod –
»Gott ist ein gütiger Mann«

Der Erfolg beim Fernsehen führt nicht dazu, dass Inge Meysel das Theater aufgibt. Im Herbst 1964 erhält das Thalia einen neuen Intendanten, Kurt Raeck, und Inge Meysel einen neuen Fünfjahresvertrag mit sechs Monaten Spielzeit pro Jahr. Nicht mehr als zwei Spielfilme jährlich und sechs Monate Hamburg, lautet der ihr selbst auferlegte Rhythmus. Über die Konzertagentur Landgraf plant sie für den Herbst 1965 ihre erste Theatertournee mit dem Stück »Die Frau im Morgenrock« von Ted Willis.

John dreht währenddessen in London und Birmingham »Die Gentlemen bitten zur Kasse«, einen Kriminalfilm über den legendären Überfall auf einen englischen Postzug. Es werde sein »spannendster, interessantester Film« werden, sagt er seiner Inge voraus. Doch plötzlich kommt es zu allen möglichen organisatorischen Schwierigkeiten in England: Drehgenehmigungen fehlen, bereits belichtete Filmrollen werden gestohlen, es muss umdisponiert und improvisiert werden. Olden, im Grunde ein ruhiger Charakter, wird nervös und aufgeregt. Er fängt wieder an, Tee und Kaffee in Unmengen zu trinken, obwohl ihm das seit einem ersten Herzinfarkt zwei Jahre zuvor streng untersagt ist. Inge ist überzeugt, dass er trotz aller ärztlichen Warnungen auch wieder heimlich raucht. Am 11. September kommt er erschöpft, aber zufrieden zurück nach Bullenhausen, während Inge noch zu Proben für die Tournee in Titisee weilt.

Am Tag darauf telefonieren die beiden – zum letzten Mal. John hat tausend gute Vorsätze und allerlei zu tun, er will den Rasen mähen, eine Bücherkiste auspacken, aber Inge mahnt: »John, gib Ruhe, zum Donnerlittchen, Rom ist auch nicht an einem Tag erbaut worden! Kuss, Schluss, ich ruf dich nach meiner Probe um 19 Uhr an.« Doch zu einem weiteren Gespräch kommt es nicht mehr. John ist tot, erfährt sie von ihrem Nachbarn, verstorben am Sonntag, dem 12. September 1965, erst 47 Jahre alt. Sie nimmt sofort den Nachtzug nach Hamburg, am Bahnhof wird sie von Oldens Chef, Egon Monk, abgeholt.

Zu Hause ist der Rasen gemäht, die Bücher sind ausgepackt. Plötzlich habe John Herzschmerzen bekommen, erfährt Inge, und das Krankenhaus angerufen. Doch bis dahin hat er nicht mehr durchgehalten. Kaum ist er ins Auto eingestiegen, hört sein Herz auf zu arbeiten. Bei ihm ist die Schweizer Schauspielerin Sylvia Lydi, die gerade für gemeinsame Dreharbeiten angereist ist und John in Bullenhausen besuchen will. Sie trifft ihn vor dem Haus mit einem Köfferchen in der Hand. Er müsse ins Spital, ob sie ihn fahren könne, fragt er, doch kein Wort davon, wie schlecht es ihm geht. Schon nach hundert Metern ereilt ihn der Infarkt. Er ist sehr schnell tot.

Bis heute hält sich das Gerücht, John Olden sei in Begleitung seiner Geliebten gestorben. Sylvia Lydi dagegen beschwört, sie habe nie eine Liebschaft mit Olden gehabt.

Mag er auch kein Verhältnis zu Lydi gehabt haben, sicher ist, John Olden war kein treuer Ehemann. Er liebt und respektiert seine acht Jahre ältere Frau, doch von Seitensprüngen kann ihn das nicht abhalten. Inge nimmt seine Verhältnisse stillschweigend hin, tut, als wüsste sie von nichts. »Er war nicht immer treu«, sagt ihre frühere Freundin Regine Lutz, »aber da ist eine Mauer. Was sie nicht wissen will, das existiert nicht.«

Doch heute, nach fast 40 Jahren, ist dieses Tabu nicht mehr nötig. Ob ihre Männer ihr treu waren? »Ich habe nie gefragt«, antwortet sie, »also, Hell hätte keine andere angerührt, der ganz bestimmt nicht. Bei John bin ich nicht überzeugt, nein, ich war eigentlich nie überzeugt, dass er ein treuer Mann war, komisch. Ein sehr schöner Mann, geschlechtlich nicht ganz so schön, da war Hell schöner. Aber ein Mann, an dem man sehr gehangen hat, merkwürdigerweise. Ich glaube nicht, dass er treu war. Keinen Moment. Aber vorbei ist vorbei, aufs Gewesene gibt der Jude nix.«

Komisch, sagt sie, dass sie nie an seine Treue geglaubt hat, merkwürdig, dass sie so an ihm gehangen hat. Vielleicht versteht sie nun mit über 90 Jahren selbst nicht mehr, warum sie stillschweigend geduldet hat, dass er fremdging. Warum hat sie, die resolute Inge, nicht auf den Tisch gehauen? Warum hat sie ihm keine Szenen gemacht? Sie hätte auch Gleiches mit Gleichem vergelten können.

War sie ihren Männern immer treu? »Wissen Sie, ich habe ja zu wenig Männer gehabt.« Und den beiden, Hell und John, war sie denen treu? »Naja, ich hab schon mal einen dazwischen gehabt. Ich habe mal betrogen. Aber sonst war ich eigentlich eine Treue, weil ich es auch treu gebraucht habe.« Aber so richtig kann sie sich daran nicht mehr erinnern. »Wie war denn das damals?«, überlegt sie und kommt zu dem Schluss: »Ich nehme es aus meinem Gedächtnis, weil ich glaube, dass es mir wehtun würde, weil ich irgendwo untreu war, aber mir hat das nicht gefallen. Die Erinnerung ist weg.«

Möglicherweise ist es Johns Treulosigkeit, die bei Inge eine Marotte hervorruft. Bis ins hohe Alter hinein kommt sie immer wieder »heimlichen Verhältnissen« auf die Schliche, verdächtigt vorzugsweise jüngere Schauspielerinnen, mit dem jeweiligen Regisseur ins Bett zu gehen, lässt Freundschaften platzen, weil sie es so »widerwärtig« findet, wie sich die Kollegin an den Kollegen »ranschmeißt« und seine »Ehe kaputtmachen« will. Angeblich. Meistens entbehren die Unterstellungen jeglicher Grundlage. »Da hat sie echt 'nen Tick«, meint einer der vielen Betroffenen.

Eine Woche nach Johns Tod soll die geplante Tournee mit dem Stück »Die Frau im Morgenrock« beginnen. Inge sagt keine einzige Aufführung ab. »Drei Monate habe ich gespielt – wie – ich weiß es nicht – ich war wie in Trance, aber ich musste. Es waren 96 Vorstellungen restlos ausverkauft und alle auf meinen Namen hin. Es gab kein Pardon.« Allabendlich bringt sie das Publikum zum Lachen, während ihr selbst zum Weinen ist. Die Trauer um John, der viel zu früh von ihr gegangen ist, sitzt tief, doch die Zuschauer spüren nichts. »Ich werde spielen, dass das Publikum nicht merkt, dass ich krank bin«, verspricht sie zum Auftakt der Tournee. Mit einer großen Trauerfeier nimmt die Öffentlichkeit von John Olden Abschied, doch bei der Verlegung der Urne auf den Ohlsdorfer Friedhof lässt Inge sich nur von einem Freund begleiten, von dem ihr eng verbundenen Produzenten Gyula Trebitsch. Kurz darauf steht sie wieder auf der Bühne. »Ich habe die Meysel nie so wunderbar gesehen«, anerkennt Robert Stromberger, Autor der »Unverbesserlichen«, »wie an jenem Tag, als sie kurz nach der Beerdigung die ›Frau im Morgenrock‹ spielte. Da war keine Eitelkeit mehr, kein Wirkungsdenken, nur noch die Rolle. Sie war seelisch nackt.«

Den unerwarteten Verlust ihres zweiten Mannes wird sie

lange nicht verkraften. Noch 20 Jahre später reagiert sie, die scheinbar Unerschütterliche, die ach so Beherrschte, auf bestimmte Situationen ganz sensibel. Die Schauspielerin Kerstin de Ahna erinnert sich an eine gemeinsame Tournee mit dem Stück »Teures Glück«: »Wir fuhren durch den Schwarzwald. Der Fahrer wollte uns etwas Schönes bieten und fuhr uns über die Schwarzwald-Höhenstraße. Das muss eine grauenvolle Erinnerung für sie gewesen sein, denn sie kroch auf den Sitz, deckte ihr Tuch über den Kopf und sagte: ›Ich will hier weg, ich ertrag es nicht mehr! Ich ertrag es nicht noch einmal!‹ Es kann sein, dass sie auf der Fahrt vom Tod ihres Mannes erfahren hat. Da hat man aber eine Scheu und fragt nicht.«

Nach der »Morgenrock«-Tournee vergräbt sich Inge Meysel in ihrem Haus an der Elbe, fragt sich immer wieder: Warum, warum? Macht sich Vorwürfe, den umtriebigen, herzkranken John nicht stärker gebremst zu haben. Wieso hat er es immer so eilig gehabt? Nur nichts auslassen, hat er oft gesagt. Im Grunde, da ist sie sicher, wusste er um seinen frühen Tod und wollte schnell noch möglichst vieles mitnehmen aus dem kurzen Leben.

Man will »Die Frau im Morgenrock« noch einmal verfilmen, sie lehnt ab: »Das ist ein Stück Lebensabschnitt, der zu Ende geht.« Abgesehen davon, dass sie dieses Stück unter dem Eindruck des schmerzlichen Verlustes gespielt hat, hatte sie vorher schon an einer Fernsehspielversion mitgewirkt, 1957, Regie: John Olden.

Nach außen lässt sie sich ihren Kummer nicht anmerken. »Ich halte mich an die alte Regel: immer nur lächeln. Die sollte man schon Kindern eintrichtern«, bekennt sie Anfang der 70er Jahre. »Ich habe noch nie jemanden erlebt, der mich wirklich trösten konnte. Als mein Mann starb, haben mir alle mein schweres Leid noch schwerer geschildert. Bis ich mir sagte: Das machst du jetzt mit dir allein ab. Und deshalb schreiben manchmal sehr dumme Leute: Sie ist immer fröhlich. Die tun mir dann Leid, weil sie anscheinend selbst kein Innenleben haben. Ich habe auf jeden Fall etwas: Haltung.«

Sie wird nie wieder heiraten, erklärt sie mehrmals in aller Öffentlichkeit, nach John hätte sie jeden anderen Mann in ihrem Bett »mit der Axt erschlagen«. Nicht dass es an Angeboten gemangelt hätte, das nicht, betont sie: »Es gab selbstverständlich Gelegenheiten. Aber es würde alles zweitklassig sein. Ich könnte keine andere Haut mehr ertragen.« In einer Talkshow 1990 kanzelt sie die junge Moderatorin ab: Warum sie sich nie wieder liiert habe, sei eine »dumme Frage«, und verkündet kategorisch: »Das will ich Ihnen sagen, ich habe zwei Lebensgemeinschaften hinter mir. Sie fragen mich wirklich nach einem Kerl, nach einem neuen? Und die eine hat 13 Jahre gedauert und die andere 19 Jahre. Und ich bin bestens bedient worden, und sie sind bestens von mir bedient worden. Und als das zu Ende war, habe ich gesagt: Adieu, es war schön, aber für mich nicht mehr. Aus. Ich würde nie wieder an irgendetwas rangegangen sein und etwas so Schönes und so Lebendiges, Kluges, Inniges zerstört haben. Nein!«

Außerdem unterstreicht sie mehrfach, das Alleinsein sei ihr keine Sekunde schwer gefallen. Denn irgendwie lebe sie weiter mit ihrem John. Auf ihren Tourneen stellt sie nach der Ankunft im Hotel zuallererst Johns Foto auf den Nachtschrank. Zu Hause räumt sie nie seinen Hut von der Garderobe. Dort hängt er, vorn links, gleich wenn sie reinkommt. »Hallo John, ich bin wieder da. Wie geht's dir?«, begrüßt sie ihn jahrzehntelang und deckt den Frühstückstisch immer für zwei. Auch seine Pfeifen bleiben auf dem Tisch liegen.

Jetzt, mit über 90 Jahren, haben diese Dinge eigentlich ihre Bedeutung verloren: »Es interessiert mich nicht mehr,

aber ich lasse es. Ich wische manchmal Staub, mehr nicht.«
Alles bleibt, wo es ist, Johns Hüte, die Pfeifen, all die Fotos
aus längst vergangenen Zeiten. Die Wiese vor dem Haus, der
Strand unten an der Elbe – wie früher. Ab und zu fährt ein
schwer beladener Kahn vorbei – auch wie früher.

Vermisst sie ihn manchmal noch, ihren John?

»Ich denke manchmal an ihn, komischerweise aber immer
nur, wenn ich im Bett liege. Ganz komisch, ich sitze nie hier
in der Küche und denke an ihn. Aber wenn ich im Bett liege,
dann erinnere ich mich an vieles wieder. Ich weiß nicht, warum. Ich glaube, wenn ich im Bett liege, habe ich das Gefühl,
ich lebe auch nicht mehr.«

In der Trauer um John findet Inge ein wenig Trost im
Glauben an ein Leben nach dem Tod. Sie spricht mit ihm
und mit anderen verstorbenen Lieben, nicht leise, nein, laut
vor sich hin, gen Himmel schauend, als könnte sie ihn dort
tatsächlich zwischen den Wolken erkennen. »Was glauben
Sie, wer dort oben alles auf mich wartet?«, fragt sie einmal
einen Journalisten. »Meine beiden Männer, meine Eltern
und mein Bruder. Die beschützen mich doch nur deshalb
noch hier unten, weil sie der Meinung sind, dass wenigstens
einer ein bisschen Vernunft walten lassen muss.« An besonderen Tagen des Jahres, zum Geburtstag, an Silvester oder
auch einfach, wenn der Himmel besonders klar ist, schaut sie
nach oben und hält Zwiesprache mit denen, die da vermeint-
lich zwischen den Sternen hocken. »Sie spricht mit allem,
was über ihr ist«, weiß Kerstin de Ahna. »Sie bedankt sich
nach oben, sie bittet auch. Sie sagt oft: Ich weiß ja nicht, was
der da oben mit mir vorhat.«

Inge Meysel gehört keiner Religionsgemeinschaft an. Sie
sei freireligiös erzogen worden, erzählt sie selbst, »weil sich
damals die beiden Familien nicht einigen konnten, wessen
Religion denn das Kind haben sollte«. Ihre Eltern, Grete und

Julius, wollen es sich mit keinem der Großeltern verderben, zumal sie von beiden Seiten finanzielle Unterstützung erhalten, und beschließen deshalb, Inge solle später selbst entscheiden, welche Religion sie annehmen wolle.

Jüdische Traditionen und Feste lernt Inge bei Oma Meysel kennen, die zu ihrem großen Missfallen keinen ihrer drei Söhne davon hat abhalten können, eine Christin zu heiraten. Bei ihr isst Inge regelmäßig koscher, doch hat sie nie so recht begriffen, was es mit der strikten Trennung von »Milchigem« und »Fleischigem« auf sich hat. Julius hat mit der jüdischen Religion nicht allzu viel im Sinn, geht nie in die Synagoge und beschließt von vornherein, wenn er einen Sohn bekommt, solle der auf keinen Fall beschnitten werden, denn dann habe er »kein Amusement«.

Die Atmosphäre zu Hause ist eher christlich geprägt. So feiert man in Inges Elternhaus Ostern, Pfingsten und Weihnachten, mit Liedern, Gedichten und Tannenbaum. Inge darf die Weihnachtsgeschichte hersagen. Die kann sie heute noch auswendig und erzählt sie sich selbst, wenn sie am Heiligen Abend allein ist. Als Kind fragt sie ihre Mutter manchmal: »Mama, warum war Papa zu Jesus so böse?« Und dann antwortet diese: »Das war nicht Papa. Das waren seine Vorfahren.« Die christliche Ausrichtung des Meyselschen Haushalts ändert natürlich nichts daran, dass Julius von den Nazis als Jude verfolgt wird, Inge und ihr Bruder Harry als »Mischlinge« diskriminiert werden.

Eines Morgens 1936 schnappt sich Grete ihre beiden erwachsenen Kinder, deutet an, sie habe etwas mit ihnen vor, nimmt sich ein Taxi – sehr ungewöhnlich, denn dafür hatten sie nun eigentlich kein Geld mehr – und fährt mit ihnen in die Lazaruskirche in der vertrauten Kadiner Straße, jenes Gotteshaus, vor dem Oma Hansen gestorben ist. Erst als sie aussteigen, klärt Grete sie über den Zweck der Fahrt auf:

»Macht keinen Zinnober, es ist gut für euch und noch besser für Papa. Ihr werdet jetzt von dem alten Pfarrer Kracht, ihr kennt ihn ja, getauft. Euer Dissidententum ist nicht gut für Mischlinge.« Inge und Harry können nicht fassen, was ihnen widerfährt. »Vielleicht rettet es eines Tages euren Vater«, setzt Grete noch hinzu. Vor diesem Hintergrund lassen die beiden die Taufe über sich ergehen, erzählen allerdings niemandem davon, schon gar nicht Julius, denn sie schämen sich sehr. Der Akt der Verzweiflung hat nichts geholfen. Für Inge bleibt dieses Ereignis ohne jegliche religiöse Bedeutung, sie fühlt sich nach wie vor nicht getauft.

Ist sie denn in irgendeiner Form gläubig – ohne Konfession, ohne Zugehörigkeit zu einer Gemeinde? »Ja«, antwortet sie, »ich glaube, dass es da oben jemand gibt. Ich kann Ihnen nicht sagen, ob es ein einzelner Herr ist. Es ist auch möglich, dass es nur der Himmel als solcher ist, der auf uns Einfluss hat. Aber ich glaube, dass da etwas ist. Bei schlechtem Wetter bekomme ich Kopfschmerzen, bei gutem Wetter bin ich ganz fröhlich. Wenn es donnert und blitzt, habe ich Angst. Ich habe übrigens noch keinen Blitz abbekommen, während drei Nachbarn schon einen Blitz hatten. Da habe ich gesagt: ›Danke schön!‹, anstatt dass es mir für sie Leid getan hat.«

Vielleicht sitzt da oben ja auch eine einzelne Dame? »Nein, nein! Gott ist ein Mann, ein gütiger Mann, der viel Vergnügen an allem hat, denn sonst hätte er doch nicht die ganzen Engel um sich herum.« Wer oder was auch immer es sein mag, sie ist überzeugt, dass eine unbekannte Macht existiert: »Ich glaube an ein Gesetz über mir.«

Und worin, glaubt sie, besteht der Sinn des Lebens? »Na, im Leben selbst. Im Dasein. Im Atmen!«

Dralle Typen –
Klauen mit Augen und Ohren

Während Inge Meysel persönlich mit dem vielleicht härtesten Schicksalsschlag ihres Lebens hadert, geht es beruflich stetig bergauf. Ob im Fernsehen oder im Theater, sie ist die Garantin für hohe Einschaltquoten und ausverkaufte Säle. Zeitungen und Kritiker erklären sie mindestens einmal pro Monat zur »beliebtesten deutschen Schauspielerin«. 1965 erhält sie die erste »Goldene Kamera« der Fernsehzeitung »Hör Zu«, in den folgenden Jahren fünf goldene »Bambis« des Verlegers Franz Burda, von 1961 bis 71 neunmal den »Otto« des Teenie-Blattes »Bravo« und außerdem den »Goldenen Bildschirm« der Zeitschrift »TV Hören und Sehen«.

Intendanten der großen Theater richten sich nach ihrem Zeitplan, beim Fernsehen kann sie Rollen annehmen oder ablehnen, wie es ihr passt, ohne Nachteile zu riskieren. Sie erhält kiloweise Fanpost, drei-, vierhundert Briefe in der Woche, nach ihrem Gastauftritt in »Heiteres Beruferaten« gar nahezu 2000 Zuschriften. Exakte Adresse ist nicht nötig; »Frau Inge Meysel, Deutschland«, das reicht, die Post kommt an, denn jeder kennt sie. Auch im Osten Deutschlands schaltet man ein, wenn sie im Westfernsehen zu sehen ist.

Inge Meysel ist ständig präsent, so scheint es. Böse Zungen sprechen sogar von der »Marathon-Meysel«. Dabei versucht sie doch, sich rar zu machen, ist als »Serien-Bremse« bekannt, weil sie die Anzahl der geplanten Folgen regelmäßig durch zähe Verhandlungen drückt. Helga Mauersberger, seinerzeit Redakteurin beim NDR, weiß noch, dass Inge Meysel es zunächst ganz abgelehnt hat, Serien zu drehen, schließlich einwilligte unter der Bedingung, nicht mehr als drei oder vier Episoden im Jahr zu produzieren. Und dann erschien sie doch 13-mal als »Gertrud Stranitzki« (1966–68) und ebenso oft als »Ida Rogalski« (1969), zwei Figuren aus der Berliner Modewelt, beide Drehbücher geschrieben von Curt Flatow, dem Autor des erfolgreichen Theaterstücks »Fenster zum Flur«.

»Vorabendserie – das war nicht gerade der Sündenfall«, meint Helga Mauersberger, »aber bei den Fernsehspielchefs waren die Vorabendserien nicht so ganz en vogue. Sie dienten der Unterhaltung und liefen zu einer Uhrzeit, wo Werbung verkauft wurde. Das konnte doch keine qualitative, kulturelle Leistung ergeben. Es gab damals den Index minus 6 bis plus 6. So richtig eingefleischte Fernsehspielmenschen, die glaubten, das Fernsehspiel als Kunstform könne sich wie Drama oder Komödie durchsetzen, die waren dann immer ganz selig, wenn sie minus 6 hatten, denn Publikumserfolg wollten sie damals noch nicht. Das war eine andere Zeit.«

Inge Meysel ist da etwas anders gestrickt als die TV-Chefs. Sie will durchaus den Publikumserfolg, will sich aber durch zu häufiges Erscheinen nicht abnutzen. »Ich bin keine Serientante«, verkündet sie deshalb. »Nach einem Zuviel an Arbeit tritt immer der Zeitpunkt ein, wo ich die Gesichter selbst der liebsten Kollegen nicht mehr sehen kann. Meines

Sabine Stamer

natürlich auch nicht.« Die Zuschauer hingegen können offensichtlich nicht genug von ihr bekommen.

Was lieben die Leute so sehr an der Meysel?

Inge Meysel ist nicht nur ein Profi, sie erscheint in ihren Rollen als Mensch wie du und ich, mit denselben Sorgen und Nöten: zu wenig Geld, Streit mit dem Mann, Ärger mit den Kindern. Sie hat dieselben Probleme wie jedermann und packt sie an. Die Zuschauer, besser gesagt: die Zuschauerinnen identifizieren sich mit ihr. Sie ist eine von ihnen. Sie wirkt echt, und sie ist einfach.

Eltern akzeptieren sie, die im wahren Leben keine Kinder hat, als kompetente Ratgeberin in Erziehungsfragen. Millionen sehen in ihr den Idealtyp einer Mutter: eine Mutter, wie sie sie gern hätten oder gehabt hätten oder selbst gern wären. Streng, aber herzlich. Patent und realistisch. Resolut, aber humorvoll. Bieder, solide, aufrecht, doch kein Muttchen, sondern eine kämpfende Mutter, die alle Lebenslagen meistert. Unsentimental, wie sie ist, bewahrt sie die Mutterrollen mit einer guten Portion Ironie und Komik vor zu viel Gefühlsduselei. Ihre Stimme ist ihr Markenzeichen: rau und vibrierend, spröde und gleichzeitig warm, oft ein wenig zitternd und dabei so entschlossen.

Anni Wiesner, Eliza Gant, Mutter Wolffen, Käthe Scholz – durchweg Frauen der unteren Gesellschaftsschichten, sich durch den schwierigen Alltag kämpfend, auf ein besseres Leben hoffend. »Ich spiele ganz gerne einfache dralle Typen«, sagt Inge Meysel in einem Interview 1967. »Die gucke ich mir von den Menschen auf der Straße ab. Ich klaue mit Augen und Ohren. Da lernt man furchtbar viel dazu.« Kein Wunder, dass sie so authentisch wirkt. Sie imitiert die Frau von der Straße täuschend echt. Auch in punkto Ausstattung besteht sie – ob auf der Bühne oder vor der Kamera – auf unverfälschter Nachbildung der Wirklichkeit. Wenn Mutter

Wiesner Bratkartoffeln bruzelt, dann zieht appetitanregender Duft durchs Parkett. Wenn sie als heißblütige Italienerin Serafina einen dunklen Typ verkörpern soll, dann reicht keine Perücke, dann werden die Haare schwarz gefärbt.

Das alles macht nun noch kein Erfolgsrezept, doch garniert mit einem Schuss Meysel – sprich Keckheit, schier unerschöpflicher Energie und einem herzhaften Lachen – ist diese Frau unschlagbar.

Sie verbinde gesunden Menschenverstand und Volkes Stimme, meint Thilo Kleine, Geschäftsführer der Bavaria Filmgesellschaft. »Sie hat in einer gewissen Weise Ähnlichkeit in der Wirkung mit Heinz Rühmann. Sie ist eine Protagonistin für die kleinen Leute, und zwar für die kleinen Leute in uns allen, also für die, die um Ehrlichkeit kämpfen, die ihre Ängste haben und ihre Ängste besiegen. Für die mit dem kleinen Mut, nicht mit dem großen Mut. Da hat sie geniale Momente.«

Wie kaum eine andere Schauspielerin wird Inge Meysel mit ihrer Rolle assoziiert. Inge Meysel ist Käthe Scholz, Käthe Scholz ist Inge Meysel. Wenn sie sich selbst gespielt habe, so ihr früherer Produzent Gyula Trebitsch, dann sei sie großartig gewesen. »Sie hat sich mit der Rolle identifiziert. Ich glaube, sie hat die Rolle immer weitergespielt zu Hause. Das ist schon nicht alltäglich. Sehr gute Schauspieler, die leben mit der Rolle.«

Inge genießt es, wenn die Zuschauer ihre Darstellung für Realität halten und den Schluss ziehen, diese Frau lasse sich im Privatleben ebenso wenig die Butter vom Brot nehmen wie im Fernsehen. »Wenn ich in ihrer Stube bin, wissen sie gar nicht mehr, dass ich Inge Meysel heiße. Dann kommen sie wirklich auf der Straße auf mich zu und begrüßen mich als Frau Wolffen oder Frau Stranitzki.« Als sie einmal eine Zuschauerin darauf hinweist, sie heiße aber Inge Meysel, ruft die hoch erfreut: »Nein, wie schön, Sie haben geheiratet! Meinen Glückwunsch!« »Das liebe ich«, amüsiert sich die prominente Schauspielerin, »denn dann merke ich, dass die Menschen vergessen, dass sie eigentlich Theater sehen und geschminkte Menschen.«

Dabei hat Inge privat rein äußerlich mit diesen Frauen in Kittelschürze oder Strickjacke recht wenig gemeinsam. Sie ist eine mondäne Erscheinung. Sie liebt Champagner und Kaviar. Sie stöckelt gern auf hohen Hacken daher, wirft sich einen Nerz um den Hals, ist eins a frisiert, trägt auffälligen Schmuck, viele Ringe und imposante farbige Ohrringe, legt äußerst großen Wert auf weibliche Accessoires wie Handschuhe, Handtaschen und, wie bereits erwähnt, vor allem Hüte. Selbstverständlich werden diese Allüren und Vorlieben in die Arbeit eingebracht. »Eine Frau ohne Hut ist nicht angezogen«, befindet sie und nennt mehrere Dutzend ihr Eigen. Muss der Bestand modernisiert werden, verschenkt sie den einen oder anderen oder spendet ein paar Modelle für Auktionen zu wohltätigen Zwecken.

»Ich kenne kaum was von ihr, wo sie ohne Hut ist«, sagt Elke Lustig, die seit Mitte der 50er Jahre als Garderobiere mit Inge Meysel arbeitet. »Sie ist nun mal ein großer Hut-Fan. Die wurden sehr oft angefertigt, und zwar sehr teuer. Dann muss die Produktion halt in den sauren Apfel beißen. Und das wird dann auch getan.«

Nicht immer deckt sich der exklusive Meyselsche Geschmack mit den Erfordernissen der jeweiligen Rolle. Und wenn dann die Eitelkeit Oberwasser gewinnt, kommt es vor, dass Inge für einen Moment vergisst, dass Authentizität ihr Markenzeichen ist. »Plötzlich wollte sie aus der Rolle etwas ganz anderes machen«, weiß Elke Lustig noch, »andere Sachen tragen, entweder ganz andere Farben oder einen ganz anderen Schnitt. Sie hat immer versucht, sich durchzusetzen.« Und oft mit Erfolg: »Einmal sollte sie einen wunderschönen Mantel mit etwas weiter geschnittenen Ärmeln tragen. Wir wollten drehen, und schon ging das Theater los. Da musste ich auf die Schnelle die Ärmel kürzer und enger machen. Alle warteten. Das war nicht angenehm, aber man hat ja einen grundsätzlichen Friedenswillen.«

Elke Lustig hat keinen leichten Job. Die ansonsten so professionelle Schauspielerin zeigt sich beim Ankleiden nicht selten launisch: »Sie sagt dann bei der Anprobe: ›O. k., wunderschön.‹ Und wenn sie es dann zum Drehen anziehen soll, heißt es: ›Das habe ich nie probiert! Dies passt nicht, und das passt nicht, und das wollte ich doch alles ganz anders haben.‹ Dann muss man sehr lange mit ihr reden, bis sie es doch anzieht.« Und, kann man die eigensinnige Inge überzeugen? »Jou!«, meint Elke Lustig. »Meistens habe ich gewonnen.«

Robert Stromberger konnte einige seltsame Anwandlungen der von ihm erschaffenen Käthe Scholz nicht verhindern. Zum Beispiel habe sie anfangs so ein bescheidenes Kapotthütchen wie jede Durchschnittsfrau damals getragen. Doch wenige Jahre später – ihre Rolle hatte sich eigentlich nicht grundsätzlich verändert – sei sie plötzlich mit einem »Panama-Hut von ungeheurer Eleganz« erschienen. So einen Hut habe Frau Scholz sich gar nicht leisten können. »Das war nicht mehr die Inge Meysel, die die Ehrlichkeit vom Anfang hatte«, meint Stromberger. »Sie war anfällig für ihre Wünsche, hübscher auszusehen.«

Die Zuschauer stört das nicht. Sie halten Inge Meysel trotzdem für reell. Der feine Hut, an sich unpassend, wirkt vielleicht als kleines Zeichen der Hoffnung, denn im Grunde träumen doch alle davon, Dinge zu besitzen, die sie sich nicht leisten können … Die Meyselsche Glaubwürdigkeit kann durch eine unstimmige Requisite nicht gefährdet wer-

Sabine Stamer

den, denn sie beruht nicht auf Äußerlichkeiten, sondern auf inhaltlichen Werten.

»Sie spielt ihre Grundüberzeugung«, meint Thilo Kleine von der Bavaria Filmgesellschaft, »und das ist herausragend, wenn sich die Moral des Schauspielers in den Figuren wiederfindet. Sie ist keine Verstellschauspielerin, sondern eine gewisse innere Haltung fließt in die Rollen ein. Das ist bei ihr sehr stark. Darum hat sie auch diese Überzeugungskraft beim Publikum.«

Inge Meysel wirkt so überzeugend, weil sie kennt, was sie spielt. Sie kennt den Erfolg, das Glück und den Wohlstand. Doch kennt sie das Leben auch von der anderen Seite. Sie kennt Demütigung, Armut und Gefahr. Sie hat tatsächlich um ihr Überleben kämpfen müssen. Sie hat geliebt und verloren. Trauer und Schmerz sind ein Teil von ihr. Und wenn sie spielt, dann braucht sie nicht so zu tun als ob, dann erinnert sie sich an ihre erlebten Gefühle. »Man merkt ihre Lebensklugheit«, fällt Thilo Kleine auf, »und dass sie ein wirkliches Schicksal hinter sich hat. Deshalb kann sie Menschen und Situationen einschätzen.« Sie leistet Lebenshilfe aufgrund eigener Erfahrungen. In gewisser Weise demonstriert sie mit jeder Rolle, wie sie persönlich mit ihren Problemen fertig wird: Wie sie den Tod ihres Mannes verwunden, wie sie das »Dritte Reich« überstanden hat.

Inge Meysel gilt als moralische Instanz. Sie lehrt eine Grundhaltung. Sie lehrt Tugenden. Sie habe einige gute Fernsehrollen abgelehnt, sagt sie, weil sie nicht verantworten könne, damit identifiziert zu werden, darunter eine Mutter, die verhindern will, dass ihre Tochter einen Schwarzen heiratet. »Wenn ich zum Beispiel im Film sagen würde: Du kannst doch keinen Neger heiraten. Weißt du nicht, dass Neger riechen?« Dann, so befürchtet sie, würden Tausende Mütter dieser Nation ihren Töchtern gegenüber womöglich genauso argumentieren. Ausländerfeindliche Rollen würde sie niemals annehmen. »Ich kann dem Publikum ja nicht sagen, hallo, das ist nur die Rolle. Inge Meysel und die Rolle sind für die Leute identisch. Ich erlebe es immer wieder auf Tourneen, dass Menschen nach der Vorstellung zu mir kommen und sagen: ›Na, und wie Sie wieder ihren eigenen Text gemacht haben – die andern, ja, die sprechen das, was im Buch steht, aber Sie …‹ Wenn Gerhart Hauptmanns Mutter Wolffen auf dem Bildschirm das Gesetz bricht, so wird sie persönlich anschließend in Schutz genommen, der Diebstahl sei legitim gewesen, sie habe es ja für ihre Kinder getan. Deswegen dürfe sie eigentlich keine Mörderin spielen, gibt Inge selbst zu bedenken. Einige wenige Male tut sie es doch: in der ARD-Serie »Polizeiruf 110« zum Beispiel, doch erscheint sie hier keineswegs als grausame Täterin, sondern als eine Frau, die sich zur Wehr setzt. In den 8oer Jahren spielt sie Maxim Gorkis Wassa Schelesnowa, eine hartherzige und eiskalte Geschäftsfrau, die ihren Mann um die Ecke bringt. Allerdings interpretiert sie diese Rolle anders als viele ihrer Kolleginnen: »Ich könnte sie nicht spielen wie einst Therese Giehse, als monströses Ungeheuer«, erklärt sie 1983 im Rahmen ihrer Tournee als Schelesnowa. »Das Publikum würde sich totlachen über mich. Jede Zeit hat ihr Pathos, ihren Witz, ihre Bosheit. Ich spiele die Bosheit mit einem Lächeln.« So zeigt sie Gorkis Figur nicht als bösartiges Scheusal, sondern als vom Schicksal geformt, ja verbogen.

Gerade mit diesem Theaterstück, zunächst aufgeführt 1980 im Hamburger Ernst-Deutsch-Theater, stellt sie noch einmal unter Beweis, wie vielfältig ihr schauspielerisches Können ist. »Sie hatte im Theater eine unglaubliche Konsequenz, auch unsympathisch oder hässlich zu sein. Natürlich hatte sie da auch andere Regisseure«, stellt Karin Veit fest, die Inge zwischen 1976 und 1993 auf vielen Tourneen be-

Sabine Stamer

gleitet hat und heute Intendantin des Schlosstheaters Celle ist.

Dem TV-Publikum dagegen muss ihr Rollenrepertoire in jener Zeit relativ eng erscheinen. Denn das Fernsehen legt sie mehr als das Theater auf einen bestimmten Typus fest. Oder ist es vielmehr andersherum? Prägt sie dieses Klischee, verlangt sie geradezu danach? Vermutlich bedingt das eine das andere: Einmal erfolgreich als »Mutter der Nation«, möchten weder die Sender noch die Schauspielerin selbst auf das Erprobte verzichten. Filmautor Franz Xaver Kroetz scheint 1975 einen Ausweg aus dem Dilemma zu bieten und schafft ihr die Möglichkeit, sich gleichzeitig rollenkonform und vielseitig zu zeigen: In »Mütter« verkörpert Inge acht sehr verschiedene Mutter-Typen, von der verbitterten Schlampe bis zur frivolen Weltfrau.

Doch im Endeffekt schafft sie es, jede Rolle auf Meysel-eigene Art zu füllen, und erscheint ihr etwas nicht typisch genug, so setzt sie alles daran, Drehbuch, Rolle und Regisseur so lange zu bearbeiten, bis es ihr gefällt. Die Vorbereitungen zum Dreh, so Gyula Trebitsch, seien nie einfach gewesen, aber wenn sie dann eine Rolle akzeptiert habe, habe sie sich hundertprozentig an die Absprachen gehalten. Schon in frühen Jahren hat nicht sie sich den Verhältnissen angepasst, sondern sie hat stets alles darangesetzt, die Verhältnisse für sich passend zu machen. Manfred Steffen, der schon gleich nach dem Krieg mit ihr im Thalia auf der Bühne stand, bestätigt das: »Sie hat die Rollen immer auf sich zurechtgebogen. Es gibt Schauspieler, die kriechen in eine Rolle hinein, verändern sich und sehen dann ganz anders aus. Andere biegen die Rolle auf sich zu. Und so ist das bei Inge Meysel. Es ist toll, wie sie da vieles aus ihrem Erlebten erkennbar macht.«

Während sie sich im Glanz des Ruhmes als »Mutter der

Nation« sonnt, sehnt sie sich gleichzeitig danach, die ganze Bandbreite ihrer Wandlungsfähigkeit zur Geltung kommen zu lassen. Ihr Verhältnis zu dieser Ehrenbezeichnung, die sie mal als »Blödsinn«, mal als »Liebestitel« etikettiert, ist sehr ambivalent. »Mein Gott, hören Sie endlich auf mit dem Quatsch von der Mutter der Nation!«, wettert sie, wenn sie es gerade mal nicht mehr leiden kann, um dann an einem anderen Tag zu versichern, sie höre dieses Kompliment nun im Alter lieber denn je. Je älter sie wird, desto mehr scheint sie sich jedenfalls mit der ihr zugewiesenen Rolle abzufinden. »Ich muss ein Volk bewundern, das es sich gefallen ließ, eine so renitente Person wie mich als Mutter zu haben. Das ehrt das Volk, denn es hätte sich ja einen attraktiven Busenstar dafür wählen können. Aber man hat sich mich gefallen lassen, und ich habe es mir dann auch gefallen lassen.« Denkwürdig findet sie, ausgerechnet Mutter dieser Nation, die sie als »Halbjüdin« verfolgte, geworden zu sein.

Anfang der 70er Jahre, als »Die Unverbesserlichen« eingestellt werden, unternimmt sie Anstrengungen, sich vom alten Klischee loszueisen. Sie kündigt an, eine Fernsehpause einzulegen, um sich vom volkstümlichen Mutterstigma zu distanzieren. »Ich möchte mich frei machen von aller Typisierung«, erklärt sie. »Weg von der Volksschauspielerin!« 1971 willigt sie ein, mal etwas ganz anderes zu machen und in einer Operette mitzuwirken: »Orpheus in der Unterwelt« von Jacques Offenbach, inszeniert an der Hamburger Staatsoper. So wird aus der weltlichen Frau Mama die Göttermutter Juno. Vier Korrepetitoren verschleißt sie, doch der damalige Intendant Rolf Liebermann tröstet sich: »Was ihr an Stimme fehlte, hat sie durch Temperament und Tanzwütigkeit wieder wettgemacht.«

Ein »dummer Streit«, so die Schauspielerin selbst, trennte sie 1972 von ihrem treuen Freund und Produzenten Gyula

Sabine Stamer

Trebitsch. Sie arbeitet von nun an mit Hans Redlbach, Produktionsleiter der Ufa-Bertelsmann in Berlin.

Man muss sich heute klar machen, dass Inge Meysel Anfang der 70er Jahre die 60 überschritten hat und rein rechnerisch bereits die »Großmutter der Nation« sein könnte. Doch sie erhält nach wie vor überwiegend Angebote für die immer gleichen Mutterrollen und stöhnt deshalb: »Lasst mir um Gottes willen mein Alter und die Fernsehmutti in der Versenkung verschwinden!« Da fordert die Natur ihr Recht, und mit der Zeit merken auch die Drehbuchschreiber, dass sie den Meysel-Rollen ein anderes Profil zu geben haben. So darf sie denn 1974 für das ZDF eine »Geschiedene Frau« spielen.

Doch eigentlich ändert sich damit nur das Etikett, der Kern bleibt: Auch als Geschiedene meistert sie patent ihre Lebenskrise, macht vor, wie man sich eigenhändig aus jedem Debakel befreien kann – und dabei noch lacht.

Die Küchenrevoluzzerin –
»Ob tot oder lebendig,
ich spiele!«

Als Frau, die ihr Leben selbst in die Hand nimmt, die eher Vorschriften macht, als sich welche machen zu lassen, als weibliches Familienoberhaupt macht Inge Meysel sich einen Namen in einer Zeit, wo von Emanzipation noch nicht groß die Rede ist. Die Überlegenheit des Mannes gilt noch als naturgegeben, die Verbannung der Frauen an den Herd wird für eine Selbstverständlichkeit gehalten, obwohl sie während des Kriegs und danach sehr wohl bewiesen haben, dass sie zu ganz anderen Leistungen fähig sind. Der kleine Unterschied ist groß und gesetzlich verankert. Inge Meysel aber macht den Mund auf und mischt sich ein in Dinge, von denen gemeinhin angenommen wird, sie gingen Frauen nichts an. Sie mischt sich ein in die Politik und wünscht sich mehr Frauen in politischen Positionen. Auch dafür wird sie geliebt.

»Sie ist eine Künstlerin, die nicht abgehoben ist«, erklärt sich Schauspielkollege Peter Striebeck ihre Popularität, »sie war damals schon geradeaus. Sie erschien vielen Leuten mutig. Sie hat das ausgesprochen, was andere sich nicht getraut haben. Sie hat Position bezogen, auch politisch und in gesellschaftlichen Fragen. Sie hat durch ihre Haltung, durch ihr Auftreten vielen Leuten Mut gemacht, dass man sich behaupten kann und wehren muss und nicht alles hinzunehmen braucht. Insofern hat sie etwas von einer Revolutionärin, sagen wir mal von so einer Küchenrevoluzzerin.«

Wenn Inge Meysel sich mit unkonventionellen Ansichten zu Wort meldet – und das tut sie mit zunehmendem Alter immer lieber –, dann nimmt ihr das die eher konservative Fangemeinde nicht übel. So hat sie auch keinerlei Bedenken, schon 1966 am Berliner Hebbel-Theater in »Sister George muss sterben« eine Lesbierin zu spielen. Die lesbische Schauspielerin George verliert ihre Rolle in einer erfolgreichen Fernsehserie und merkt plötzlich, dass sie keine anderen Angebote und Perspektiven hat, als die Stimme einer Kuh im Kinderprogramm zu übernehmen. Obendrein geht ihre Lebenspartnerin Childie auch noch fremd. Das Leben der alternden Schauspielerin droht auseinander zu fallen. Ein Stück, das mit seiner Tragikomik wie geschaffen zu sein scheint für Inge Meysel.

Es entpuppt sich allerdings als Flop und totale Pleite. Die Kritiker zerreißen es in der Luft. Die vier Schauspielerinnen – neben Inge Grit Böttcher, Eva Maria Meinecke und Ljuba Welitsch – nehmen Buch und Regie selbst in die Hand und präsentieren eine veränderte Inszenierung. Vier Wochen lang ist das Theater ausverkauft; die Schwulen und Lesben der Stadt füllen die Ränge. Doch nachdem auch der letzte Homosexuelle die Vorstellung angeschaut hat, herrscht im Hebbel-Theater gähnende Leere. Ist das Thema Schuld? Die Regie, das Drehbuch oder die Schauspielerinnen? Oder will einfach niemand die populäre Inge Meysel als Lesbe sehen? Sie selbst ist überzeugt, zwei, drei Jahre später, mit der 68er Bewegung wäre die »Sister George« ganz anders angekommen, und zählt das Stück später zu ihren Lieblingsrollen.

Mit ihrer persönlichen Meinung über Homosexualität hält Inge in jenen Jahren noch hinterm Berg. Erst Anfang der 80er erzählt sie einer Illustrierten, dass sie in jungen Jahren lesbische Beziehungen gehabt habe. Furore macht das allerdings erst, als sie kurz vor ihrem 90. Geburtstag noch einmal darauf zurückkommt und verkündet: »Wer nicht bisexuell ist, verpasst doch das Beste!« Sie bereue ihre sexuellen Erlebnisse nicht. Man solle in diesem Leben alles ausprobieren, sonst sterbe man verblödet. Die Liebe nicht auf das jeweils andere Geschlecht zu beschränken, empfiehlt sie, und prompt verbreitet sich die Nachricht wie ein Lauffeuer: Inge Meysel ist lesbisch! Oder wenigstens »bi«.

Wirklich? Oder wollte sie wieder einmal nur provozieren? Das sei nur so eine Masche, meinen einige, die sie kennen. Nein, konstatiert sie, mittlerweile 92 Jahre alt. »Ich weiß, dass ich zuerst lesbisch war – heute sagt man lesbisch –, also zuerst mit einer Frau zusammen war, in Zwickau, mit der ›komischen Alten‹, die keine komische Alte war, sondern eine ganz fabelhaft aussehende Person. Mit der habe ich schon richtig geschlafen und die mit mir. Und erst als richtig die Männer kamen, hab ich gedacht: Da ist ja mehr los!« In manchen Kreisen, besonders unter Intellektuellen und Künstlern, galt es während der 20er Jahre geradezu als schick, homosexuelle Beziehungen zu haben. War das Verhältnis zur »komischen Alten« ihre einzige erotische Erfahrung mit einer Frau? »Später mal mit einer anderen. Ich habe auf Frauen gestanden. Und meine Freundschaften mit Frauen haben sich oft am Busen bewegt. Ich habe auch heute etwas für Frauen übrig, im Alter sehe ich mir Frauen anders an, als Frauen normalerweise Frauen angucken, glaube ich.« 1966 als »Sister George« scheinen Inge solcherlei Geständ-

nisse allerdings noch nicht opportun. Und als die Studentenbewegung zwei Jahre später die Sitten lockert, ist längst Gras
gewachsen über den Reinfall am Hebbel-Theater.

Inge Meysel lässt sich nicht mitreißen von den »68ern«,
die die ganze Gesellschaft aus den Angeln heben wollen.
Trotz ihrer frechen »Berliner Schnauze«, ihrer emanzipato-
rischen Grundhaltung und so mancher unorthodoxer Ansichten ist sie eindeutig eine Repräsentantin der wohlerzogenen Mittelklasse, sowohl privat als auch auf der Bühne. Und
sie ist eine Vertreterin der älteren Generation, von den überwiegend jungen Revoltierenden belächelt, obwohl sie sich
aufgrund ihrer Verfolgung durch die Nazis als Bündnispart-
nerin der Bewegung hätte eignen können.

Doch vielen ist nicht einmal bekannt, dass die prominente
Schauspielerin einen jüdischen Vater hat und deswegen so
lange ihren Beruf nicht ausüben durfte. »Volksschauspielerin« klingt in ihren Ohren nach Schunkeln und Deutschtü-
melei, und gerade damit wollen sie doch brechen. Auch suchen sie sich abzusetzen von den Maximen und Werten ihrer
zumeist mittelständischen Eltern, für die Erfolg und Geld
von so großer Bedeutung sind. Die arrivierte, etablierte ältere Dame gehört nicht zu ihnen – trotz ihres rebellischen
Charakters.

Inge Meysel hegt eine gewisse Sympathie für die Kom-
promisslosigkeit der Jugend, fühlt sich jedoch nicht so recht
zur Studentenbewegung hingezogen. Politik, Berufliches
und Privates müsse man trennen, meint sie und lässt sich von
der »Bild«-Zeitung zur Weihnachtsfeier einladen, während
andere gegen das »Hetzblatt« demonstrieren.

Doch in gewissem Sinne wird auch sie vom politischen
Sturm jener Zeit erfasst. Sie wagt sich aufs parteipolitische
Parkett und wirbt vor der Bundestagswahl 1969 für den
Kanzlerkandidaten Willy Brandt. »In meinem Elternhaus

Sabine Stamer

hieß es immer«, argumentiert sie in einer Anzeige, »man muss durch Fleiß und Tüchtigkeit etwas erreichen. Das finde ich auch. Aber Anständigkeit und Redlichkeit gehören dazu. Sehen Sie – und deshalb wähle ich Herrn Brandt. Ich halte ihn für den anständigsten, redlichsten und fähigsten Politiker, den ich kenne. Meinen Sie nicht auch, dass wir es uns nicht leisten können, auf einen solchen Mann als Kanzler zu verzichten?«

Freunde und Kollegen warnen sie davor, sich so weit aus dem Fenster zu lehnen, und ein Teil ihres Publikums nimmt ihr das Engagement tatsächlich übel. Doch als sie ein Jahr später Brandts Kniefall in Polen vor dem Mahnmal für die Opfer des Warschauer Ghetto-Aufstandes gegen die Nazis sieht, fühlt sie sich bestätigt. Sie wird der SPD in den folgenden Jahrzehnten treu bleiben, auch wenn sie für keinen sozialdemokratischen Spitzenpolitiker jemals wieder so viel Hochachtung und Sympathie empfinden wird wie für Willy Brandt.

Ihre Fans gewöhnen sich an ihre parteipolitische Zugehörigkeit, der Beliebtheit tut das keinen Abbruch. »Diese Identifikation der Zuschauer mit einem Volksschauspieler ist relativ unzerrüttbar«, meint Bavaria-Geschäftsführer Thilo Kleine. »Wenn diese Übertragung einmal stattgefunden hat – der repräsentiert uns, das sind wir, der spielt so, wie wir fühlen und denken –, dann kriegt man das nicht mehr klein. Das ist eine Übertragung, die sehr, sehr lange hält.« Eine gewisse Narrenfreiheit also, die Inge Meysel sich da erworben hat.

In der Auseinandersetzung um den Paragraphen 218, der bis 1974 Abtreibung grundsätzlich unter Strafe stellt, bekennt sich Inge Meysel gemeinsam mit anderen Frauen dazu, abgetrieben zu haben. Sie findet es »unmöglich«, dass der Staat sagt, Abtreibung sei »unanständig«, denn jede Frau müsse selbst entscheiden können, ob sie ein Kind wolle oder

nicht. Sie lässt keine Gelegenheit aus, um zu Toleranz aufzu-
rufen, wirbt um Verständnis für Menschen, die eine andere
Hautfarbe oder eine andere Religion haben. Sie protestiert
gegen § 175, der »Unzucht« unter Männern strafbar macht.
In den 80er Jahren agitiert sie gegen die Volkszählung. Als
»echte Pazifistin« spricht sie sich gegen die Einbeziehung
von Frauen in die Bundeswehr aus. Sie äußert große Sympa-
thien für die Hausbesetzer: Wenn sie jünger wäre, würde sie
sich dieser Bewegung anschließen, weil sie gegen die unge-
rechten Mietgesetze »auf die Palme« gehen wolle, sagt sie.

Ihr politisches Engagement bringt ihr 1974 eine Rolle ein,
die sie mehr als hundertmal spielt: »Die Hebamme« von
Rolf Hochhuth, der schon beim Schreiben 1970 keine andere für die Besetzung im Sinn hat als die Meysel. Das intellektuelle, politisierende Theater, mit dem in jenen Jahren expe-
rimentiert wird, interessiert sie nicht. »Theater muss Spaß
machen!«, verficht sie in Anlehnung an Bert Brecht, es könne Menschen nicht politisieren, aber: »Durch die Hintertür
der Unterhaltung ein soziales Anliegen vorbringen. Warum
nicht?« Der zeitkritische Dramatiker Rolf Hochhuth ist zu
derselben Einsicht gekommen: »In der Tat bringt Frau Meysel meiner Figur etwas mit, ohne das meine soziale Brand-
stifterin, die Obdachlose in eine neu erbaute Bundeswehrka-
serne einquartiert, nie die Bühne betreten sollte: politisches
Engagement. Das aber hebt niemals moralisierend den Zeigefinger, sondern weiß, wie völlig wirkungslos, nämlich nur
schulmeisterlich, heutzutage Sozialkritik auf der Bühne
wäre, die nicht als Komödie getarnt ist. Wer ginge noch in
ein Stück über Obdachlose – wäre das nicht ein Lustspiel?
Inge Meysel, wenn sie uns spielt, schenkt uns Autoren das,
was wir selbst nicht mehr haben: Popularität!« Inge Meysel
nutzt ihre Bekanntheit gern, um ein Anliegen zu transportie-
ren. Ihre Mutterrollen hätten doch alle etwas Politisches mit

ihrem Mut zur Aufmüpfigkeit, meint sie. Gerade in Famili-
engeschichten stecke oft jede Menge Gesellschaftskritik.
»Aber die meisten Leute wollen nur unterhalten werden,
deshalb übersehen sie das wohl geflissentlich«, bedauert sie.

Die »Hebamme« bietet eine Menge Zündstoff und ist
durchaus umstritten. Den Linksintellektuellen ist es zu
kurzweilig, den Rechten zu provozierend, denn schließlich
wendet die Hebamme Sophie illegale Mittel an, um bessere
Wohnungen für die Armen finanzieren zu können. Sie gibt
sich als Witwe eines Feldmarschalls aus, um den Lastenaus-
gleich für ein verloren gegangenes Gut in Polen zu kassieren.

Wie sehr alles, was die Hebamme sagt, auch der Schauspielerin persönlich ganz von Herzen kommt, wird sich ein
paar Jahre später erweisen, nämlich als sie 1981 mit dem
Bundesverdienstkreuz dekoriert werden soll. Das lehnt Inge
Meysel rundweg ab und könnte zur Begründung wörtlich
aus der Rolle zitieren:

»Ich nehme es nicht an, das Bundesverdienstkreuz«, verkündet Schwester Sophie unter wohlwollendem Gelächter
der Zuschauer. »Das wollen Sie mir doch immer aufnötigen
zum 70. Ich nehme es erst an, Herr Oberstadtdirektor, wenn
die Barackenbewohner wie Menschen wohnen.«

Hessen habe mehr Wohnungen für Obdachlose erstellt als
jedes andere Bundesland, rechtfertigt sich der Oberstadtdirektor, doch die Hebamme lässt sich nicht beeindrucken:

»Möglich, aber nicht für meine Patienten!«

»Man muss das Ganze sehen!«, fordert der Politiker.

»Falsch!«, findet Sophie alias Inge, »man muss das Einzelne sehen! Menschen sind Einzelne.«

Und dann verweist sie auf eine andere Verdienstmedaille,
die sie seit 1916 mit Stolz trägt.

»Die Kronprinzessin, als es noch eine gab, hat sie mir an
die Brust geheftet, als ich noch eine hatte. Diese Medaille, die

durfte ich annehmen, weil ich damals keine Baracken gesehen hab, in denen von 521 Kindern 267 unterernährt sind. So, und jetzt geh ich zu meiner Querlage! Da ist ein junger Arzt dabei, der hat mehr Angst als die Wöchnerin.«

So weit die Hebamme.

»Ich brauche keinen Orden dafür, dass ich anständig gelebt habe«, verlautbart Inge Meysel kurz und bündig, als man ihr das Kreuz umhängen will. »Ich kann Orden nicht ausstehen«, teilt sie Jahre danach in einer Fernsehsendung mit. »Wofür sollte ich das Bundesverdienstkreuz kriegen? Dass ich gute Arbeit mache, ist selbstverständlich. Ich bin eine gute Schauspielerin. Hätten doch alle Produzenten das Bundesverdienstkreuz kriegen müssen, dafür, dass sie mir die Arbeit gegeben haben. Und denen hat man es nicht gegeben. Und ich wollte es nicht. Ich bin gegen Orden, ganz ehrlich.« Bei alledem legt sie Wert darauf, die Auszeichnung »dankend« abgelehnt zu haben.

Sicher haben ihre Produzenten zu ihrem Erfolg vieles beigetragen, aber warum sollte sich eine herausragende Schauspielerin für ihr Lebenswerk nur auszeichnen lassen, wenn auch ihre Produzenten prämiert werden? Das klingt nicht sehr überzeugend. Der tiefere Grund ihrer Abneigung liegt sicherlich in der schmerzlichen Erinnerung an ihren Jule-Pa, dem die Nazis das »Eiserne Kreuz« aus dem Ersten Weltkrieg wieder abnahmen. Hätte Inge das Bundesverdienstkreuz akzeptiert, wäre es ihr pikanterweise vom Bundespräsidenten Karl Carstens, seines Zeichens ehemaliges NSDAP-Mitglied, überreicht worden.

Für die Aufführung der »Hebamme« jedenfalls hätte Inge Meysel eine Tapferkeitsmedaille allemal verdient. Am Abend vor der Premiere im Theater am Kurfürstendamm ereignet sich ein kleines Unglück: Während der Generalprobe bricht sie sich das linke Handgelenk. Keine Sekunde denkt sie daran, die Vorstellung platzen zu lassen. »Ob tot oder lebendig, ich spiele!«, verkündet sie dem Arzt, lässt sich einen Gips so dünn wie möglich anfertigen und übt sofort, mit der bandagierten Hand ihre Hebammentasche zu tragen, denn auf den Krückstock in der anderen Hand will sie auch nicht verzichten. Viermal am Abend zieht sie sich trotz der Schmerzen um, von der Schwesterntracht ins Witwenkostüm und umgekehrt.

Es ist nicht das erste und nicht das letzte Mal, dass Inge die Zähne fest zusammenbeißt und sich nichts anmerken lässt. Als Serafina delle Rose bricht sie sich den Daumen, als Madame Sans-Gêne den kleinen Finger, und als Gorkis Wassa Schelesnowa tritt sie mit gebrochenem Zeh zu den Dreharbeiten an. »Sie wollte mit Schwung eine Tür zuhauen, und da hat sie den Zeh getroffen«, erinnert sich die Garderobiere Elke Lustig. »Sie musste für die Rolle enge Schnürstiefelchen tragen. Ich dachte, das war es dann wohl, aber weit gefehlt. Wir haben erst mal alles gedreht, wo sie nur bis zur Taille oder bis zum Rocksaum zu sehen war. Dabei hatte sie Hausschuhe an. Dann haben wir die Schnürstiefel zum Schuster geschafft, der hat sie geweitet, soweit es auf die Schnelle ging. Leider gab es kein größeres Paar, und wir mussten dieselben nehmen, weil die Schuhe schon im Bild gewesen waren. Also hat sie sich hineingezwängt. Da habe ich sie wirklich bewundert. Aber sie meinte: Ich kann doch die Kollegen nicht sitzen lassen, nee, das geht nicht. Das hätte manche junge Schauspielerin nicht gemacht. Sie hat es getan. Sie ist ein absoluter Profi, so zickig und bösartig, wie sie manchmal sein kann.«

Die ihr eigene Disziplin erwartet Inge Meysel natürlich auch von anderen. Und wehe, wenn nicht ...! Man kann gar nicht zählen, wie viele Kostüm- und Maskenbildner sie zur Schnecke gemacht hat. »Sie ist immer schon ein Präzisionsfanatiker gewesen«, meint Tourneeleiterin Karin Veit. »Sie war für Leute, die sich durchzulawieren versuchen, ein Albtraum. Wenn sich z. B. ein Maskenbildner entschuldigt: ›Tut mir wahnsinnig Leid, ich hab's vergessen, ich werde versuchen, es sofort ins Lot zu bringen ...‹, dann hat sie nie etwas gesagt, aber wenn einer herumgeeiert ist, wurde sie unglaublich unangenehm. Sie ist von großer Geradheit und erzählt manchen Leuten Sachen, die die lieber gar nicht wissen wollen. Sie hält volle Pulle drauf. Sie ist ein aufrechter Mensch, mit ihren 156 Zentimetern ist sie größer als jeder Zwei-Meter-Mann. Sie ist eine Unbeugsame. Ich kann wirklich nur Positives über sie sagen, sowohl als Künstlerin als auch als Mensch. Sie ist nur nicht einfach.«

Geradezu gemein kann Inge Meysel werden, wenn es nicht nach ihrer Nase geht. Garderobieren und andere Mitarbeiter verschreckt sie reihenweise, viele wollen für die prominente Schauspielerin nicht häufiger als einmal tätig werden. Elke Lustigs Kolleginnen haben gar kein Verständnis dafür, dass sie schon seit Jahrzehnten regelmäßig für Inge Meysel arbeitet. »O Gott«, schütteln sie den Kopf, »ich hätte mit der kein zweites Mal gedreht. Du musst ja langsam einen Schaden haben.« Aber nein, Inge und Elke vertragen sich eben. Warum?

»Ich denke, viele Leute sind zwar nett und freundlich zu ihr«, erklärt Lustig sich das gute Verhältnis, »aber sie mögen sie im Grunde nicht. Und ich mag sie. Sie ist eine tolle Schauspielerin. Und sie tut mir manchmal sehr Leid. Sie ist eine ganz einsame, alte Frau. Ich mag sie einfach. Ich habe sie immer mit Respekt behandelt, und ich glaube, das war auch gut so. Viele haben hinter ihrem Rücken auf sie geschimpft und von vorne gesagt: Ach, Frau Meysel hier, Frau Meysel da. Ich habe festgestellt: Wenn man mit ihr ehrlich und nett umging, dann war sie eigentlich genauso nett. Sie konnte

Sabine Stamer

aber auch ein Teufel sein. Da gibt's so schlimme Dinge, die kann man gar nicht erzählen, das würde einem kein Mensch abnehmen.«

Schwache Menschen, die keinen Widerstand leisten, kann sie nicht ausstehen, wie beispielsweise jenen Maskenbildner, der sich nicht entscheiden kann, ob er nun der Regie oder der Generalin Meysel gehorchen soll. »Den hat sie gequält, den armen Kerl«, erinnert sich Lustig, »den hat sie beschimpft. Er sollte ihr die Wimpern nicht tuschen, die Regie wollte das nicht. Da hat sie getobt: Die Wimpern!!! Nach der Mittagspause: Du hast mir die Wimpern noch nicht wieder getuscht, die Wimpern müssen jetzt nachgezogen werden! Ohhh, den hat sie richtig geknechtet. Der musste ihr dann mit zitternden Fingern die Wimpern kleben. Ich bin 'rausgelaufen. Ich hätte ihr sonst das Drehbuch auf den Schädel gehauen.«

Elke Lustig hatte offenbar die richtige Strategie, denn sie hat solche Bösartigkeit nie persönlich erfahren. »Wenn sie mal ein bisschen ausflippte, dann habe ich sie in den Arm genommen: ›So, nun komm her, Mutter, jetzt ist Schluss! Ruhe im Karton!‹ Und dann war's gut.«

Auf Tournee –
Lampenfieber und Lebenslust

In den 70er und 80er Jahren ist Inge viel unterwegs, auf Tournee mit der Agentur Landgraf. Ein halbes Jahr Hamburg, ein halbes Jahr auf Reisen, das ist ihr Rhythmus. Als Schauspielkollege Peter Striebeck 1980 zum Intendanten des Thalia Theaters avanciert, versucht er, Inge Meysel für ihr angestammtes Haus zurückzugewinnen. Aber sie will das Rad der Geschichte nicht zurückdrehen und sagt ab: »Ich mache jetzt Fernsehen und Tourneen.« Striebeck vermutet finanzielle Gründe für diese Schwerpunktsetzung. Ein Fernsehspiel bringt immerhin 14 000 Mark – das ist der feste Satz beim öffentlich-rechtlichen Rundfunk –, eine Tournee spielt das Fünf- bis Siebenfache ein – beides allemal besser dotiert als ein fester Vertrag mit einem Stammhaus.

Was auch immer ihre Beweggründe sind, sie reist jedenfalls gern von Stadt zu Stadt. Zigmal dasselbe Stück, jeden Abend ein anderes Theater. So lernt sie Deutschland kennen, freut sie sich, und verbringt die Tage gern in Museen. Als Star der Truppe könnte sie sich im Wagen durch die Lande chauffieren lassen, doch sie zieht es vor, zusammen mit den anderen im Bus zu fahren. Zwei Betten, zwei Sofas, Tische –

»Bequemer geht es doch wirklich nicht, oder?«, fragt sie. »Wir lesen, schreiben, hören Radio, legen Patiencen, führen interessante Gespräche und politische Diskussionen.« Sie legt ihre Beine hoch, setzt ihre Schlafbrille auf, wenn sie müde ist, und schafft sich gegen aufkommende Langeweile einen kleinen Fernseher an. »Jetzt hör aber mal auf!«, lästern die Kollegen, doch sie lässt sich natürlich nicht irritieren: »Ich hab es mir immer gemütlich gemacht.«

Überpünktlich erscheint sie jeweils vor der Abfahrt und erzieht auch alle Mitreisenden zur Pünktlichkeit. »Und wenn die Abfahrt um neun Uhr war«, erinnert sich Karin Veit, »und jemand nicht um neun Uhr da war, dann war er's nur einmal nicht. Also, zu spät kommen gab's bei Meysel nicht.« Mindestens zehn Minuten vor der Abfahrt sitzt sie auf ihrem Platz. Die anderen lernen schnell, dass sie nicht gewillt ist zu warten, und vor lauter Panik, den Bus zu verpassen, ist die ganze Mannschaft immer früher als nötig startklar.

Inge Meysel ist überall bekannt wie ein bunter Hund. »Da geht die Meysel! Da geht die Meysel!«, rufen die Leute. Menschentrauben bilden sich, so groß, dass manchmal der Verkehr blockiert wird. »Ich bin einmal mit ihr durch die Stadt gegangen, das mache ich nie wieder!«, schwört Monika Peitsch. »Wir standen an jeder Ecke eine halbe Stunde, weil Leute auf sie zu rasten und sagten: Frau Meysel, ein Autogramm! Wir kamen überhaupt nicht vorwärts. Und ich stand wie blöd daneben. Ich war zwar auch schon bekannt, aber keiner sah mich. Aber deswegen war ich nicht verdrossen, sondern weil wir nicht vorwärts kamen. Sie unterhält sich mit allen, sie hat eine Engelsgeduld.«

Die Schauspielerin Kerstin de Ahna erinnert sich noch gut an einen Tag in Kissingen: »Da war Inge sehr grippig. Ich traf sie ganz klein und arm in der Stadt und sagte: ›Geh ins Bett! Was machst du hier?‹ ›Ich muss jetzt hier sein, ich muss mich zeigen‹, antwortete sie. Das war die alte Zeit. Da zeigte man sich dem Publikum. Man sprach vorher mit den Leuten und fragte: ›Haben Sie eine Karte gekauft? Warum nicht? Ich gastiere heute Abend hier.‹ Das macht man heute nicht mehr so. Sie war einer der populärsten Menschen in Deutschland. Das ist wahrscheinlich eine Sache, die man pflegen muss.«

Natürlich geht ihr der Rummel manchmal »auf die Nerven«, bemerkt Karin Veit, aber Inge habe es sich nie anmerken lassen. »Das gehört zu meinem Job, das ist mein Publikum, davon lebe ich«, hat sie klargestellt. Nur eines mag sie überhaupt nicht: Leute, die sie anfassen.

Wilhelm Wieben, einst Sprecher der »Tagesschau«, macht mit seiner guten Freundin ähnliche Erfahrungen auf Reisen. Ob in Prag oder in Petersburg, überall wird Inge von ihren Fans »gestellt«. »Sie hat mich manchmal zur Verzweiflung gebracht. Wenn sie um Autogramme gebeten wurde, hat sie immer brav gefragt: ›Wie heißen Sie bitte?‹ Statt nur zu unterschreiben. Und dann schrieb sie ganz schön und korrekt: ›Für Hannelore‹ und ›Inge Meysel‹ in ihrer schönen deutschen Schrift, in Sütterlin noch. Dabei mussten wir los, der Bus wartete auf uns.« Abends geht es dann in ein Petersburger Theater zu einer Ballettvorführung. Als sie den Saal betritt – wohlgemerkt als Zuschauerin –, brandet Applaus auf. Touristen aus der DDR haben sie sofort erspäht.

Inge Meysel liebt die Berühmtheit, sie badet darin, es ist ihr Lebenselixier. »Ich wäre doch nicht zum Theater gegangen, um unbeliebt zu werden«, konstatiert sie trocken. »Ich will von allen geliebt werden. Das tut mir sehr gut.« Im Gespräch mit dem Journalisten Friedrich Nowottny gesteht sie: »Ich lebe mit dem Ruhm sehr gern, wenn man Ruhm bitte in Anführungsstriche nimmt. Und Leute, die sagen, Berühmtheit ist nicht schön, die finde ich einfach verlogen. Es befreit einen unendlich! Es befreit einen von so vielen Dingen, die grässlich sind. Immerhin kann ich manchmal für zehn Minuten parken, wo ich eigentlich gar nicht stehen dürfte.«

Ob sie dabei nach Selbstbestätigung suche, fragt Nowottny nach.

»Es ist eine ungeheure Berauschtheit! Geht es Ihnen nicht auch so«, fragt sie zurück, »wenn Sie ein gutes Interview gemacht haben und irgendein Kameramann oder sonst wer sagt: ›Das war ein tolles Ding, was Sie da gemacht haben‹! Ist das nicht ein ungeheures Gefühl? Ist das nicht ein Moment, wo man denkt, man geht auf einer kleinen Wolke spazieren?«

So stöckelt sie dann, winzig, wie sie ist, in eines ihrer Lieblingsetablissements, das Hamburger Hotel »Vier Jahreszeiten«, und nimmt huldvoll die Verehrungen entgegen. »Wir kamen in das Hotel«, erinnert sich Thilo Kleine, »und es waren wirklich alle aufgestellt, vom kleinen Pagen über den Rezeptionschef bis zum Hoteldirektor, alle in einer Reihe. Und Inge Meysel ging dann an der Reihe entlang, gab dem Hoteldirektor die Hand – und wir dann hinterher. Also, sie hat ein Faible für Auftritte. Der Auftritt und die Honneurs sind etwas, das sie sehr mag.«

Viele, die Inge Meysel näher kennen, behaupten sogar, sie könne es nicht ertragen, nicht im Zentrum des Geschehens zu stehen, das sei für sie allzu selbstverständlich geworden. Und sollte es doch einmal vorkommen, so weiß die Schauspielerin sehr genau, mit welchen kleinen Manövern sie schnell und wirksam auf sich aufmerksam machen kann.

Im Kino zum Beispiel, wo es zu dunkel ist, um selbst die berühmteste Berühmtheit zu erkennen, da hat sie, erzählt Kerstin de Ahna, die »Angewohnheit, laut zu sprechen. Und dann schreit bestimmt irgendeiner: »Die Meysel, hast du gehört, das ist die Meysel!« Und auf der Straße stürzen die Leute auf sie zu, Türken und alle. Sie genießt es sehr. Und wehe, es ist nicht so, dann hilft sie schon ein bisschen nach.«

Betritt Inge Meysel ein Restaurant und niemand dreht sich nach ihr um, so stellt sie sich erst mal in die Mitte des Raums, hebt die Hände gen Himmel und ruft: »Ist das nicht wundervoll hier?!« So merkt auch der letzte Gast: Ah, die Meysel ist da! Und sollten es immer noch nicht alle mitbekommen haben, dann ruft sie noch ein bisschen lauter durchs Lokal, fragt auch die Bedienung ganz unerschrocken: »Kennen Sie mich nicht?«, um sie dann schließlich mit der Nase drauf zu stoßen: »Ich bin doch die Inge Meysel!«

Auch Karin Veit geht während der Tourneen öfter mit ihr essen und hat dabei Erlebnisse besonderer Art. »Sie hat sich unterm Tisch immer die Schuhe ausgezogen. Sie trägt sehr hohe Absätze, damit man sie überhaupt sieht, und die tun natürlich weh. Die also gleich weg unter den Tisch. Und dann ist sie aufgestanden und zu den anderen Tischen gegangen, weil sie überall probieren wollte. ›Sieht sehr gut aus, kann ich das kosten?‹, hat sie gesagt. Die meisten waren sozusagen taumelig von Inge Meysel und haben sie sofort gelassen. Sie hat sogar mit den Fingern hineingepatscht, sich irgendein Stückchen geholt und gesagt: ›Hm, ist aber sehr gut!‹, und dann ist sie wieder ab. Sie glauben nicht, wie viele Leute entzückt waren, dass Frau Meysel ihre Finger in ihr Essen gesteckt hat. Es gab wenige, die das nicht mochten, die wurden allerdings ganz steif. Dann hat sie noch einen Anlauf genommen: ›Ja, also, mein Name ist Inge Meysel, könnte ich …?‹ Das war schon an der Schmerzgrenze. Ich habe schließlich abgelehnt, mit ihr essen zu gehen, und ihr gesagt: ›Inge, das mach ich nimmer, das ist mir peinlich!‹«

Inge selbst ist eigentlich nichts peinlich. Verlegen oder beschämt ist sie nie. »Verwerflich finde ich jar nischt. Wenn einer andere nicht bedrängt und belastet, kann er machen, was er will.«

Und das nimmt sie für sich in Anspruch. Sie lässt sich von niemandem mehr reinreden. Sie ist Inge Meysel, Punktum. Sie zieht gern im Lokal, im Taxi, in Gottschalks Fernsehshow, wo auch immer, die Schuhe aus. Na und? Sie erscheint in Luxushotels barfuß und im Nachthemd am Frühstücksbuffet. Selbstverständlich! Sie belauscht auch Gespräche am Nebentisch, um sich dann einzumischen und zu agitieren: »CDU wählen? Sind sie bekloppt?« Und sie holt sich die Tageszeitung im Nachthemd, mit Lockenwicklern im Haar vom Kiosk gegenüber. Ist das etwa verboten?

Ist sie manchmal vielleicht nur nachlässig, hat keine Lust, darauf zu achten, wie sie wirkt und was die Leute von ihr denken könnten? Wohl kaum. Von jeher wacht sie genauestens über ihr öffentliches Image. Sie hat es über die Jahre eigenhändig kreiert. Sie hat ein genaues Bild von sich selbst und weiß sehr wohl, wie sie von der Öffentlichkeit gesehen werden möchte. Und dazu gehört ganz selbstverständlich auch ihre unverfrorene, kiebige Seite. Schließlich hat sie sich nicht als manierliches Mauerblümchen einen Namen gemacht, sondern als resolutes Muttertier mit frecher Schnauze. Wer wird ihr da übel nehmen, wenn sie manchmal die gute Kinderstube vergisst? So kostet sie ihre Freiheiten genüsslich aus. Sie liebt es zu provozieren.

Bei so viel Chuzpe und Ungeniertheit, bei so viel Anerkennung und Erfolg ahnt keiner, dass diese Schauspielerin ganz fürchterlich unter Lampenfieber leidet. »Die Stunden vor dem Auftritt sind für mich eine große Qual. Wenn ich auf Tournee bin, leiden alle anderen mit«, gesteht sie einer Programmzeitschrift Anfang der 70er Jahre. Das wird sich

Sabine Stamer

auch im Alter nicht ändern. Nach dem Mittagessen nimmt sie bis zur Vorstellung keinen Happen mehr zu sich. Wenn sie abends auf die Bühne muss, dann hat sie nachmittags schon »keinen guten Tag mehr«. Am liebsten ist sie während dieser Stunden allein.

Sobald der Bus mit dem Team vom Hotel zum Theater startet, murmelt sie in sich versunken ihren Text vor sich hin. Murmelnd sitzt sie vor dem Schminkspiegel, murmelnd begibt sie sich auf die Bühne, wo sie noch einen letzten Blick auf ihren Spickzettel wirft. Zum Glück hat sie einen ungewöhnlich niedrigen Blutdruck: »Wenn mein Herz auf der Bühne rasend klopft vor Angst, habe ich endlich normalen Blutdruck und nie Blutleere im Hirn. Der Text kann mir also nicht wegbleiben«, seufzt sie erleichtert. Wenn es ganz schlimm wird, nimmt sie auch mal eine halbe Tablette, eine Beruhigungspille. »In meinem Kopf ist immer der Gedanke, wie viele Menschen sehen mich jetzt?«

Mag der Zuspruch auch noch so groß sein, sie ist sich ihres Könnens nie ganz sicher. Wenn sie unter Applaus die Bühne verlässt, fragt sie noch im Abgang: »Gut – oder nicht?« Nicht einmal stehende Ovationen des Publikums verschaffen ihr letzte Sicherheit und Zufriedenheit mit sich selbst. So stark wie die Lust an Erfolg und Triumph ist die Angst vor dem tiefen Fall.

Natürlich setzt sie alles daran, ganz oben zu bleiben. »Immer war sie enorm vorbereitet«, bestätigt Peter Striebeck. Karin Veit bezeichnet sie gar als »Präzisionswunder« und schwärmt: »Sie konnte ihre Rollen immer. Wo andere noch gerudert haben, war sie schon perfekt.« So sieht sie auch Monika Peitsch: »Ich bewundere ihren Geist und ihr Erinnerungsvermögen. Sie vergisst nichts.« Inge lernt ihre Texte abends oder gar nachts, weil sie oft nicht schlafen kann oder häufig aufwacht. Dann studiert sie ihre Rollen und lernt sie so, wie man eben Vokabeln lernt. Das Manuskript unterm Kopfkissen hilft, sich die Worte zu merken, davon ist sie überzeugt.

Ihre Sorgfalt bezieht sich auch auf Dinge, die sie nicht unmittelbar angehen. So geht sie immer als Erste auf die Bühne und überprüft Abend für Abend aufs Penibelste die Requisiten: »Der Knopf sitzt nicht richtig, den musst du annähen«, weist sie ihren Partner Helmut Stauss eines Tages zurecht. »Man nennt sie auch den ›Zwerg Allwissend‹, weil sie sich um alles kümmert«, lautet dessen Kommentar.

Sie mischt sich in alles ein, in das Licht, die Ausstattung und Dekoration, in die Stellung der Kamera, nichts überlässt sie einfach anderen oder dem Zufall. Die Reaktionen der Kollegen angesichts dieser allumfassenden Einmischung schwanken zwischen Bewunderung, Dankbarkeit und Pikiertsein. »Wenn sie gesagt hat, die Kamera steht falsch oder das Licht da ist Mist«, weiß Gernot Endemann noch, der nicht nur für die »Unverbesserlichen« mit ihr zusammengearbeitet hat, »dann hat man so lange diskutiert – und manchmal flogen die Fetzen –, bis nun die Kamera endlich richtig stand, und das nicht, weil sie von vorne fotografiert werden wollte, sondern weil sie es für die Situation besser fand. Es ging ihr immer um das Produkt, und das ging bis aufs Messer.«

Gisela Trowe erinnert sich an die Dreharbeiten zu »Palme im Rosengarten«: »Sie fasste einen an, sie setzte einen hin, sie sagte: ›Nee, nee, nee, das sieht nicht gut aus. Komm, guck mich so an! Hast ein schönes Profil.‹ Alles unter dem Motto ›Ich will dein Bestes‹. Ich dachte immer: Ist die verrückt geworden? Die Regisseure waren zum Teil verzweifelt, auch die Kameramänner. ›Stell dich hier hin, stell dich da hin!‹ So ging das immer.«

Alle müssen sich damit abfinden. Denn sie ist die Haupt-

darstellerin, der Star jeder Tournee. Ihretwegen sind die
Theater gefüllt. Das muss wissen und anerkennen, wer mit-
fährt. »Ich konzediere das«, sagt Kerstin de Ahna, »denn
wenn zwei Leute auf der Bühne stehen, sie und ich, dann
kann sie das Telefonbuch vorlesen, und die Leute hören ihr
zu.«

Natürlich gibt es Kollegen und Kolleginnen, die das nicht
einsehen wollen, die wenigstens versuchen, ihre Nebenrolle
nicht in die Bedeutungslosigkeit absinken zu lassen. Aber
Inge hat ihre Tricks und Machenschaften, um die Mitspieler
in den Schatten zu stellen, und sei es, dass sie laut mit dem
Geschirr klappert, während eine Kollegin spricht. Selbst so
imposante Figuren wie den inzwischen verstorbenen Gustav
Knuth trickst sie aus. Der erinnerte sich an seine einzige
Tournee mit Inge Meysel als jene Reise, bei der er immer einen warmen Bauch hatte. Denn vor jeder Vorstellung ließ
seine gewitzte kleine Partnerin ein paar Korrekturen an den
Scheinwerfern vornehmen, sodass diese ihr Gesicht erhell-
ten, während sie seinen Bauch bestrahlten. »Er hat nur eine
Tournee mit ihr gemacht«, amüsiert sich Karin Veit, »mehr
hat er nervlich nicht ausgehalten.«

Kerstin de Ahna hat ebenfalls nicht vergessen, wie Inge
während der Tournee »Teures Glück« hinter ihrem Rücken
weinte, um die Aufmerksamkeit auf sich zu lenken. »Ich
spielte ein junges Mädchen. Und spielen Sie mal gegen ein
weinendes altes Mütterchen an, das ist sehr schwer.« Doch
de Ahna wehrt sich: »Ich habe auch geweint. Und dann haben wir beide sehr gelacht, weil wir so verschmiert waren,
meine Wimperntusche war verlaufen. Sie kann gefährlich
werden als Partnerin.«

Nun den Schluss zu ziehen, Inge Meysel sei ein verbies-
terter Ehrgeizling, wäre falsch. Im Gegenteil attestieren ihr
alle Kollegen einen ausgeprägten Sinn für Humor. Sie lacht

für ihr Leben gern, auch mitten in der Vorstellung auf der Bühne. »Sie lacht hemmungslos mit, hemmungslos!«, erzählt Kerstin de Ahna. »Sie ist ansteckbar im Lachen, sogar wenn es abrutscht ins Undisziplinierte. In irgendeinem Theater haben wir mal so gelacht, dass wir beide nicht mehr sprechen konnten. Und dann gab sie mir eine ganz leichte Ohrfeige, die tat nicht weh, das war mehr ein strenges Streicheln. Da wusste ich, jetzt muss Schluss sein mit dem Lachen. Zu Recht. Die Leute zahlen einen hohen Eintritt, es ist nicht richtig, da oben zu lachen, bis der Vorhang fällt.«

Inge Meysel steckt voller Lust am Leben und Genießen, das konnten ihr selbst die Nazis nicht austreiben. Sie kann geradezu entzückt sein über scheinbare Selbstverständlichkeiten des Alltags: einen Blumenstrauß, einen guten Schluck Wein oder tanzende Schneeflocken. »Sie besteht aus einer ungeheuren Lebensfreude«, bestätigt Kerstin de Ahna. »Sie ist ein sinnenfreudiger Mensch. Trotz allem, was da passiert ist, da ist noch immer eine große Freudensfähigkeit. Die schlürft morgens ihren Tee und sagt: ›Oh, ist das herrlich! Die Sonne scheint!‹ Das ist so bewundernswürdig. Die vielen Mäkler, die ziehen runter, sie hebt.«

Gyula Trebitsch formuliert es um eine bedeutende Nuance anders: Er hat bei Inge eine »starke *Sehnsucht* nach Freude« festgestellt. Sie ist nicht einfach eine fröhliche Person, sie *will* ein fröhlicher Mensch sein. Ereignisse, die dabei stören, werden nach Möglichkeit ausgeblendet. Kerstin de Ahna fällt während der langen Busfahrten auf, dass Inge die Sterbefälle beim Zeitunglesen immer besonders schnell übergeht: »Ach, der Sammy Drechsel ...«, sagt sie dann, verschluckt den Rest des Satzes und blättert weiter. Todesmeldungen schiebt sie von sich. Karin Veit muss gar als Botin einer schlechten Nachricht eine Ohrfeige einstecken. Nicht ahnend, dass Inge Gertrud Kückelmann gut kennt, teilt sie ihr mit, die Schauspielerin habe Selbstmord begangen. »Und Inge sagt: ›Das ist nicht wahr!‹, und watscht mir eine. Es war ein Ausdruck des Entsetzens. Ihre typische Art, mit Gefühlen umzugehen, gar nicht hineintauchen in das nähere Geschehen.«

Auch wenn es manchem so scheinen mag – Inge Meysel ist nicht immer guten Mutes, doch wenn der sie verlässt, dann lässt sie sich lieber nichts anmerken.

Die Nackttante –
»Zugeknöpft bis oben hin«

Gemeinsam mit neun weiteren, zum Teil prominenten Frauen – darunter Alice Schwarzer, Luise Rinser, Erika Pluhar, Margarete Mitscherlich – klagt Inge Meysel 1978 gegen die Illustrierte »Stern«, weil diese mit der Abbildung nackter Frauen auf ihrem Titelblatt regelmäßig die weibliche Würde verletze.

»Ich finde es besonders schrecklich, weil der Inhalt des ›Stern‹ nämlich genau darum kämpft, die Würde des Menschen nicht zu verletzen«, empört sie sich. Mit schickem Hut und keckem Blick erscheint sie zum Gerichtstermin, lässt sich dort zum Erstaunen des Publikums von »Stern«-Herausgeber Henri Nannen die Hand küssen und kommentiert später gelassen, man müsse schließlich Persönliches vom Sachlichen trennen können.

»Fänden Sie es so schön, wenn ständig nur Ihr Hinterteil gezeigt würde, auf einem Fahrrad sitzend und einen Sattel zwischen Ihren Beinen, sodass man wirklich auf merkwürdige Ideen kommt und bestimmte Männergruppen sagen: Seht mal, da aber hinein«, entgegnet sie einer skeptischen Journalistin. »Finden Sie nicht, dass Ihre Würde ein bisschen verletzt wird? Statt dass Sie mit Ihrem Gesicht und Ihrem Ausdruck gezeigt werden?«

Das Gericht – ausschließlich männlich besetzt – erkennt in der Urteilsbegründung zwar das Anliegen der Klägerinnen als berechtigt an, weist die Klage jedoch aus verschiedenen Gründen ab. Ob ein Bild eine Frau als Sexualobjekt zeige, das sei Ansichtssache. Frauen seien außerdem keine in sich geschlossene Gruppe und deshalb als solche nicht zu beleidigen. Unzulässig sei es auch, dass die zehn Klägerinnen für sich beanspruchten, im Namen aller Frauen zu sprechen.

Den »Stern« kauft Inge danach lange Zeit nicht mehr, liest ihn nur noch beim Frisör. Als Feministin versteht sie sich – im Gegensatz zu einigen ihrer Mitstreiterinnen – nicht. Und so hat sie grundsätzlich auch nichts gegen Pornografie einzuwenden, wie sie einer Illustrierten unumwunden gesteht: »Jeder nach seinem Geschmack. Für mich ist das nichts, aber gewiss für Herren, die sonst keinen hochkriegen.«

Und warum dann die Klage gegen den »Stern«? »Jedenfalls nicht, weil ich eine prüde Kuh bin. Mir ging es um Takt und Geschmack. Ich wollte die Menschen wachrütteln: Lasst euch nicht unterbuttern! Geht für eure Überzeugung auf die Barrikaden!« Zimperlich ist Inge beileibe nicht. Als die 17-jährige Monika Peitsch während der Dreharbeiten für die »Unverbesserlichen« einmal in Tränen ausbricht, weil sie im Unterrock vor die Kamera treten soll, stürmt Inge ins Zimmer und poltert los: »Du prüde Kuh! Was ist eigentlich mit dir los? In diesem Unterrock, man sieht nichts! Stell dich nicht so an!« Monika Peitsch, weiterhin beschämt und keineswegs überzeugt, tut schließlich, was man ihr sagt, auch aus Respekt und Angst vor der resoluten älteren Kollegin.

Inge Meysel sind solche Hemmungen fremd. Man sagt ihr eine geradezu unerhörte Schamlosigkeit nach. Während sie

Sabine Stamer

als Anni Wiesner oder Käthe Scholz in all ihrer Biederkeit als asexuelles Wesen erscheint, liebt die wahre Inge offene Morgenröcke ebenso wie anzügliche Flirtereien. Nicht nur badet sie gern nackt in der Elbe oder in ihrem Pool, nein, sie breitet das auch in der Öffentlichkeit aus: »Ich lasse mich von der Strömung treiben, und dann steige ich nach ein paar hundert Metern aus dem Wasser und laufe nackt am Strand zurück.« Angst vor Voyeuren hat sie nicht: »Ich bade doch immer nachts, und wenn da einer durch die Gegend läuft, hat er selber Schuld.«

Im Bett liegt sie auch am liebsten nackt, und Höschen trägt sie grundsätzlich nicht, das weiß jeder in ihrem weiteren Umfeld. Und wenn dann die Röcke beim Dreh so hochrutschen, dass man »sonst wo hin« gucken kann, dann schüttelt sie die daran herumzupfende Garderobiere ab: »Nun lass doch!« Ihr zunehmendes Alter ändert an dem unbefangenen Verhältnis zum eigenen Körper nichts. »In der Garderobe, vor jedem, ob es der Maskenbildner war oder jemand anders, sie zog sich gnadenlos aus«, erinnert sich Elke Lustig kopfschüttelnd. »Wenn wir draußen drehten, musste bei ihrem Wohnmobil immer die Tür auf sein, weil sie frische Luft brauchte. Auch dann zog sie sich aus, selbst wenn wir auf der Straße parkten und Leute vorbeigingen. Wenn ich dann die Tür zumachen wollte, hieß es: ›Lass doch die Tür auf! Sollen die doch gucken, wenn sie wollen.‹ Ihr ist das völlig egal.«

So manchem Reporter gehen die Augen über, wenn sie da so frisch, fromm, fröhlich und fast frei die Tür zum Interviewtermin öffnet. Und so mancher Regisseur weiß gar nicht mehr, wo hinschauen, wenn er zum Gespräch in ihren Umkleideräumen erscheint. »Ach nein, bleiben Sie doch!«, nötigt die mehr oder weniger nackte alte Dame dann die verlegenen jungen Männer, wenn sie möglichst schnell das Weite suchen wollen. »Och, du warst ja auch am Theater …«, sagt sie lässig beim ersten Zusammentreffen mit der Garderobiere Margot Wyrwa und bleibt ungerührt nackt im Schneidersitz hocken. »Meinste, dass sie was von mir will?«, wird die Schauspielerin Kerstin de Ahna von einem der Bühnenarbeiter gefragt, der häufig in die Garderobe gerufen wird, wenn es etwas zu meckern gibt. »Sie hatte schon wieder nischt an.« Der Verführung dient Inges Unzüchtigkeit wohl kaum, meint de Ahna, vielleicht eher der Provokation nach dem Motto: Ich bin Inge Meysel, ich kann mir das leisten und leiste mir das auch! Sie will etwas Besonderes sein.

Schon zu John Oldens Lebzeiten gehört auffallende Freizügigkeit zu ihren Eigenschaften. Da soll sie einmal eine neue Ausstattung erhalten und die Kostümjacke anprobieren. Was tut sein »Ingelein«? Zieht sich splitterfasernackt aus, wirft die neue Jacke über – sonst nichts – und hält so ihre kleine Modenschau ab. John waren solche Auftritte im Kollegenkreis recht peinlich. »Inge, nun lass doch mal«, sagte er dann.

Nur dürftig bekleidet, spaziert sie noch im hohen Alter durch Hotelgänge, barfuß und im Négligé läuft sie bei der Bilderrecherche für ihre Autobiografie durch die Verlagsräume. »Ich war früher ganz sprachlos«, gesteht ihr Berliner Freund und Frisör Udo Walz. »Auch beim Frisör, wenn sie ihren Bademantel so anzieht … Jetzt sag ich nichts mehr. Sie ist wirklich enthemmt.«

Inge selbst versteht überhaupt nicht, warum die Leute um sie herum so schockiert tun. Alles Spießer? Sie erklärt ihre Aufsehen erregende Ungeniertheit lapidar mit Kindheitsgewohnheiten: »Wir liefen auch zu Hause immer nackt herum und badeten gemeinsam. Vater trug nur Nachthemden, wir – wenn's hochkam – Pyjamajacken. In diesem Aufzug frühstückten wir bis zum Nachmittag. Ich bin schon immer eine

Nackttante gewesen. Wir sind schon nackt gewesen, als andere das noch als schamlos empfanden.« Mit Erotik hat das alles nichts zu tun. Über 30 Jahre lang habe sie keinen Mann mehr gehabt, verkündet sie in diversen Talkshows, und sie habe nichts vermisst. »Ich hatte zwei Männer, beide vollendet, und ein paar Erlebnisse, auch mit Frauen, alles schön und gut. Als dann mein Mann 1965 starb, da war es genug, da wollte ich nicht mehr. Die Zeit seitdem ist mir sehr gut bekommen. Ich habe schließlich die letzten 35 Jahre nicht ohne Emotionen gelebt, ich habe die Menschheit geliebt und auch angegriffen, wenn das nötig war. Ich hatte immer einen Draht zum Leben.«

Sie flirtet mit Vergnügen, allerdings ohne Absichten oder Folgen. »Sie sollten etwas abnehmen«, belehrt sie einen Fotografen, »das ist für Frauen sonst zu mühsam beim Sex.« Und als der Ober in ihrem Lieblingsrestaurant charmant bemerkt: »Sie sehen gut aus, Frau Meysel!«, wirft die nobel gekleidete alte Dame zurück: »Na, da müssten Sie mich mal nackt sehen!« Dabei ist ihr durchaus bewusst, dass der Körper einer 80-, 90-Jährigen keine sexuelle Attraktion darstellt. »Ist schlaff, ne?«, fragt sie mit unschuldigem Blick, während sie im Gespräch mit dem Regisseur plötzlich eine Brust aus der Bluse holt.

Was geht wohl in ihrem Kopf vor?

Sie provoziert für ihr Leben gern. Vielleicht hat sie diese Neigung von ihrem Vater, der sich auch nicht gern Grenzen setzen ließ. Vielleicht ist es auch ein trotziger Protest, nachdem die NS-Herrschaft sie zu tausend Jahren Schweigsamkeit und Bravheit verdammte. Ohne Provokation jedenfalls scheint Inge nicht Inge zu sein, würde sie sich einfach langweilen. Sollen die anderen doch rot werden, Inge Meysel kann sich das erlauben.

Wenn die landläufige Meinung herrscht, ein alter Körper

dürfe – da nach gängigem Geschmacksempfinden keine Augenweide – auch nicht mehr gezeigt werden, so ist das für sie ein Grund mehr, es zu tun. Wenn es einen Konsens der Wohlerzogenen gibt, Fremde und Gäste höflich zu behandeln, dann begrüßt sie ihre Besucher betont ungehobelt: »Sie kommen mir gelegen wie ein Pickel am Arsch.« Wenn der allgemein anerkannte Kodex weiterhin verlangt, seinen Nächsten taktvoll zu behandeln, dann düpiert sie mit unverblümtesten Werturteilen über Aussehen, Verhalten und Leistung ihrer Mitmenschen, so ungeschminkt, dass sie von den Betroffenen nur als Beleidigung verstanden werden können. Wenn alle Parteien beschließen, Gregor Gysi und seine PDS seien außerhalb des demokratischen Spektrums anzusiedeln, dann lässt sie sich von eben jenem Gysi zum Essen einladen und ruft auf, ihn zu wählen.

Seht her, ich bin die Inge Meysel, ich tue, was ich will. Ich habe trotzdem Erfolg und werde trotzdem geliebt. Ätsch.

Doch obwohl sie so gern die Hüllen fallen lasse, sei sie in Wahrheit »zugeknöpft bis oben hin«, fällt Claus Koch, dem Lektor ihrer Autobiografie, auf. »Das ist überhaupt ein Wesenszug an ihr, dass sie sich über das, was in ihr vorgeht, was wirklich ihre Gefühlslage ist, dass sie sich darüber höchstens in relativ plakativer Form äußert. An ihren richtigen Kern kommt man nicht über sie selbst heran. Sie ist die Meisterin des Verdrängens, und was ihr nicht passt, das gibt es nicht.«

Ihre zur Schau gestellte Ungezwungenheit, gepaart mit dem bekannten losen Mundwerk, verleitet schnell zu der Annahme, hier einen offenen Menschen vor sich zu haben, der nichts vor anderen verbirgt.

Nur scheinbar trägt sie das Herz auf der Zunge, wählt jedoch sehr wohl aus, an welchen Ereignissen ihres Lebens sie die Öffentlichkeit teilhaben lässt und an welchen nicht. »Sie hat immer gleich abgeblockt«, bewundert Gernot Ende-

Sabine Stamer

mann, »einfach toll! Und als ich mich scheiden ließ, hat sie immer gesagt: ›Gernot, Schnauze!‹ Der Spruch war: Kein Kommentar, da wissen Sie mehr als ich. Und dann war auch gut.«

Sie schlägt kein Kapital aus ihren privaten Erlebnissen, weiß im Gegenteil den intimen Kern ihres Lebens zu schützen wie ihren Augapfel. Vor allem spricht sie über nichts, was ihr jemals tiefen Kummer bereitet hat. Sie redet nicht über ihr totes Kind, nur selten über ihre Schwägerin oder ihre Nichte, die sie adoptiert hat. Wie ihre Mutterfiguren kämpft sie aufkeimenden Schmerz nieder, sobald sie ihn spürt, in der Öffentlichkeit jedenfalls. Niemand soll sie leiden sehen. Das macht sie alles mit sich allein ab. Eine schwache Inge Meysel kennen wir nicht.

Auch vor ihren Freunden verbirgt sie ihre verletzliche Seite. Sie bloßzustellen, das hieße offene Flanken haben, verwundbar sein. Und ist es nicht auch ungleich schwerer, den Schmerz zu ertragen, hat man ihn erst mal zur Schau gestellt und wird fortan darauf angesprochen? So viel Tapferkeit aufzubringen, das forderte selbst von der tapferen Meysel fast unmenschliche Kräfte.

Der bittende Blick –
Die Inge lässt
das Meyseln nicht

Die Jahre ab 1976 sieht Inge Meysel als die wichtigsten für ihre schauspielerische Entwicklung. Denn nun endlich gibt man ihr nach und nach Rollen, die ihrem Alter gemäß sind. Als sie Anfang der 60er Jahre die Gerhart-Hauptmann-Filme drehte, da *spielte* sie die Wolffen und die Fielitzen. 1979 dagegen, im Berliner Schillertheater, da *ist* sie die Fielitzen, denn sie weiß nun, was Älterwerden bedeutet, spürt die Krankheiten und Beschwerden am eigenen Körper. Zwar ist sie – knapp 70 Jahre alt – körperlich erstaunlich fit, doch bleibt sie von altersbedingten Leiden nicht ganz verschont. Und natürlich auch nicht von den Falten.

»Zuerst sind es die Fältchen, man versucht, sie mit Schönheitsmasken und tausend Cremes zu leugnen. Dann kommen die Falten, nun muss man sich stellen: sie hinnehmen oder – Achtung, jetzt kommt das Wort: liften.« Die ersten Überlegungen in dieser Richtung stellt sie schon in ihren Fünfzigern an, doch John will nichts davon wissen: Er habe »eine Landschaft« geheiratet, ist sein Standpunkt, die wolle er behalten, sonst hätte er sich ja gleich »eine 17-Jährige mit Stehbusen« nehmen können.

Einige Jahre nach Johns Tod denkt Inge erneut an eine Schönheitsoperation, sucht eine Spezialistin in München auf und ist äußerst amüsiert, dass diese sie unverrichteter Dinge abweist. »Meine Familie und ich«, sagt die Ärztin, »wir lieben Sie so, wie Sie sind«, und schickt Inge wieder nach Hause. Die beschwert sich noch, dass sie nun ganz umsonst 500 Mark für den Flug ausgegeben habe, und bekommt daraufhin zu hören: »Gerade haben Sie 5000 Mark gespart.« Damit hat sich das Thema »Liften« für Inge erledigt.

Auch ihre Mutter Grete kämpft mit den Folgen des Alterns – auf ihre eigene Weise. Zu Besuch in Berlin bemerkt Inge eines Tages, der Spiegel im Badezimmer hänge so hoch, dass sie kaum mehr sehe als ihren Haaransatz. »Ach, Inge«, erklärt Grete und streicht sich dabei über Gesicht und Hals, »ich kann das nicht mehr sehen.« Als sie das nächste Mal zu Besuch kommt, sind sogar alle Spiegel in der Wohnung mit Tüchern verhängt. Eines Tages erhält sie eine Ansichtskarte von ihrer Mutter: »Liebes, ich sag dir eines«, ist darauf zu lesen, »die Jahre sind keine Kavaliere. Deine Madka. P. S. Ich schreibe es dir jetzt schon, damit du nicht eines Tages so erschrickst wie ich.«

Inge erschrickt nicht und macht es genau andersherum als Grete. Sie hängt etliche Spiegel im Haus auf, um sich selbst zu erinnern, dass sie so jung nun auch nicht mehr ist. Sehr schnell merkt sie, dass Cremes und Gymnastik nicht viel helfen. »Der Kopf ist es, das Gehirn. Um fähig zu bleiben zu denken und zu fühlen, sollte man im Leben niemals aufhören, das Gehirn zu trainieren. Neugierig bleiben, die Augen offen halten! Erst wenn ein Mensch anfängt sich abzukapseln, wird dieser Mensch wirklich alt.« Arbeit sei, so findet sie, das beste Mittel dagegen.

Nach wie vor kleidet sie sich nicht wie eine typische ältere Dame, sondern trägt Stiefel mit langem Schaft oder große

Uhren – was eben gerade modisch ist. Sie gehört nicht zu jenen Schauspielerinnen, denen es schwer fällt, sich mit der Unabwendbarkeit des Alters zu arrangieren, gibt sich nicht der Illusion ewiger Jugend hin, nur weil sie sich so kräftig und belastbar fühlt. Und während viele ältere Kolleginnen darüber klagen, dass es für sie kaum noch passende Stücke gebe, stellt Inge fest, je mehr Falten sie habe, desto bessere Rollen bekomme sie.

Dazu gehört zum Beispiel jene exzentrische alte Dame in der schwarz angehauchten Komödie »Harold and Maude«. Zwischen der agilen 79-jährigen Maude, die sich in einem ehemaligen Eisenbahnwaggon phantastisch eingerichtet hat, und dem fragilen jungen Harold, der seine Freizeit am liebsten auf Begräbnissen verbringt und seine Mutter mit neuen Suizidmethoden schockt, entwickelt sich eine unkonventionelle Liebesgeschichte. Drei Jahre nach der Premiere am Ernst-Deutsch-Theater in Hamburg spielen Inge Meysel und Helmut Stauss das Stück noch einmal auf der Feuchtwangener Freilichtbühne. Irgendwie fühlt sie sich durch das schlechte Wetter verunsichert und hat plötzlich Angst, ihren Text nicht mehr zu beherrschen. »Ich kann das nicht«, fürchtet sie – und bietet dann eine ihrer besten Aufführungen. »In solchen Momenten war sie krampflos«, erinnert sich Helmut Stauss. »Da war sie schwach. Da ging die zweite Persönlichkeit flöten. Toll!«

1980 dreht Inge einen Kinofilm: »Der rote Strumpf«, ursprünglich ein Kinderbuch von Elfie Donnelly. Nach dem Zerwürfnis mit Gyula Trebitsch nun der Versuch, mit dessen Sohn Markus Trebitsch und seiner Firma Aspekt Telefilm zusammenzuarbeiten. Im »Roten Strumpf« geht es um die 70-jährige Frau Panacek, die – von ihrem Sohn in ein Heim für psychisch Kranke abgeschoben – Reißaus nimmt und im Park auf die 11-jährige Mari trifft. Dem Mädchen fällt sofort auf, dass die alte Frau zwei verschiedenfarbige Strümpfe trägt, einen roten und einen schwarzen. Ihr linker Fuß friere immer mehr als der rechte, erfährt Mari, und rot halte wärmer als schwarz. Da Frau Panacek Angst hat, von ihrem Sohn vergiftet zu werden, nimmt Mari sie mit nach Hause und konfrontiert ihre Eltern mit den eigenen sozialen Ansprüchen. Hatten sie nicht immer gepredigt, man dürfe nicht nur an sich selbst denken und müsse anderen helfen?

Inge Meysel erscheint hier ausnahmsweise einmal ohne Dauerwelle, platt kleben die zum Dutt zurückgekämmten Haare am Kopf. Ein durchaus bemerkenswertes Detail, ist doch allgemein bekannt, dass sie höchsten Wert auf ihre Frisur legt. Die wortkarge, mürrische Frau Panacek ist eine gänzlich ungeschminkte Erscheinung in abgetragenen Kleidern und hebt sich von den wohl ausstaffierten Unterschichtsfrauen, die Inge in früheren Fernsehfilmen verkörperte, merklich ab. Genau das ist auch die Absicht des Regisseurs Wolfgang Tumler.

Tumler ist noch recht jung; es ist sein erster Kinofilm. Doch hat er den persönlichen Kontakt zur Autorin des Kinderbuchs und somit ein gewichtiges Pfand in der Hand. Als er erfährt, dass Inge Meysel durchaus nicht abgeneigt ist, die Frau Panacek zu spielen, studiert er intensivst ihre bisherige Arbeit, schaut sich viele ihrer früheren Filme an, da er fürchtet, sie könne in einer Weise spielen, die nicht zu seinem Stoff passt. Nach diesen Vorbereitungen besucht er sie am Starnberger See, wo sie gerade in einem Sanatorium weilt.

Dort eröffnet der unbekannte Regisseur der prominenten Schauspielerin, wie er sich die Zusammenarbeit vorstellt: »Ich sage Ihnen jetzt mal lauter Sachen, die Sie in anderen Filmen gespielt haben und die ich auf gar keinen Fall in diesem Film haben will. Ich möchte gern mit Ihnen eine Verab-

Sabine Stamer

redung treffen, die lautet: ›Alle diese Sachen machen Sie auf gar keinen Fall!‹«

Inge habe einen Hang zur Überbetonung, und das gefällt Tumler überhaupt nicht. Sie habe auch einen ganz bestimmten Kanon an Gesten, eine bestimmte Art, Dialoge zu entwickeln und Pointen zu setzen, die sich irgendwann mal als erfolgreich und unterhaltsam erwiesen haben, und das alles werde nun immer wieder benutzt, um nicht zu sagen: strapaziert.

Die Schauspielerin ist in Kollegenkreisen so bekannt für die Anwendung ihres typischen Repertoires, dass man schon vom »Meyseln« spricht. Den schrägen Blick gen Himmel beispielsweise bringt sie in jeder Rolle unter. Schon in ihren frühen Jahren stützt sie sich gern auf bewährte Darstellungsweisen und lässt sich dabei nur von wenigen eines Besseren belehren. Zu diesen Auserwählten gehört Willy Maertens, nach 1945 Intendant des Thalia Theaters. »Der durfte ihr eigentlich alles sagen«, erinnert sich Peter Striebeck, später ebenfalls Intendant des Thalia, »weil er ein Handwerksmeister war. Mit dem hat sie sich auch manchmal gestritten, aber er war unnachgiebig, vor allem wenn sie ihre Fach- und Berufstöne produzieren wollte, ihre ausprobierten Sachen, das, was sie schon oft erfolgreich gemacht hatte. Von ihm hat sie sich das sagen lassen. Sie wollte ja auch weiterkommen.«

Während sie sich gern am selbst geschaffenen Stereotyp festklammert, ist ihr im Grunde bewusst, dass sie damit ihre Entfaltungsmöglichkeiten beschränkt. Nicht umsonst bewundert sie gerade Schauspieler wie Hanns Lothar, die mit sparsamer Geste große Wirkung erzielen, während sie selbst die Erfolgssicherheit eher in der Übertreibung sucht, vielleicht aus einer permanenten Sorge heraus, man könne sie nicht genug beachten.

Inge Meysel

Doch mag sie auch häufig Zuflucht im Gewohnten und Probaten suchen, so bleibt sie dabei immer glaubwürdig, urteilt Kollege Uwe Friedrichsen: »Es stimmt alles, selbst bei Klischees, deren sie sich ja zu Zeiten gern bedient. Wenn sie gerührt ist und so durch die Nase hochzieht, dann ist das immer an der Grenze, sodass man sagen möchte: No, no, no! Aber es stimmt immer. Man kann nie sagen: Das ist ja furchtbar, das ist aufgesetzt oder das passt doch gar nicht.«

Regisseur Wolfgang Tumler träumt von einem Film ohne Klischees. »Da ist zum Beispiel dieser bittende Blick, bei dem sie immer ein bisschen auf den Lippen kaut, um eine unterwürfige Situation herzustellen, damit der Zuschauer denkt: ›Oh, hoffentlich wird ihr irgendetwas gewährt.‹ Und das Ganze, damit sie anschließend umso mehr zuschlagen kann. Sie macht sich sozusagen klein, um nachher umso größer zu sein«, erklärt Tumler. Oder diese typische knappe Wegwerfbewegung des Kopfes, so eine trotzige Jetzt-erst-recht-Geste.

Zwei Beispiele aus Tumlers Tabuliste für den »Roten Strumpf«, die die Schauspielerin erstaunt (und erstaunlicherweise) entgegennimmt. Wenn sie ihm verspreche, die genannten Dinge zu unterlassen, dann werde er seinerseits versprechen, ihr ansonsten sehr viel Raum zu lassen, denn schließlich solle sie sich ausdrücken können, sonst bräuchte man ja nicht zusammenzuarbeiten. «Ich bin ein junger Regisseur, ein neuer«, erklärt Tumler ihr seine Position, »und ich möchte nicht von Ihnen fertig gemacht werden. So was passiert ja leicht, wenn ein Anfänger einem Star gegenübersteht.«

Eine »Riesenunverschämtheit« von diesem jungen Mann, beschwert sich Inge später bei dem Produzenten Markus Trebitsch, aber solch freche Offenheit gefällt ihr eben. Also sagt sie zu – unter einer Bedingung: »Wenn mir etwas überhaupt nicht passt, dann muss ich auch was sagen. Dafür bin ich ja bekannt.« Regisseur und Hauptdarstellerin einigen sich darauf, dass Inge während der Dreharbeiten – notfalls – dreimal ihr Veto einlegen darf, keinmal öfter. Und diese drei Male wird der Regisseur sich ihrem Willen beugen. Die Absprache funktioniert tatsächlich, sogar besser als gedacht. Nur einmal meldet die sonst so Eigensinnige während des Drehs Protest an: »Das ist jetzt der Fall, Herr Tumler, über den wir damals auf dem Balkon geredet haben. Und das ist jetzt Nummer eins.«

Auf diese Weise entsteht ein Film, von dem sowohl die Kritik als auch die Öffentlichkeit sagt, man sehe hier eine ganz ungewöhnliche Meysel, so sei sie noch nie aufgetreten. Natürlich ist der junge Regisseur sehr stolz auf seine Leistung, zumal der Film als Ganzes gelobt wird. Doch die Achtung vor der eigenen Überredungskunst schrumpft, je öfter er sich in den kommenden Jahren den »Roten Strumpf« anschaut: »Also, mein Respekt vor dem, was ich anders gemacht habe, wurde immer kleiner. Ich weiß heute – und das ist das Tolle –, sie hat im Grunde nur ein bisschen anders gemacht, und zwar so viel, dass alle darüber geschrieben haben. Sagen wir, 15 Prozent hat sie anders gemacht und 85 Prozent wie immer. Das habe ich erst später gesehen. Sie hat doch versucht, ihre Erfolgselemente beizubehalten und die Sicherheit, aus der heraus sie operiert, nicht zu verlassen.«

Das »Meyseln« kann die Inge eben nicht lassen.

Wenn sie selbst auf die Dreharbeiten zum »Roten Strumpf« zurückblickt, dann denkt sie als Erstes an ihre kleine Partnerin Mari, gespielt von Julie Tumler, der Tochter des Regisseurs. Die, so erzählt Inge in diversen Talkshows, habe sich einige Frechheiten geleistet. »Mit dir will ich nicht mehr spielen, du stinkst«, habe sie angesichts von Frau Panaceks ungepflegter Erscheinung jeden Tag aufs Neue verkündet. Auch der Hinweis darauf, dass die alten Sachen schließlich alle gereinigt seien, habe nichts genützt, und es sei sehr anstrengend gewesen, Julie täglich zur Arbeit zu überreden.

»Am letzten Drehtag, wenn ich dich nicht mehr brauche, knalle ich dir eine, dass du die Engel im Himmel singen hörst«, droht Inge dem Mädchen schließlich an. Und sie macht es wahr. Springt nach der letzten Aufnahme aus dem Auto, rennt Julie hinterher und verpasst ihr die »längst fällige Ohrfeige«. Abends beim Essen dann habe sich Julie ihr wieder genähert: »Jetzt stinkst du nicht mehr, jetzt kann ich dich wieder leiden. Gehen wir morgen ein Eis essen?« So jedenfalls Inge Meysels Version.

Julie Tumler schüttelt den Kopf: »Ich kann mich an die Ohrfeige nicht erinnern«, sagt sie, »ich weiß, dass sie sie mir immer wieder angedroht hat. Da ich nie von einem Erwachsenen geschlagen worden bin, würde ich mich wohl daran erinnern. Auch diese Versöhnungsszene ist mir so nicht bekannt. In meiner Erinnerung sind wir einfach nicht besonders gut miteinander klargekommen.« Auch Julies Vater wundert sich und ist überzeugt, wenn es diese Ohrfeige gegeben hätte, dann hätte seine Tochter ihm sicher davon erzählt: »Mit der Ohrfeige, das ist Unsinn. Also, das wüsste ich ja. Sie hat sich das ausgedacht. Das ist Quatsch.«

»Vielleicht«, so versucht Julie Tumler die Situation zu interpretieren, »hat sie ausgeholt und mich nicht erwischt. Oder: Sie hat mich nur gestreift. Oder: Sie hat es sich immer gewünscht ...« Letzteres mit Gewissheit. Denn Inge ist nicht gerade begeistert davon, dass hier ein neunjähriges Mädchen so viel Mitspracherecht hat. Ermuntert vom Vater, der sich authentische Kindersprache in seinem Film wünscht, erhebt Julie häufig Einspruch gegen den Drehbuchtext – ganz und gar zum Missfallen ihrer Partnerin.

Sabine Stamer

Selbst ein Kind ohne bekannten Namen und ohne besondere schauspielerische Ambitionen begreift Inge unter solchen Umständen als Konkurrenz.

Außerdem ist die Zusammenarbeit mit dem unerfahrenen Mädchen für eine Schauspielerin wesentlich härter als die mit einem erprobten Erwachsenen. »Die lange Drehzeit, allein mit einem Kind, nach dem sie sich richten muss, das eben nicht aufs Stichwort spielt, das hat sie irgendwann mal genervt, einfach als Arbeitsbelastung«, meint Wolfgang Tumler.

Es bleibt trotzdem immer noch genug Energie übrig für einen Meysel-typischen Auftritt nach Feierabend. Im ärmlichen Aufzug der Frau Panacek erscheint Inge in ihrem exquisiten Hotel, wo sie mit ondulierten Haaren, Hut und Schmuck und allem, was zur Meysel gehört, ansonsten wohl bekannt ist. Doch die verlotterte Frau Panacek kennt hier niemand, und niemand will sie kennen, infolgedessen wird sie an der Rezeption nicht bedient. »Das hat sie genossen«, erinnert sich Wolfgang Tumler, »das fand sie ganz toll, weil man daran sehen konnte, wie gut ihr Kostüm und ihre Maske waren und wie bescheuert diese Leute sind, dass für sie nur gilt, wie man aussieht. Diese Aschenputtelnummer, die hat ihr gefallen.«

Dem Film allerdings kann sie nach der Fertigstellung zunächst gar nichts abgewinnen. So einen »Scheißdreck« (nebenbei bemerkt: eines ihrer Lieblingswörter) habe sie noch nie gesehen, beschimpft sie den Regisseur, sie bedaure, dass sie dabei mitgemacht habe. Tumler vermutet, sie habe sich aufgrund des für sie ungewohnten Auftretens zunächst einfach »unwohl« gefühlt. Erst nach der Vorführung auf der Berlinale und nach dem äußerst positiven Echo revidiert sie ihre Meinung und kürt den »Roten Strumpf« zu einem ihrer wichtigsten und schönsten Filme.

Familienbande und Giftpillen –
»Dann gehe ich unter«

Im Juli 1980 stirbt Inges Mutter Grete. Gerade noch hat sie ihren Neunzigsten gefeiert, fest davon überzeugt, es sei ihr 100. Geburtstag. Sie ist inzwischen auf ständige Betreuung angewiesen, weil sie die Dinge nicht mehr so sieht wie ihre Umwelt. Sie lebt bei Inge in Bullenhausen und nennt ihre Tochter »Julius«. »Na, Julius«, fragt sie, wenn Inge gegen Mitternacht vom Drehen oder aus dem Theater nach Hause kommt, »wie waren die Leute heute?« Zunächst glaubt Inge an einen Versprecher und berichtigt: »Madka, hier ist Inge.« Verschmitzt lächelnd antwortet Grete: »Ich weiß, Julius.« Doch bis zuletzt merkt Grete sich die Titel der Stücke, in denen ihre Tochter gerade mitwirkt. Lange Zeit kennt sie sogar die Texte Wort für Wort.

Obwohl Inge keine Gelegenheit auslässt, in der Öffentlichkeit zu betonen, dass sie eine Vater-Tochter sei und ihren Jule-Pa sehr viel mehr liebe und schätze als die Mutter, kümmert sie sich gerade in deren letzten Lebensjahren intensiv um ihre »Madka«. Vielleicht betont sie nach außen die Distanz, weil sie im Inneren sehr wohl weiß, wie groß die Ähnlichkeit zwischen Mutter und Tochter ist. Auch Grete Meysel habe immer unverhohlen ihre Meinung gesagt, weiß der Schauspieler Mandred Steffen noch: »Sie war nicht ganz so pompös wie Inge, aber auch sehr temperamentvoll.« »Die Generalin« wird Grete von vielen genannt. Wäre das nicht auch ein passender Titel für Tochter Inge?

Eine »interessante« und »strenge Dame« sei Frau Meysel senior gewesen, erinnert sich Karin Veit: »Das war die deutsche Disziplin in Person. Ich glaube, in der Art der Beharrlichkeit und der Aufrichtigkeit, in dieser Geradheit waren sie sich ähnlich.« Die beiden sollen gut miteinander ausgekommen sein, sagen viele, die sie noch zusammen erlebt haben, auch wenn »die Generalin« nie ganz aufhören wollte, ihre inzwischen erwachsene Tochter zu bevormunden. »Ja, Mama, jajaja«, antwortete diese dann manchmal leicht genervt. So ein gewisses »Nun bevormunde mich doch nicht dauernd!« meint die Schauspielerin Kerstin de Ahna zwischen den beiden gespürt zu haben: »Inge blieb offensichtlich ein bisschen das kleine Mädchen, sie blieb die Tochter, wenn auch die berühmte Tochter.«

Als Grete »ihren Hundertsten« mit Schwiegertochter Herta, Enkelin Christiane, ihrer Betreuerin und der Krankenschwester feiert, spielt Inge gerade außerhalb von Hamburg. Nachdem die Gäste am Abend gegangen sind, legt Grete ihr Gebiss auf den Nachttisch, presst die Lippen fest zusammen und macht von nun an den Mund nicht mehr auf. Flehentliche Bitten, doch wenigstens etwas zu trinken, nützen nichts. Beharrlich verweigert sie die Nahrungsaufnahme. Auch Infusionen verhindern nicht, was sie sich offenbar in den Kopf gesetzt hat. Hundert Jahre wollte sie alt werden, und ihrer Meinung nach hat sie das nun geschafft. Als Inge nach Hause kommt, ist ihre »Madka« tot.

»Es war der einschneidendste Moment meiner letzten Jahre, denn von da ab wusste ich: Jetzt bist du allein«,

Sabine Stamer

schreibt Inge in der Autobiografie. Ihr Bruder Harry ist schon vor zehn Jahren gestorben, an einem Gehirntumor, von dem er bis zum letzten Moment nicht das Geringste gemerkt hat. Er ist nur 58 Jahre alt geworden. Ein merkwürdiges Phänomen in der Familie Meysel: Während die Männer alle relativ jung aus dem Leben scheiden (neben Harry auch Julius mit 58, Olden mit 47), erreichen die Frauen ein geradezu biblisches Alter (auch Herta geht inzwischen auf die 90 zu). Daraus, so spöttelt Inge, selbst in ernsten Momenten den Humor nicht verlierend, möge nun jeder seine eigenen Schlüsse ziehen.

Nach dem Tod ihres Bruders fühlt sie sich als Familienoberhaupt. Sie kommt auf für den Unterhalt ihrer Schwägerin und ihrer Nichte, die aufgrund einer Körperbehinderung nicht arbeitsfähig ist, adoptiert sie sogar und setzt sie als Haupterbin ihres Vermögens ein. Das Verhältnis der Frauen ist nicht gerade das beste, man sieht sich sehr selten. Doch Inge fühlt sich ganz selbstverständlich verpflichtet, für das Kind ihres geliebten Bruders zu sorgen. Ebenso selbstverständlich erscheint es ihr, ihren Besitz an die einzige Verwandte weiterzugeben.

Eigene Kinder hat die »Mutter der Nation« nicht, paradoxerweise. Nie hat sie – wie im Fernsehen – ihrem Nachwuchs die Butterstullen geschmiert, nie war sie der Renitenz eines pubertierenden Sohnes oder der Widerspenstigkeit einer sich abnabelnden Tochter ausgesetzt.

Sie preist die Pille, da sie Wunschkinder anstelle von Zufallskindern entstehen lasse. Energisch setzt sie sich für das Recht auf Abtreibung ein, denn jede Frau müsse, so sagt sie, selbst wissen, ob sie Mutter werden wolle oder nicht. Und sie, Inge Meysel, hat es eben nach dem Tode ihres Kindes nicht mehr gewünscht.

»Ich hätte Kinder in Massen kriegen können und habe es

nicht gewollt, das kann doch jede Frau selbst entscheiden. Ich hätte 20 haben können«, braust sie 1999 in einer Talkshow auf, als Rita Süssmuth proklamiert, wer keine Kinder habe, der entbehre etwas, ein Leben ohne Kinder sei ein armes Leben. Viele, die sie persönlich kennen, können sich Inge Meysel als Mutter im wirklichen Leben gar nicht vorstellen.

Ihre Ehemänner hätten beide keine Kinder großziehen mögen, sagt sie. Ob das tatsächlich auf Helmut Rudolph zutrifft, der sie unter gefährlichsten Bedingungen überredet hat, das gemeinsam gezeugte Kind trotz des Verbots durch die Nationalsozialisten auszutragen, lässt sich heute nicht mehr nachprüfen. John Olden jedenfalls kann sich ein Leben mit Baby und Kleinkind nicht vorstellen. »Wenn du mir ein Kind herbeizaubern kannst, acht oder neun Jahre alt, mit dem ich sofort reden kann, dann morgen früh«, scherzt er hin und wieder. Inge selbst behauptet zwar auf der einen Seite: »Die Karriere wäre niemals ein Grund gewesen, keine Kinder zu bekommen, weiß Gott nicht! Ich hätte leicht ein, zwei Jahre ausgesetzt.« Auf der anderen Seite betont sie, eine Mutter müsse ihrem Kind »Nestwärme« bieten und oft zu Hause sein. »Nicht den ganzen Tag. Aber zumindest nachmittags, um sich mit den Kindern zu beschäftigen, oder abends, um sie zu Bett bringen zu können. Die Obhut einer Wirtschafterin genügt da nicht. Kinder brauchen den Hautkontakt zur Mutter. Gerade in den ersten lebensentscheidenden Jahren.« Sie wäre zwar eine gute Mutter geworden, davon ist Inge überzeugt, aber wegen ihrer Arbeit hätte sie sieben von zwölf Monaten im Jahr nicht zu Hause verbracht, und das wäre einem Kind nicht gut bekommen.

So hat es ihr also tatsächlich nie Leid getan, »Mutter der Nation« ohne eigene Kinder zu sein?

»Überhaupt nicht! Nein. Ich hatte ja ein totes Kind.

Sabine Stamer

Merkwürdigerweise habe ich immer gewusst und habe mir innerlich immer gesagt: Das ist tot, weil du Kinder nicht so leiden kannst.« Nur selten kommt sie so offen wie in diesem Gespräch im November 2002 auf eine der schmerzlichsten Erfahrungen in ihrem Leben zu sprechen. »Du kannst Kinder leiden, wenn sie so niedlich und in der Ferne sind. Aber: Möchten Sie auch ein Kind? Um Gottes Willen!«

Manche ihrer Kollegen, die selbst Kinder haben, bestätigen ihre Selbsteinschätzung. »Mit Kindern hatte sie's eigentlich nicht so doll«, urteilt Helmut Stauss, dessen Sohn Ari noch ganz klein war, als er engen Kontakt zu Inge pflegte. »›Ach, hier ist der Ari‹, hat sie gesagt und dann zupp, weg. Die Mutter der Nation ist so mütterlich nicht.«

Gernot Endemann, Inges Filmsohn aus den »Unverbesserlichen«, macht hingegen andere Erfahrungen: »Als ich sie in Bullenhausen besucht habe mit meinen Kindern, habe ich gedacht, mir bleibt das Herz stehen. Die ging ins Schlafzimmer und hopste mit ihnen auf dem Bett herum, hoch und immer höher, die alte Dame.«

Während sie eigenen Nachwuchs scheute, setzt sich die Schauspielerin nachdrücklich für behinderte und benachteiligte Kinder ein. Sie besucht regelmäßig Heime für spastisch gelähmte, für taubstumme, blinde und aidskranke Kinder, ruft zu Spenden auf und spendet selbst einen Teil ihres Einkommens. 25 Prozent ihrer Gagen gebe sie an soziale Einrichtungen, beteuert sie. Bei ihren Besuchen sieht sie so manches Kind, das sie am liebsten mitnähme. »Trotzdem habe ich es nicht getan. Da ist meine Verantwortung zu groß.«

So hat Inge niemanden, der ihr nahe genug steht, um sich im Falle der Pflegebedürftigkeit um sie zu kümmern. Dieser Umstand und das Miterleben des langsamen Sterbens ihrer Mutter bestimmen ihre Gedanken über den eigenen Tod. Sie

hat die letzten Monate ihrer »Madka« als sehr quälend empfunden. Nicht lange vor ihrem Ableben muss Grete wegen
eines Oberschenkelhalsbruchs noch eine schwere Operation
über sich ergehen lassen, ihren durchgelegenen wunden
Rücken ertragen und unter großen Schmerzen wieder laufen
lernen. »Und wenn sie uns dann ansah – Herta, Christiane
und mich anblickte, um Hilfe bat –, nein, wir waren feige,
verwöhnten sie. Aber helfen? Wirklich helfen? Nein, helfen
tat ihr keiner«, bedauert sie nachträglich. Gretes Leid wird
für Inge zum Anlass, sich der »Deutschen Gesellschaft für
Humanes Sterben« anzuschließen. Jedem Menschen müsse
es erlaubt sein, »sterben zu dürfen, wie sie oder er es will«,
lautet ihre Grundüberzeugung. »Und keine Institution, weder der Staat noch die Kirche noch die Herren Ärzte, von
denen mancher so tut, als ob unser Herrgott persönlich mit
ihm verkehrt, haben das Recht, sich in den letzten Wunsch
eines Menschen einzumischen.«

Da diese Organisation – das will sie überall klarstellen –
nun mal keine Giftpillen frei Haus versende, fängt sie an, Tabletten zu sammeln, um im Falle eines Falles gerüstet zu
sein. Oft erinnert sie sich an die Zyankalikapsel, mit der ihr
Vater sie in der Nazi-Zeit versorgt hatte. In Talkshows wird
sie immer wieder gefragt: Haben Sie die Todespille denn
jetzt und hier dabei? So einfach sei das nicht, klärt sie dann
auf, man müsse schon um die 50 Tabletten, eingeschweißt in
Plastik, mit sich herumschleppen. Und die trage sie dort, wo
Damen ihres Alters für gewöhnlich ein Fläschchen aus der
Kölner Glockengasse tragen, nämlich in der Handtasche. So
ist sie immer vorbereitet, auch im Fall eines plötzlichen,
überraschenden Unfalls. »Ich habe eben Angst, dass ich irgendwann ins Krankenhaus komme und die Ärzte einem
Schläuche überallhin stecken und den Körper am Leben erhalten. Nee. Das Ende bestimme ich selbst.«

Sabine Stamer

Die »Gesellschaft für Humanes Sterben« gerät wiederholt ins Zwielicht. Anfang der 90er Jahre wird ihr damaliger Präsident Hans-Henning Atrott wegen Steuerhinterziehung beim Gifthandel verhaftet und später verurteilt. Außerdem werden Vorwürfe laut, die Gesellschaft verbreite fälschlicherweise, Zyankali verhelfe zur schmerzfreien Selbsttötung, und liefere die Giftpillen zu völlig überhöhten Preisen an psychisch Kranke, ohne die Einzelfälle zu prüfen.

Auch Inge Meysel gerät in den Strudel der Vorwürfe und Skandale. Ein Witwer, dessen Frau sich das Leben nahm, klagt: »Frau Meysel trägt zu einem großen Teil Schuld, dass meine Frau tot ist.« Ein Professor macht sie für den Beinahe-Tod seiner Mutter verantwortlich, die einen Suizidversuch nur zufällig überlebte. Er will gegen Inge Meysels Werbung für den selbst bestimmten Tod sogar vor Gericht ziehen, allerdings sind weder Selbstmord noch Beihilfe zum Selbstmord nach deutschen Recht strafbar. Die Hamburger Autorin Constanze Elsner behauptet sogar: »Mehr als Atrott verschuldet Inge Meysel den unnötig frühen Tod unzähliger Menschen. Denn ohne Inge Meysel wären über die Hälfte der DGHS-Mitglieder nicht in Atrotts Selbstmordverein.« Inge weist die Vorwürfe weit von sich, auch die Vorwürfe einer Frau, deren Mann sich nach Anleitung der umstrittenen Gesellschaft selbst getötet hat. »Die Frau, die jetzt behauptet, ihr Mann wäre psychisch krank gewesen«, kontert sie, »der es dreimal versucht hat und dann in der Badewanne das eingenommen hat, den nennt die psychisch krank. Den nenne ich einen Süchtigen nach dem Tod. Dann, Gott behüte, lasst ihn doch, wenn das Leben eine solche Last ist. So glücklich kann die Ehe nicht gewesen sein, sonst hätte er es mit ihr besprochen.« Unter bestimmten Umständen, so mag man ihre Position zusammenfassen, ist der Tod dem Leben vorzuziehen. Ob bzw. wann, das sollte jeder

Mensch allein entscheiden können. Für sie persönlich steht fest: »Ich möchte niemandem zur Last fallen. Ich habe niemanden mehr. Ich möchte nicht in ein Heim. Ich besuche sehr viele Heime und sehe so viele Menschen in Betten liegen, und die Schwestern kommen nicht mit, um genug Hilfe zu geben. Und da hab ich gewusst: Du liegst nicht in so einem Bett! Du machst dir dein eigenes Bett zurecht! Und wenn der Staat es schaffen würde, ältere Menschen günstiger unterzubringen als in unseren Altenheimen (ich nehme da ein paar aus), dann soll der Staat sich mal sehr anstrengen«, erklärt sie in einer Talkrunde.

Als die Moderatorin einwirft, die unmittelbaren Verwandten sollten sich mehr kümmern, gerät Inge in Rage: »Die Familien können sich nicht anstrengen. Nein, nein, nein! Nicht bei unseren heutigen Wohnverhältnissen. Früher hatten die Leute große Wohnungen oder mehr Häuser. Sie konnten einfach Oma und Opa, wie bei mir auf dem Dorf, oben auf die andere Etage bringen, aber nicht in einer Großstadt, das ist unmöglich. Es könnte auch ein Eheproblem werden oder ein Kinderproblem.«

Wer sie jetzt nicht nur für kaltschnäuzig, sondern auch für kaltherzig hält, sollte bedenken, dass sie selbst ohne zu zögern getan hat, was sie anderen nicht zumuten will. Sie hat ihre Mutter aus dem Krankenhaus zu sich nach Bullenhausen geholt, sogar gegen den Rat der Ärzte. Sie hat sie in ihr eigenes Bett gelegt, um ihr die Möglichkeit zu geben, in vertrauter Umgebung zu sterben. Aber sie selbst, sagt sie, habe nun mal niemanden, in dessen Bett sie sterben könne. Das wiederum findet die Moderatorin sehr traurig, doch Inge bleibt ganz nüchtern.

»Ich habe Menschen, die ich liebe, und Menschen, die mich lieben. Aber ich würde doch denen nicht zumuten zu sagen: Ich komme zu euch, mir geht's nicht gut, und jetzt

Sabine Stamer

pflegt mich! Nein. Ich will es nicht. Ich will es gar nicht!«
Umgekehrt möchte sie eine solche Verpflichtung für einen
anderen Menschen auch nicht eingehen: »Warum soll ein
fremder Mensch kommen, an meiner Tür stehen, und ich
muss ihm sagen: Oh Gott, wissen Sie, ich habe gerade zu
tun, ich drehe einen Zweiteiler in den nächsten Tagen, und
da kann ich Sie gar nicht aufnehmen. Wie schrecklich!«

Als die Niederlande 2001 die aktive Sterbehilfe legalisieren, ist Inge Meysel begeistert: »Ich finde das fabelhaft. Wir
sollten das nachahmen. Es ist menschlich das Anständigste,
was man sich vorstellen kann.« Falls sie selbst in die Lage
komme, nicht mehr leben zu wollen, erklärt sie mit 90 Jahren, dann werde sie sich allein zu helfen wissen: »Ich nehme
etwas ein, gehe ganz ruhig in die Elbe und fange an zu
schwimmen. Und wenn ich dann nicht mehr schwimmen
kann, gehe ich unter. Doch das bekomme ich gar nicht mehr
mit, weil ich ja vorher was genommen habe.« Über sein Leben selbst zu bestimmen bedeutet auch, frei zum Tod zu
sein, ist ihre Devise.

Der Requisitenschreck –
Kaviar und Zuckerstückchen

Als Grete Meysel stirbt, ist Inge 70 Jahre alt. An einem typischen Tag in Bullenhausen steht sie morgens um halb sechs auf, geht in ihrem Pool schwimmen. Dann kocht sie sich einen Tee mit Ingwer, bereitet zum Frühstück Würstchen, manchmal auch Kirschen, hört dabei Radio. Um sieben Uhr verlässt sie das Haus, um mit ihrem weißen Mercedes 250 CE ins Studio zu brausen. Sie lässt sich schminken, schnackt mit ihrer Maskenbildnerin und geht noch ein letztes Mal ihren Text durch. Pünktlich steht sie als Erste im Atelier und überprüft alle Requisiten. In der Mittagspause ernährt sie sich wieder von Würstchen – die halten schlank, glaubt sie.

Gegen sieben Uhr abends fährt sie nach Hause, schminkt sich ab und duscht, brät sich anschließend ein Steak und richtet sich einen Salat. Dabei ist der Fernseher schon eingeschaltet, sie erholt sich beim Anblick anderer Schauspieler oder politischer Sendungen. Sie liebt es fernzusehen und hat eine Extra-Antenne, um das DDR-Programm zu empfangen. Kabel ist ihr zu teuer. Auch im Bett guckt sie noch weiter in die Glotze.

»Ich sehe wahnsinnig gern ›Dallas‹ und bin irrsinnig neidisch auf die Form, wie es gemacht ist, wie diese Familie präsentiert wird und wie neue Personen eingeführt werden. Das ist von so akribischer Dramaturgie, dass man nur neidisch werden kann. Wer das nicht findet, der hat ›Dallas‹ nie gesehen.« Wenn sie ausschaltet, fängt sie an, ihre Rollen zu lernen. Nicht selten wacht sie mitten in der Nacht auf, schaut in ihr Textbuch und hört dabei Musik, am liebsten richtig laut. Manchmal geht sie nachts schwimmen, wenn sie nicht schlafen kann. Danach schlüpft sie – nass, wie sie ist – wieder ins Bett: »Sie glauben es nicht, in einer Stunde ist das Bett wieder trocken. Fabelhaft!«

Thilo Kleine, heute Geschäftsführer der Münchner Bavaria, lernt sie 1981 kennen. Er ist Redakteur beim NDR und soll Inge Meysel für eine Episodenrolle in einer Vorabendserie gewinnen. So klemmt er sich also das Drehbuch unter den Arm und fährt nach Bullenhausen. Da müsse man aber am Drehbuch noch allerlei machen, konstatiert die große Schauspielerin, und der junge Redakteur zückt umgehend und eingeschüchtert den Kugelschreiber, um die Änderungswünsche zu notieren. »Seite 1, Seite 2, Seite 3 ... Ich habe geflissentlich alles aufgeschrieben, was sie sagte. Als wir irgendwann bei Seite 10 waren – das Drehbuch hatte 45 Seiten –, da wurde ihr das langweilig, weil ich alles so devot aufgeschrieben und gar nicht mit ihr diskutiert hatte. Sie sagte: ›Jetzt ist's genug. Jetzt ist das Drehbuch gut!‹ Und dann haben wir uns sehr freundlich unterhalten. Ab da wurde das eine sehr nette Beziehung.«

Kleine betreut als verantwortlicher Redakteur eine Reihe von Meysel-Filmen, produziert von Hans Redlbach, der inzwischen die UFA verlassen hat und zur Phönix Filmgesellschaft gewechselt ist. Zu den herausragenden Produktionen dieser Jahre gehört die Verfilmung der heiter-satirischen Romane des New Yorker Schriftstellers Paul Gallico, zunächst »Mrs. 'Arris goes to Paris« unter dem deutschen Filmtitel »Ein Kleid von Dior«. Mrs. Harris ist eine englische Putzfrau, die von einer Reise nach Paris träumt, um sich dort einmal in ihrem Leben ein Kleid von Dior zu leisten. In weiteren Produktionen wird die Londoner Raumpflegerin Mitglied des britischen Unterhauses und später dann vom KGB für eine Spionin gehalten. Wüsste man nicht, dass der Autor starb, bevor er Inge persönlich kennen lernen konnte, so nähme man an, er habe keine andere als sie beim Schreiben seiner Geschichten im Sinn gehabt.

Während dieser Dreharbeiten hat Thilo Kleine viel mit Inge Meysel zu tun. Eines Morgens sind sie zu einer Besprechung in Bullenhausen verabredet, und Inge gelobt: »Ich mache auch etwas zu essen.« Der Redakteur, im Unterschied zur Schauspielerin ein eher unpünktlicher Mensch, verspätet sich um eine halbe Stunde. Grantig öffnet sie ihm die Tür: »Na, gut, dass du kommst, aber damit das klar ist, das Frühstück habe ich schon wieder abgeräumt. Es gibt nichts mehr!« Kleine, längst nicht mehr eingeschüchtert, sondern inzwischen vertraut mit Inges Marotten, nimmt es nicht krumm: »Jetzt muss man wissen, Inge Meysel hatte immer eine gesunde Sparsamkeit. Man könnte auch von leichtem Geiz reden. Damals war unser Verhältnis schon so, dass ich ihr sagte: ›Inge, pass mal auf, das glaube ich gar nicht!‹ Ich bin zum Kühlschrank gegangen, wo das abgeräumte Frühstück ja hätte stehen müssen. Es war überhaupt nichts drin außer einer Portion Cocktailwürstchen.« Die Ertappte hat furchtbar gelacht.

In sozialen Angelegenheiten sei sie wohl großzügiger, meint Kleine, aber »in diesen kleinen Dingen, da war sie wirklich spartanisch mit sich und ihrer Umgebung«. Ihr Geiz ist schon geradezu sprichwörtlich und hat unendlich viele kleine Anekdoten hervorgebracht. Sie ist zum Beispiel bekannt dafür, dass sie in jedem Café die überzähligen Zuckerstückchen einsteckt. »Brauchen Sie den Zucker?«, fragt sie dann höflich und lässt die Würfel in ihrer Handtasche verschwinden, um sie zu Hause in Bullenhausen ihren Gästen zu kredenzen. Beim Frühstück im Hotel sammelt sie Marmeladen- und Leberwursttöpfchen, die sie im Tournee-Bus großzügig verteilt, erinnert sich Gisela Trowe: »Sie hatte immer eine Plastiktüte und tat da alles rein. Ich fand es grauenhaft und lustig zugleich, weil ich dachte, vielleicht sitzt das so tief in den Knochen drin, arm sein oder Hunger haben. Es muss ja einen Grund haben. Also, wie ein kleiner Hamster.«

Requisiteuren ist sie ein Graus, denn nicht allein in den ersten Nachkriegsjahren sorgt sie dafür, dass alles Essbare auch verwertet wird. »Wenn wir irgendwelche Requisiten dabeihatten« – der Garderobiere Elke Lustig ist das bis heute peinlich –, »dann guckte sie schon immer und sagte: ›Pass mal auf, die paar Bananen kannst du mir heute Abend einpacken, die paar Äpfel auch noch. Ich komme sowieso nicht zum Einkaufen, dann habe ich noch was zum Frühstück.‹ An sich nimmt man dem Kollegen nicht die Requisiten weg. Ich hab immer gefragt, dann wusste der schon Bescheid: ›Ach, ich weiß ja, wofür.‹ Wenn sie ins Auto stieg – sie wurde abends nach Hause gefahren –, sagte sie noch: ›Hast du an meine Bananen gedacht?‹«

Aber das ist nur die eine Seite. Elke Lustig kennt auch die andere: »Sie kann auch sehr großzügig sein. Sie hat mir eigentlich jedes Mal am Ende ein sehr großzügiges Geschenk gemacht. Und das kam so ganz nebenbei. Ich durfte mich nicht groß bedanken, dann sagte sie: ›Pscht! Ruhig!‹«

Und wenn die Konzertdirektion Landgraf nicht genug Geld im Budget hatte, um einen bestimmten Schauspieler für eine Tournee zu engagieren, dann hat Inge Meysel mehr als einmal die Differenz aus eigener Tasche bezahlt: »Für die Qualität.« Das war ihr eine Menge wert, 200 bis 300 Mark am Tag, bis hin zu 30 000 Mark für eine Tournee. Mit anderen Worten: Sie selbst hat in so einem Fall auf rund 30 Prozent ihrer Gage verzichtet, und mehr als ein Kollege hat das Angebot wie selbstverständlich angenommen. Aber mal eine Runde ausgeben für alle Tournee-Beteiligten, so etwas ist bei Inge nicht drin.

»Sie schimpft immer, wie teuer alles ist«, stöhnt Udo Walz, ihr befreundeter Frisör, »und dann sage ich: ›Inge, das bezahl ja ich, nicht du. Vor ein paar Jahren hat sie mich mal eingeladen zu ihrem Geburtstag. Da waren wir bei einem Thailänder, wo das teuerste Gericht sieben Mark kostete. Da hat sie gesagt: ›Jetzt hab ich dich auch mal eingeladen!‹ Ich sag: ›Na, bravo!‹ Sie ist immer sehr sparsam gewesen, richtig geizig.«

Dabei ist sie keineswegs raffgierig. Sicherlich hätte sie als Werbeträgerin für halbfette Margarine, Würstchen oder koffeinfreien Kaffee eine Menge Geld anhäufen können, doch nimmt sie von diesem Geschäft ganz und gar Abstand. »Wenn es etwas Interessantes gäbe, für das sie sich einsetzen wollte«, meint Produzent Markus Trebitsch, »dann würde sie kein Geld dafür nehmen. Es gab in den letzten Jahren einige interessante Angebote. Ich bin mit ihr Vor- und Nachteile durchgegangen. Wir haben uns dagegen entschieden. Sie sagt: Ich bin Schauspielerin, keine Werbe-Ikone.«

Einmal wird sie schwach und lässt sich für 40 000 Mark an Hamburger Litfaßsäulen kleben. Doch schnell besinnt sie sich eines Besseren und überweist das Honorar an die Bethel-Anstalten. Sie will sich nur hergeben für Dinge, von denen sie wirklich überzeugt ist. Für die Fernsehlotterie zum Beispiel. Oder für Knoblauchpillen.

»Ich wär ja nie 80 geworden ohne Knoblauch«, erklärt sie in einer Talkshow. Meine ganze Familie hat geknoblaucht. Aber davon abgesehen, ich bin dieser Firma beigetreten, weil sie den höchsten Knoblauchanteil in dieser Tablette hat. Und weil ich dafür Geld bekam, sehr viel Geld, und davon sieben Institutionen sozialer Art mit ernähre.« Als der »Süddeutsche Rundfunk« sie für eine regelmäßige Ratgebersendung engagiert, lässt sie das Entgelt ebenfalls gemeinnützigen Einrichtungen zukommen.

Der PDS-Politikerin Angela Marquardt zahlt sie gar ein Jahr lang einen Zuschuss zum Studium. Und das kam so: Die beiden lernen sich 1995 kennen in der Sendung »Drei nach Neun«. Marquardt, Mitte zwanzig, hat als Vertreterin der SED-Nachfolgepartei einen schweren Stand, bis ihr schließlich Inge Meysel zur Seite springt. DDR und SED, da könne »er« doch nichts dafür, empört sie sich – und meint mit »er« die junge Politikerin. Trotz mehrmaliger Hinweise schon in der Maske will es Inge einfach nicht in den Kopf, dass hier eine Frau neben ihr sitzt. Angela Marquardt ist ein burschikoser Typ, in sportlichen, jungenhaften Klamotten und ultrakurzem, teils rasiertem rotem Punk-Haarschnitt, Augenbraue und Ohren ringsum gepierct.

Um das Ausmaß ihrer Solidarität mit der angefeindeten PDSlerin zu demonstrieren, verspricht Inge schließlich, jene während ihres Studiums zu unterstützen. Marquardt versteht das als nette Geste, glaubt aber nicht an praktische Folgen. Doch dann lässt sich Inge in der Garderobe tatsächlich eine Kontonummer geben und ruft einige Wochen später an, weil sie die Bankverbindung leider verbummelt habe. Ein Jahr lang spendiert sie der politisch aktiven Studentin hundert Mark monatlich. Von dem ungewöhnlichen Outfit lässt sie sich nicht abschrecken, versucht aber dann und wann, Angela Marquardt klar zu machen, dass so eine Frisur doch

Sabine Stamer

nicht vorteilhaft sei, wenn man andere Menschen von seinen Ideen überzeugen wolle.

Inge bittet die neue Freundin, ein Essen mit Gregor Gysi, damals noch Vorsitzender der PDS, zu organisieren. Sie hält ihn für einen glänzenden Politiker und macht sich vor der Bundestagswahl 1998 gemeinsam mit anderen Künstlern für seine Wiederwahl ins Parlament stark. Sie selbst gibt ihm ihre Zweitstimme, die erste wie eh und je der SPD. Die PDS, so meint sie, sorge am ehesten dafür, dass der Osten und der Westen stärker zusammenwüchsen.

Direkt nach dem Mauerfall hat Inge Meysel schon kritisiert, dass die Zusammenführung der beiden deutschen Staaten zu hektisch und zu einseitig vonstatten gehe. »Lasst diese Leute reinwachsen«, appelliert sie. »Herr Kohl sollte seinen Bismarck-Größenwahn etwas zurückhalten. Denn wir können viel von drüben übernehmen.« Auf die Frage eines westlichen Journalisten, ob sie denn nicht abschrecke, dass die PDS als Vertreterin des DDR-Unrechtsstaats gelte, kontert sie: »Aber, mein Lieber. Man sagt im Ausland, alle Deutschen seien Nazis. Und wir sind keine Nazis. So ist das mit dem Ruf von Feinden – man macht sie schlecht.«

Unabhängig von politischen Stimmungslagen hält das ungewöhnliche Paar Meysel-Marquardt privat lockeren Kontakt, sehr zum Missfallen von Inges argwöhnischer Umwelt. Doch die Schauspielerin erfreut sich trotzig ihrer unkonventionellen Bekanntschaft und lädt die Politikerin sogar ein, eine Woche mit ihr auf Hiddensee zu verbringen, einem Ort, der im geteilten Deutschland für sie nur schwer zugänglich war und nun die eigene Jugend wieder aufleben lässt. Hier hat Inge 1932 mehrere Wochen verbracht, um einer russischen Kollegin Sprachunterricht zu geben, nachdem ihr erstes Engagement in Zwickau durch die Schließung des Theaters so abrupt beendet worden war.

Damals lernte sie auch den auf der Insel lebenden Dichter Gerhart Hauptmann kennen, worauf sie beim Besuch des Hauptmann-Museums eindrücklich hinweist: »So war das aber nicht«, korrigiert sie unüberhörbar in jedem Zimmer, und alle drehen sich zu ihr um, »der Stuhl stand dort, der Tisch stand da ...« Am Ende möchte sie noch eine Karte kaufen, befindet aber, dass diese die geforderte 1 Mark 50 nicht wert sei. Sie legt einfach 50 Pfennig auf den Tresen und stolziert hinaus. Ihre Begleiterin kommt für den Rest auf.

Inges Sparsamkeit hat ihr eigenes System. Manchmal geht es gar nicht um ihr Portemonnaie, sondern einfach ums Prinzip. Verschwendung will sie grundsätzlich nicht akzeptieren. Und so macht sie im Restaurant einen Riesenaufstand, damit der Kellner die Hälfte vom Teller nehme, bevor sie das Essen anrührt. Das kann man doch noch verwenden, und sie weiß jetzt schon, dass sie so viel nicht 'runterbekommt.

Die zwei Weltkriege und die damit verbundenen wirtschaftlichen Notlagen müssen sie nachhaltig geprägt haben, was nicht bedeutet, dass sie nicht gern mal ein Döschen Kaviar genießt, am liebsten mit dem Löffel.

»Keep smiling!« –
Tür zu und heulen

Im Jahr 1985 geht Inge Meysel mit einem Stück auf Tournee, das von nun an für ein ganzes Jahrzehnt zu ihrem Leben gehören wird. »Teures Glück – ein Stück in drei Tagen« des französischen Autors Jean Bouchaud erzählt vom Schicksal dreier Frauen aus drei Generationen. Das Stück wurde mit dem Preis der Pariser Theaterkritik ausgezeichnet und 1983 bereits unter dem Titel »Wie war das damals?« als Fernsehfilm im ZDF gesendet, mit Inge Meysel in der Hauptrolle der Germaine Lescot, einer ehemaligen Schneiderin der Pariser Haute Couture, die es in den 30er Jahren bis zur Directrice eines der führenden Modehäuser brachte, nun aber allein mit ihren Erinnerungen in einer bescheidenen Pariser Wohnung sitzt.

Für Tochter Irène hat Germaine den Beruf und die große Liebe ihres Lebens aufgegeben, doch Irène weiß nichts von der Vergangenheit ihrer Mutter und macht sich ohne Rücksicht an den Verkauf des von Germaine hart erarbeiteten Appartements, um ihre eigenen finanziellen Probleme zu lösen. Ins Spiel kommt eine Immobilienmaklerin, die Germaines Enkelin sein könnte. Zwischen der Alten und der

Jungen entwickelt sich nun ein erstaunlich offenes Verhältnis, auf dessen Höhepunkt Germaine ihre Lebensbeichte ablegt und gesteht, Schuld am Tod ihres Mannes gewesen zu sein. Abend für Abend legt Inge Meysel den ganzen Schmerz ihres eigenen Lebens in diese Szene, auch ihre Trauer um John: »Kein Abend vergeht, an dem ich dann nicht losheulen möchte, und unten im Saal ist es auch ganz still.«

Das Stück hat zwei Schlussversionen. In der einen geht die Schneiderin ins Altenheim, in der anderen stürzt sie sich aus dem Fenster. Natürlich zieht Inge Meysel die dramatischere Version vor, zumal ein Leben im Altenheim für sie persönlich nie in Frage käme: »Ich lebe nur mit wenigen Menschen gern zusammen. Mit Alten leben zu müssen, da würde ich mich eher umbringen.«

Insgesamt zehnmal geht sie mit diesem Melodram auf Tournee durch die Republik, von 1985 bis 1995. Über 600-mal spielt sie diese Rolle. Bei der zweiten Reise hat sie selbst ein dramatisches Erlebnis. 77 Jahre alt, stürzt sie und verletzt sich ernsthaft am Knie. Trotz der schweren Beeinträchtigung bringt sie die Tournee noch zu Ende, mit Spritzen und festem Verband. Gemeinsam mit Kollegin Kerstin de Ahna entwickelt sie einen »Schlachtplan«, bei welchen Gelegenheiten sie sich während der Aufführung hinsetzen kann, ohne dass es zu sehr auffällt. So absolviert sie die restlichen vier oder fünf Abende der Tournee und lässt sich erst danach im Krankenhaus genauer untersuchen. Unter Vollnarkose wird wegen des Verdachts auf Meniskus-Schaden eine Gelenkspiegelung vorgenommen. Als die Betäubung nachlässt, merkt Inge, dass sie nicht mehr sprechen kann: Durch fehlerhafte Einführung des Narkoseschlauchs wurden ihre Stimmbänder verletzt.

Wochenlang flüstert und krächzt sie, sie weiß nicht, ob

Sabine Stamer

der Schaden dauerhaft ist und ob sie jemals wieder ihren Beruf so ausüben kann wie zuvor. Über Monate konsultiert sie etliche Ärzte, kämpft mit Kamillendämpfen und Kräutertees um ihre alte Stimme. Die Dreharbeiten für »Mrs. Harris fährt nach Monte Carlo« werden um fünf Monate verschoben, und am Ende muss sie lange Passagen nachsynchronisieren. »Die Amis haben ein wunderschönes Wort für das, was ich jetzt tue«, erklärt sie Journalisten, die sich nach ihrem Befinden erkundigen, »das heißt ›keep smiling‹ und bedeutet ›immer nur lächeln‹, danach kannst du in deinem Zimmer die Tür zumachen und heulen. Ich bin stolz auf meine Stärke. Wie es da drinnen aussieht, das weiß doch keiner.«

Als dann für die misslungene Narkose einfach die Rechnung kommt und nie eine Entschuldigung der Ärztin oder der Klinik, ist sie unglaublich enttäuscht: »Ich hatte eine solche Wut auf diese Frau, die mir dieses Loch in das Stimmband hineingestoßen hatte und sich nicht mal entschuldigt hat, dass ich gedacht habe: Ich will wieder sprechen, um der meine Meinung zu sagen.« Von einer Klage sieht sie allerdings ab, nachdem das Krankenhaus sich bereit erklärt, für den entstandenen Schaden aufzukommen.

Der Aufenthalt in einer Erlanger Spezialklinik bringt sie endlich auf den Weg der Besserung: tägliche Sprechübungen, Atemtechnik, Tontechnik, wie für eine Anfängerin. Das fällt ihr nicht leicht: »72 Jahre habe ich natürlich geatmet, jetzt wollte man mir weismachen, ich hätte 72 Jahre falsch geatmet.« Dennoch, eisern hält sie durch, schiebt ihre Ängste und den Widerwillen beiseite und gewinnt schließlich nach Monaten harten Trainings ihre alte Stimme wieder. Einmal mehr bewährt sich Inges Kämpfernatur.

Das Schlimmste an der ganzen Situation war ihrem Empfinden nach die Ohnmacht. Sie braucht Kontrolle über jeden

Zipfel ihres Lebens. Sie sagt, wo es langgeht, sie ist die Dirigentin. Konsequenterweise hat sie nicht einmal einen Manager, der ihr in die Geschäfte hineinpfuschen könnte: »Ich bin mein eigener Manager. Ich brauche mich nicht zu managen. Entweder man nimmt mich oder man nimmt mich nicht. Man will mich oder man will mich nicht. Was dabei sehr gut ist: Ich kann die Gage selbst ausmachen. Wenn jemand sagt: ›Das und das …‹, kann ich sagen: ›Sagen Sie, ich hör doch schwer, nicht, was haben Sie gesagt? Da muss ein Fehler passiert sein.‹ Und dann sind die andern vor lauter Schreck ganz nett. Jetzt wollen sie die Alte bloß nicht kränken. Früher haben sie gesagt: Die ist so frech, lieber noch eins drauflegen. Jedes Alter hat seine Vorteile.«

Nie würde sie die Zügel aus der Hand geben, auch dann nicht, wenn es nicht ihre Aufgabe ist, den Lauf der Dinge zu bestimmen. Das macht sie jedem bereits in den ersten Minuten des Zusammentreffens klar, den Journalisten zum Beispiel. Sei es auf einer Pressekonferenz oder in einer Talkshow, sie ist – zum Graus der Talkmaster – die Fragende, nimmt ihnen das Heft aus der Hand.

»Wie fangen Sie den Film denn an? Haben Sie eine Ahnung?«, triezt sie den Autor eines Fernseh-Features über die Meysel. Mit abweisendem Blick sitzt sie in ihrem Bullenhausener Garten, eine Mischung aus Hochmut, Desinteresse und schlechter Laune ausstrahlend, und vermeidet es, den offensichtlich unwillkommenen Besucher anzuschauen, wendet den Kopf mal nach links, mal nach rechts, das Kinn leicht erhoben, mit jeder Faser ihres Körpers signalisierend: Komm mir bloß nicht zu nahe! Dieses Interview mit ihr werde die Grundlage des Films bilden, antwortet das unsichtbare Gegenüber und bekommt sofort eine vor den Latz: Das sei aber »ganz mies«, damit würde ihr der »schwarze Peter« zugeschoben.

Dabei kommt ihr das im Grunde entgegen, meint sie doch am besten zu wissen, wie ein Film oder Artikel über Inge Meysel auszusehen hat, welchen Verlauf eine Diskussion nehmen sollte, wie man eine Sendung konzipiert. Auf einer Pressekonferenz wird einer ihrer letzten Filme, der sie als verwirrte alte Dame zeigt, vorgestellt. Ob sie persönlich denn die Einsamkeit des Alters kenne, wollen die anwesenden Journalisten wissen, doch Inge dreht den Spieß um: »Wie halten Sie es denn mit Ihren Eltern? Haben Sie auch eine Großmutter …?« Keinen lässt sie so einfach davonkommen. »Nicht immer dieselben Frager!«, ordnet sie an. »Sie da, mit dem schönen Haar, Sie lächeln mich so nett an. Fragen Sie doch auch mal was!«

»Ich glaube, dass ich heute Abend hier im Grunde auf der falschen Beerdigung bin«, eröffnet sie einem verdutzten Talkshow-Moderator gleich nach der Begrüßung. »Denn sehen Sie, hier wollen Sie über Recht und Gerechtigkeit und Richtigkeit des Gesetzes reden, und damit kann ich doch als normaler Mensch nichts anfangen.« Sie, die sich immer und überall einmischt, behauptet plötzlich, man solle die Debatte über Recht und Unrecht allein den Juristen überlassen. Welche Ungerechtigkeit denn der Moderator selbst erfahren habe, dass er das zum Thema mache, will sie wissen und insistiert: »Sie sollen mich nicht was fragen, Sie sollen antworten!« Völlig verblüfft gibt der arme Kerl zu, ihm persönlich sei noch nie Unrecht widerfahren. Einmal mehr hat Inge Meysel bewiesen, dass sie das Zepter schwingt und kein anderer.

Um das zu erreichen, verrennt sie sich mitunter in Widersprüche und Positionen, die im Grunde gar nicht ihre sind, behauptet in der einen Sendung dies, im nächsten Interview das – je nachdem, woher der Wind weht, nicht um ihr Fähnchen danach zu hängen, sondern um Kontra zu geben.

»Wollen Sie sich nicht lieber setzen, bevor wir miteinander reden?«, fragt höflich eine Journalistin am Anfang des Gesprächs. »Nein, ich stehe«, kontert Inge, »Sie brauchen gar nicht gütig zu mir zu sein, ich bin es zu Ihnen auch nicht. Es dauert ja nicht lange.« Gut möglich, dass sie beim nächsten Mal, sollte die fürsorgliche Nachfrage ausbleiben, beanstandet: »Wollen Sie etwa nicht warten, bis ich mich gesetzt habe?«

»Stehen Sie nicht so herum, helfen Sie mir!«, kommandiert sie einen Reporter zur Gartenarbeit ab, vergisst bei alldem aber nicht, ihren Charme spielen zu lassen. Ein Abschiedslächeln oder -winken, vielleicht sogar eine Kusshand zum Schluss, macht noch einmal unmissverständlich klar, dass man es hier nicht mit einer verbitterten, sondern mit einer besonders kecken Alten zu tun hat.

»So, fragen Sie!«, eröffnet sie die Gespräche, um sogleich zu kritteln: »Das ist die dümmste Frage, die ich je gehört habe.« Wer Glück hat, bekommt auch mal zu hören: »Sie haben gute Fragen gestellt!« Doch das ist selten, und auf keinen Fall verkneift sie es sich, ihr Gegenüber detailliert zu benoten – von der Frisur bis zur Thematik. Das Urteil hängt ganz wesentlich von ihrer Stimmung ab. Fragen nach Religion und Glauben findet sie mal »zu privat«, mal »sehr klug«. Am liebsten sagt sie: »Das geht Sie einen Scheißdreck an!« Man gewinnt den Eindruck, sie suchte geradezu nach einer Gelegenheit, um sich so schnodderig und burschikos in Szene zu setzen.

Über ihre schwachen Seiten spricht sie nie, denn, wie gesagt: »Keep smiling!« Fragen nach ihrem traurigsten Tag oder wann sie das letzte Mal geweint habe, beantwortet sie demnach nicht. »Inge Meysel gibt Wesentliches nur ungern preis«, stellt eine Interviewerin schon 1978 fest. »Ihre Antworten auf manche Fragen sind so knapp, dass sich dem

Sabine Stamer

Interviewer, ist er ein bisschen taktvoll, Weiterbohren verbietet.« So wahrt sie aller Prominenz zum Trotz ihre Privatsphäre.

Mehrmals wird sie gedrängt, ihre Memoiren zu schreiben, und lehnt ab: »Die Dinge, die ich wirklich privat erlebt habe, habe ich für mich erlebt und möchte sie nicht niederschreiben und breitwalzen. Diese Indiskretion könnte ich mir und meinem Partner gegenüber nicht verantworten.« 1991 gibt sie schließlich doch eine Autobiografie heraus. Ihr sei zu Ohren gekommen, erklärt sie, jemand plane ein Buch über sie, und da habe sie es lieber selbst machen wollen: »Ich wollte nicht, dass etwas Falsches über mich geschrieben wird.«

Der Entstehungsprozess ist wahrlich kein einfacher. Vier Ghostwriter verschleißt sie, bis das Buch letztlich auf den Markt kommt. Eigentlich sollte es bei Ullstein-Langen-Müller erscheinen, doch meint Inge, ihr Ghostwriter habe sich zu viele Freiheiten herausgenommen und nicht nah genug an ihrem Text gearbeitet. Zudem erfährt sie, dass auch der Republikaner-Vorsitzende Franz Schönhuber im selben Verlag publiziert hat. Mit diesem Rechtsradikalen unter einem Dach? Das ist für sie völlig inakzeptabel. Infolgedessen erklärt sie ihren Vertrag kurzerhand für null und nichtig, zerreißt einen Barscheck über 100 000 Mark und schickt ihn postwendend zurück. Der Ullstein-Verlag veröffentlicht schließlich unter dem Titel »Inge Meysel – Die verborgenen Jahre« eine nichtautorisierte Teil-Biografie, die bis zum Ende des Zweiten Weltkriegs reicht, bis zu dem Punkt also, an dem sich der Autor, Maurus Pacher, und die Protagonistin verkracht haben.

Drei Schreiberinnen nacheinander versuchen währenddessen, Inges Autobiografie, die nun von Beltz-Quadriga herausgegeben werden soll, zu vollenden. Mit allen überwirft sie sich nach einigen Wochen. Keine kann es ihr recht machen. Als die dritte aufgibt, vollendet Lektor Claus Koch selbst das Werk und hat dann noch Mühe, sie bei der Gestaltung in vernünftige Bahnen zu lenken. Sie will so vieles nicht einsehen: dass ein Buch mit 320 Seiten nicht 800 Bilder enthalten kann, dass diese nicht größer sein können als das Seitenformat, dass ihre Lieblingsbilder nicht unbedingt die interessantesten sind … »Enthüllungen« irgendwelcher Art enthält dieses Buch natürlich nicht. Auf 365 Seiten bleibt Inge ihrem Vorsatz treu, von sich selbst so wenig wie möglich preiszugeben.

Geschickt und entschieden hat sie von Anfang an an ihrer öffentlichen Erscheinung gebaut. Der unbedingte Wille, das öffentliche Bild zu kontrollieren, und mannigfaltige Erfahrungen mit den Medien machen sie zu einer routinierten und skeptischen Interviewpartnerin: »Ich denke immer, jetzt reden wir ganz natürlich, aber was wird er schreiben?« Sie ist eine gute Darstellerin – auch ihres eigenen Lebens. Für jedes Interview setzt sie sich bewusst in Szene. Sie weiß, was ankommt, sie weiß, was die Leute an ihr mögen, und erfüllt diese Erwartungen nur allzu gern. Das wäre natürlich langweilig, wären Provokation und Unangepasstheit nicht elementare Bestandteile ihres Images. Inge Meysel ist immer für eine Überraschung gut, weiß das Publikum. Und so hat sie eine Meisterleistung vollbracht: Sie kann Klischees bedienen und sich gleichzeitig unkonventionell geben. Sie ist Volkes Liebling und schwimmt gegen den Strom. Das will natürlich austariert, vielleicht sogar berechnet sein.

Dabei ist ihr gleich noch ein Streich gelungen. Sie wirkt in der Öffentlichkeit keineswegs als Kunstprodukt ihrer eigenen Imageberatung, sondern als ganz natürliches Wesen. Deshalb lieben doch die Zuschauer ihre Meysel, weil sie so echt ist. Jeder denkt, so wie sie sich öffentlich gibt, ist sie auch zu Hause, doch das stimmt nur zum Teil.

Sabine Stamer

»Wenn man mit ihr alleine ist«, so erinnert sich Helmut Stauss, Schauspielpartner in »Harold und Maude«, »und sie war ja häufig bei mir zu Hause, wenn wir alleine waren, war das sehr entspannt. Es durfte nur nicht klicken. Dann ist sie halt die Inge Meysel, die man so kennt: durchsetzungsfähig, dominant und so. Wenn kein Fotoapparat in der Nähe ist, dann ist sie ganz weich und ganz bei sich. Das war sehr schön, dann war sie ein richtiger Freund.«

Wer kann das heute noch auseinander halten: Die öffentliche Inge, die private Inge, Käthe Scholz und Mrs. Harris – sie haben inzwischen so viel gemeinsam, scheinen unzertrennlich miteinander verwachsen und verwoben.

»Selbst wenn man denkt, sie macht etwas um der Wirkung willen, ist sie sie selbst«, meint Uwe Friedrichsen. »Ich hab's erlebt. Wir wurden in Köln abgeholt vom Flughafen. Große Limousine, eine Art roter Teppich für die Inge. Sie kriegt einen riesengroßen Blumenstrauß. Im morgendlichen Straßenverkehr sieht sie vor einer Buchhandlung eine Türkin den Bürgersteig fegen. ›Bitte, halt an, jetzt sofort!‹, ruft sie, nimmt den Blumenstrauß, steigt aus. Der Fotograf natürlich hinterher. Dann steht sie vor dieser völlig verblüfften Türkin, nimmt eine Rose aus ihrem Strauß und sagt: ›Mein Name ist Inge Meysel, ich wünsche Ihnen einen schönen Tag.‹ Nun kann man sagen, aha, sie hat das wegen des Fotografen gemacht. Ich glaube nein, die ist so.«

Böse Geister –
»Wieso ist sie eigentlich kein Weltstar?«

Im Mai 1990 feiert Inge ihren Achtzigsten. Sie kommt jetzt in die Jahre, wo nicht mehr nur jeder zehnte, sondern jeder fünfte Geburtstag besonders gewürdigt wird. ARD und ZDF veranstalten aus diesem Anlass glanzvolle Galas, produzieren Sondersendungen und wiederholen ihre besten Filme. Sie erhält Berge von Fanpost, auch Glückwünsche vom Bundespräsidenten. Als Dank zeigt sie sich unverändert kiebig: »Ich glaube, ab 70 gibt's das immer, weil man sagt, vielleicht stirbt sie im nächsten Jahr, dann haben wir noch einen Glückwunsch geschickt. Aber ich muss Ihnen sagen, ich bekomme sehr viele Telegramme, und es ist mir völlig egal, ob es der Präsident oder Portier eines Hotels ist, Glückwunsch ist Glückwunsch, und Nettigkeit ist Nettigkeit. Und dafür bedanke ich mich bei allen schon im Voraus, falls ich es nicht mehr erlebe.« Das Publikum klatscht begeistert, aber natürlich hat sie ein bisschen geflunkert, denn in Wahrheit stellen die knappen Grußworte des Präsidenten »das schönste Telegramm ihres Lebens« dar.

Zum Achtzigsten will sie dem ganzen Rummel entfliehen. Mit ihrer Freundin Regine Lutz bucht sie eine Reise nach

Capri, wo sie sich im berühmten Grand Hotel Quisisana einquartieren, schon im 19. Jahrhundert bekannt durch seine illustren Gäste von Oscar Wilde über Graham Greene bis hin zu André Gide. Noch ein paar Freunde kommen hinzu, unter ihnen Frisör Udo Walz (mit einem Journalisten im Schlepptau). »Zu meinem Geburtstag«, verkündet Inge, »will ich irgendwohin, wo mich niemand kennt!« Also suchen die Freunde ein abgeschiedenes Lokal, wo sie unbehelligt essen und feiern können. Auf einmal stößt Inge Udo an: »Sag mal, bist du bescheuert? Ich sehe niemanden, mich sieht keiner, was ist denn das für ein Geburtstag?« Also zieht die kleine Gesellschaft noch auf die Piazetta, ins Licht der Öffentlichkeit. »Da war sie wie der Papst in Capri«, erinnert sich Walz, »jeder hat sie getätschelt.«

Den 85. Geburtstag plant sie von vornherein öffentlich zu feiern, mit 450 Gästen im Tivoli-Theater auf der Reeperbahn und anschließender Übertragung im ZDF. Von Hans Joachim Kulenkampff über Johannes Heesters bis hin zu Altkanzler Helmut Schmidt sind alle angetreten. Etwas Satirisches wünschen sich die Programmmacher zur Auflockerung und beauftragen den von Inge sehr geschätzten Prominenten-Imitator Stephan Wald, der mit einer Persiflage auf die Talk-Schwemme aufwartet und in drei Rollen erscheinen will: als Meysel, Biolek und Kanzler Kohl. Doch seine harmlosen Albereien erscheinen den Organisatoren des festlichen Abends plötzlich als zu respektlos. Sie streichen Walds Nummer. Der hofft auf Unterstützung durch die allzeit despektierliche Jubilarin. Vergebens: »Angriffe auf den Regierungschef sind auf Geburtstagsveranstaltungen unstatthaft«, befindet die Gefeierte.

Die Geburtstage scheinen sie kaum älter werden zu lassen. »Es gibt Menschen, die werden mit dem Alter immer besser. Sie gehören dazu …«, eröffnet ein Moderator das Gespräch und steht mit seiner Einschätzung längst nicht allein. Mit gespielter Empörung fällt Inge ihm ins Wort: »Also, das finde ich eine Gemeinheit! Sie kannten mich doch gar nicht als 17-Jährige. Eine Unverschämtheit! Ich war wirklich eine dolle Nummer. [Das Publikum lacht.] Das ist das Schlimme am Alter, man weiß es nicht. Ich fühle mich manchmal wie 18 oder 25, manchmal wie 14. Und nur wenn ich am Spiegel vorbeigehe, sage ich: ›Hallo, Frau Meysel!‹ Und dann bin ich wieder 80 oder 79.«

Obwohl sie Turnübungen hasst, hält sie sich mit Gymnastik fit, kann noch mit 90 die Beine über den Kopf schlagen. Sie kämpft mit den Wellen in ihrem Pool, manchmal auch nach Mitternacht, anschließend gönnt sie sich einen Whisky und eine Zigarette. Nach der epidemieartigen Ausbreitung der Fernseh-Talkshows ist sie gern gesehener – von vielen Moderatoren gefürchteter – Gast in sämtlichen Sendungen dieser Art, sie kocht im ZDF Seelachsfilet in Sesamkräutereihülle und zeigt sich auf Benefiz-Veranstaltungen. Sie rauscht mit ihrem Mercedes mal eben nach Berlin, nach wie vor eine rasante Fahrerin, die voll durchstartet, sobald die Ampel auf Grün schaltet. Sie fliegt zum Dreh an die Côte d'Azur, wenn sie nicht gerade auf Tournee ist. So läuft sie in den 90er Jahren – was ihre Achtziger sind – noch auf fast vollen Touren.

Doch selbst an Inge Meysel geht das Alter nicht spurlos vorbei. 1993 muss sie zum ersten Mal aus gesundheitlichen Gründen ein geplantes Gastspiel absagen. Am Berliner Renaissance-Theater sollte sie noch einmal Gerhart Hauptmanns Frau Fielitz spielen. Ihr Arzt rät ab aufgrund zu hohen Blutdrucks. Bald darauf entschließt sie sich – nach dem schweren Unfall eines Freundes –, den Führerschein abzugeben, und verkauft ihren weißen Mercedes. Sie will keine Schlagzeilen produzieren, die verkünden: »Inge Meysel, 84,

verursachte Unfall.« Ein schwerer Schritt für die einst lei-
denschaftliche Autofahrerin, den sie auch umgehend bereut.
Doch um ihren Führerschein wiederzubekommen, müsste
sie erneut eine Prüfung ablegen, und die – da ist sie sich sicher – würde sie nicht mehr bestehen. Seither fährt sie also
mit der Bahn oder lässt sich chauffieren, nicht ohne den Fahrer in regelmäßigen Abständen zu ermutigen: »Geben Sie
Gas!«

Auch beruflich lässt sich nicht verbergen, dass sie so ak-
kurat und perfekt wie früher nicht mehr arbeiten kann. Das
Gedächtnis lässt nach, das ist ihr größtes Problem, denn
schließlich ist es ihr wichtigstes »Werkzeug«. Weil die Bühne von der 85-Jährigen zu lange Strecken der Konzentration
und Erinnerungsarbeit fordert, verabschiedet sie sich 1995
vom Theater mit dem rund 600-mal erprobten »Teuren
Glück«, ein schwerer Schritt: »Ich habe von drei Vierteln
meines Lebens Abschied genommen.« Für das Fernsehen
arbeitet sie weiter, denn das Drehen erlaubt Wiederholun-
gen und Unterbrechungen, falls es mal nicht auf Anhieb
klappt.

»Sie hatte die letzten Jahre immer furchtbare Angst, dass
sie ihren Text vergessen würde«, erinnert sich ihre Garderobiere Elke Lustig. »Ich habe also morgens, während sie
geschminkt wurde, noch immer mit ihr geübt. Sie hat dann
ihren Teil gesagt, ich musste für die Partner sprechen. Es gab
immer ein Extra-Drehbuch, das sie auseinander genommen
hat. Sie riss sich ihre Textstellen raus und stopfte sie irgendwohin. Man musste immer höllisch aufpassen, wo sie die
Zettel gelassen hatte, weil sie zwischendurch oft verlangte:
›Gib mal schnell meinen Text!‹ Wenn eine Passage abgedreht
war, dann wanderten die Seiten in den Papierkorb, nach dem
Motto: Schluss! Aus! Erledigt! Das muss jetzt raus aus dem
Kopf.«

Sabine Stamer

Das Arbeiten ist schwieriger geworden, doch die Liste ihrer Fernsehrollen deswegen kaum kürzer. Sie spielt in diversen Krimis mit, in »Tatort« und »Polizeiruf 110«, dreht verschiedene »Heimatgeschichten« und einige TV-Filme, die sich mit den klassischen Problemen des Alters beschäftigen: Einsamkeit und Hilflosigkeit, Unverständnis zwischen den Generationen, Abschiebung ins Altenheim und die mangelnden Alternativen. Themen, die sie nun auch persönlich angehen. Rollen, in die sie immer häufiger ohne Hut und Dauerwelle schlüpft.

In »Guppies zum Tee« (Monika Peitsch mal wieder als ihre Tochter, 1997) wird sie als inkontinente und renitente Witwe ins Altenheim abgeschoben. In »Die Blauen und die grauen Tage« (1999) wartet sie mit einem Gegenentwurf auf und gründet als altersdemente Oma Hansen eine Wohngemeinschaft. »Das vergessene Leben« (1998) zeigt sie als die völlig verwirrte Sophia, die hilflos und ohne Papiere an der Autobahn aufgelesen wird. Die alte Frau wird in eine psychiatrische Anstalt gebracht und lernt dort einen jungen Pfleger, gespielt von Florian Lukas, kennen, der mit Engelsgeduld ihr Vertrauen gewinnt. Die Rolle der Sophia, die sich in ihre eigene Welt zurückgezogen hat und jegliches Gespräch verweigert, ist über weite Strecken eine stumme Rolle.

Die Regisseurin Claudia Prietzel ist gespannt auf die Darstellung dieser gebrochenen Figur durch eine Schauspielerin, die sonst eher als ein bestimmter »Kapott-Oma-Typ« mit Locken und Lächeln bekannt ist. Wie viel Mut zur Hässlichkeit, Mut zur Orientierungslosigkeit hat Inge Meysel? Das wird während des Drehs zur zentralen Frage. »Das Problem war der Grad der Verwirrung«, sagt Claudia Prietzel. »Ich wollte sie immer verwirrter darstellen als sie. Das war der Konflikt. Der absolute Albtraum war, als die Nachricht kam, sie sei wieder bei Udo Walz gewesen. Sie sollte diese verstörte Frau spielen, die natürlich überhaupt keine hübsche Frisur hat, die versucht, ihren Kopf zusammenzuhalten und nicht ihre Haare. Und dann war sie beim Frisör.«

Eines Nachts dreht das Team an der Autobahn. Es nieselt. Inge Meysel ist Sophia. Mit wirrem Blick und ebenso wirrem Haar versucht sie sich zurechtzufinden. Plötzlich fährt ein Reisebus vorbei. Die Passagiere erkennen Inge Meysel und winken, der Busfahrer hupt. Sofort wandelt sich Sophia wieder zu Inge Meysel, wie man sie aus den meisten Filmen kennt: Schnell noch durchs Haar gekämmt, ein strahlendes Lächeln aufgesetzt und zurückgewunken.

Regieassistent Peter Henning glaubt, dass sie manchmal Angst vor der eigenen Courage bekommt. »Irgendwann wurde ihr das zu viel, und sie hatte Angst, dass der Film zu schwer wird. Außerdem sagt sie von sich selbst ja immer: Ich werde das alles nicht mit mir machen lassen. Ich sterbe entweder beim Drehen oder nehme diese kleinen Pillen aus meiner Tasche. Ich bin immer die starke Meysel und lasse mir nichts gefallen. Und das möchte sie auch in den Rollen immer drin haben. Das passt hier natürlich nicht, weil Sophia einfach krank ist und nicht diese Mittel hat. Inge Meysel hätte gerne, dass in jedem Film irgendwann das unterdrückte Wesen aufsteht und sagt: Ich bin's doch, die Meysel, und jetzt gehe ich hinaus und zeige der Welt, dass es doch Gerechtigkeit gibt.«

Inge weiß gleichzeitig, dass die Realität oft anders ist. Es ist ihr deshalb sehr wichtig, dass »Das vergessene Leben« nicht plötzlich ein Happy End bekommt, sondern dass das Schicksal der hilflosen Sophia so ausweglos bleibt, wie es realiter wohl auch wäre. Ihre Haltung erinnert an ihr Verhältnis zu jenem Film »Schau heimwärts, Engel« aus den 6oer Jahren, den sie einerseits zu ihren bedeutendsten Wer-

Sabine Stamer

ken zählt, während sie auf der anderen Seite Angst hatte, das Publikum würde ihn ob seiner Tiefe und Tristesse nicht akzeptieren.

Wahrscheinlich fürchtet sie auch, ihr persönlich könne es einmal so ergehen wie Sophia, die nicht mehr Herr ihres Lebens ist. Vielleicht darf Sophia nicht allzu irr sein, weil die 88-jährige Inge keine bösen Geister heraufbeschwören möchte. Sie merkt beim Drehen, dass ihr Körper nicht mehr so mitmacht wie früher, gibt sich aber alle Mühe, sich nichts anmerken zu lassen. Immer noch hat sie »einen erbarmungslosen Willen sich selbst gegenüber«, stellt Regisseurin Prietzel fest, »völlig ohne Mitleid für die eigenen Schwächen. Sie hatte starke Schmerzen im Knie, aber nur ein einziges Mal hat sie gesagt: Ich kann nicht mehr. Ich habe oft gedacht: Ob das gut geht?«

»Sie lebt vom Kampf«, bestätigt Peter Henning. »Wenn sie mal sagen könnte: Kinder, mir geht's schlecht heute, das wäre viel einfacher. Aber das würde sie nicht machen. Im Drehalltag, da will sie ihr Image nicht verlieren und kämpft und kämpft und kämpft und kämpft. Man würde sie viel mehr lieben, wenn sie irgendwann mal sagen würde: Ich kann nicht mehr.« Das kommt für Inge nicht in Frage. Als sie hört, dass die Regisseurin von der Produzentin mehr Drehtage verlangt, um angesichts des Alters der Hauptdarstellerin häufiger Pausen einlegen zu können, ist sie zutiefst entrüstet.

Statt Schwächen zu zeigen, wird Inge Meysel eher aggressiv. Spaß am Leben habe sie, solange es »Spaß am Kampf« für sie gebe, sagt sie selbst. »Ich bin als Kind schon immer aggressiv gewesen. Ich bin einfach eine Angreiferin. Wenn einer mir zu nahe kam, habe ich geschlagen, getreten, oder ich habe mich abgewandt und gesagt: Das ist mir zu dämlich, aus! Ich habe sozusagen immer den anderen niedergemacht.« »Hart, aber fair« ist dabei ihre Losung: »Ich bin eine ehrliche Kämpferin und erwarte das auch von der Gegenseite. Das Messer muss hier vorne rein, in die Brust.«

Ihre Angriffslust ist durch ihr Alter kaum geschmälert. »Wie, der soll die Rolle spielen? Der ist doch gar nicht schön genug! Der ist mir zu klein!«, pöbelt sie gleich am Anfang gegen ihren Partner Florian Lukas. Nach zwei Tagen bereits reden die beiden kein Wort mehr miteinander. Die Regisseurin wird zunächst zur »Regisseuse« und ist schließlich nur noch »das Aas«. Kein Wunder, dass Prietzel heute urteilt: »Das hat schon teilweise sehr bösartige Züge, was sie mit anderen Menschen macht.«

Auch der Kameramann hat sein Tun. Sie spielt allzu gern in die Kamera, nie kriegt er sie von hinten oder von der Seite. So ist es zum Beispiel unmöglich, zwei Schauspieler im Profil einzufangen, denn immer findet Inge einen Trick, sich im Laufe einer Szene zur Kamera zu drehen. Die anderen Schauspieler, so Claudia Prietzel, treibe das natürlich »zum Wahnsinn«, denn die haben auf diese Art einfach keine Chance. »Es ist unglaublich«, staunt Peter Henning, »wie sie das schafft, wie sie eigentlich direkt von der Kamera weggehen soll und sich dann noch einmal um sich selbst dreht – möglichst mit einem Lächeln. Das liebt sie.«

Das Team ist vergrätzt, und schon nach kurzer Zeit ist Inge – die beliebte Prominente – isoliert, verbringt die Pausen allein in ihrem Wohnwagen.

Wie beim »Roten Strumpf« findet sie zunächst kein gutes Wort für »Das vergessene Leben«. Und wieder ändert sich das, als die Kritiken sehr positiv ausfallen und sie am Ende sogar mit dem »Goldenen Gong« geehrt wird. »Die grandiose Darstellung der Sophia zeigt einmal mehr, dass Inge Meysel zu den ganz großen Schauspielerinnen der deutschen TV-Geschichte gehört«, so die Begründung der Jury. »Inge

Meysel – einmal gar nicht patent und couragiert«, würdigt die Kritik.

»Wieso ist sie eigentlich kein Weltstar?«, fragen sich Prietzel und Henning häufig. »Wieso ist sie eigentlich so eng? Warum spielt sie immer dieses bestimmte Programm? Wir glauben, dass sie das vorzieht. Sie möchte die Meysel-Figur mitnehmen und geht deshalb nicht weit genug, obwohl sie die Möglichkeiten hätte.« Lieber gibt sich Inge Meysel mit dem auf die Heimat begrenzten Erfolg zufrieden, als sich auf unsichere Experimente einzulassen, um mehr zu erreichen. »Sie wäre eine viel bessere Schauspielerin, wenn sie nicht immer beweisen wollte, wie gut sie ist«, urteilte ihre inzwischen verstorbene Kollegin Agnes Windeck schon, während »Die Unverbesserlichen« gedreht wurden.

Doch mag sie auch den Sprung ins internationale Filmgeschäft nicht geschafft haben, in Deutschland würdigt man sie mit allen denkbaren Auszeichnungen und Ehrungen, die sich eine Schauspielerin wünschen kann. Unter stehenden Ovationen erhält sie nach unzähligen anderen Preisen im Jahr 2000 den Deutschen Fernsehpreis – als »Leitfigur des deutschen Fernsehens«. Ironie der Geschichte: Neben ihr sitzt – ebenfalls Preisträgerin – Marianne Hoppe, einst erfolgreiche Staatsschauspielerin im Nationalsozialimus.

Abschiedsfilm –
Ohne viel Worte und
große Gesten

Die heimliche Liebe gratuliert als Letzter: eine einzelne rote Rose und ein Kniefall vor der 90-jährigen deutschen Schauspielerin von Alain Delon. Es ist schon eine ganze Weile her, dass Inge ihrem Freund und Produzenten Markus Trebitsch anvertraut hat, wie sehr sie für den französischen Filmstar schwärmt. Rechtzeitig zur Fernseh-Geburtstagsgala erinnert sich Trebitsch, lädt Delon ein, und tatsächlich reiht sich der auch nicht mehr junge Beau in die Schar der prominenten Gratulanten ein. Noch nie habe sie ein Abend so zum Zittern gebracht, übertreibt die Jubilarin, die noch immer nicht daran denkt, vom Unruhe- in den Ruhestand zu wechseln.

Zwar sagt man ihr nach, sie sei milder geworden, doch sind solche Aussagen relativ zu betrachten. Verglichen mit Inge Meysel vor 30 Jahren mag das durchaus zutreffen, verglichen mit anderen 90-Jährigen ist sie an Energie und Kampfgeist kaum zu übertreffen.

Als man ihr zur Verbesserung des Hochwasserschutzes einen Deich vor die Nase setzen will, bläst sie zum bühnenreifen Deichkrieg. Denn der geplante acht Meter hohe Erdwall würde ihr und acht weiteren Villen-Besitzern am Bullenhausener Südstrand den freien Blick auf die Elbe nehmen. Dass sie das unter keinen Umständen kampflos akzeptieren wird, hat sie schon 1975 unter Beweis gestellt mit einer Anzeige gegen ihren Nachbarn, der ihr 170-Grad-Flusspanorama durch den Ausbau seines Hauses um acht Grad eingeengt hatte. Inge zieht vor Gericht, verliert aber, die Erweiterung bleibt.

»Wenn ich von meiner Terrasse das Wasser nicht mehr sehen kann, weiß ich doch gar nicht mehr, dass ich an der Elbe wohne«, empört sie sich und bleibt unbeeindruckt von der Wut anderer Bullenhausener, die fürchten, unter dem »Egoismus« der Prominenten und »Millionäre« vom Südstrand leiden zu müssen, denn der Anstieg der Elbe verlangt nach stärkerem Hochwasserschutz. Sie sei doch im Fernsehen immer so mütterlich, da solle sie jetzt mal Gutes tun und der Gemeinde den Deich gönnen, schimpft eine Dorfbewohnerin auf Inge Meysel.

Der Harburger Deichverband setzt dem Streit ein Ende und ringt sich zu einer teuren Lösung durch: Landeinwärts soll eine neue höhere Flutmauer zum Schutz des Dorfes errichtet werden. Während Inge und Nachbarn weiter ihren freien Elbblick genießen können, werden die Anlieger in der zweiten Reihe dann auf eine kahle Mauer anstelle von Gärten und Bäumen blicken. Aber das schert Inge Meysel wenig. Denn wie sagt sie immer? – »Sie brauchen gar nicht gütig zu mir zu sein, ich bin es zu Ihnen auch nicht!«

Für sie ist die Entscheidung umso wichtiger, als Bullenhausen nun zu ihrem einzigen Domizil wird. Angesichts einer saftigen Mieterhöhung gibt sie ihre Fünfeinhalbzimmerwohnung in Berlin Schöneberg, die schon ihre Eltern ab 1945 bewohnt hatten, auf. »Für die paar Tage, die ich im Monat in Berlin bin, lohnt sich das nicht«, erklärt sie. »Da wohne ich in einem kleinen Ku'dammhotel billiger.« Weilt sie zu Dreharbeiten in der Hauptstadt, bevorzugt sie Zimmer im Erdgeschoss, damit sie das nächtliche Geschehen auf der Straße beobachten kann. Bei den Dreharbeiten für ihren letzten Film tauscht sie eine komfortable Suite unter dem Dach gegen ein kleines Zimmer im Parterre. »Ich, die nicht schlafen kann, ziehe doch nicht unters Dach, wo ich wegen der Schrägen überhaupt nicht sehen kann, was in Berlin los ist!«, protestiert sie. Manchmal allerdings ist ihr der Blick aus dem Fenster nicht genug. Und dann zieht die schlaflose 90-Jährige mitten in der Nacht alleine los, um sich zu amüsieren, bis nachts um drei.

»Die Liebenden vom Alexanderplatz« heißt der Film, der sie noch einmal vor die Kamera und in ihre Geburtsstadt Berlin bringt. Ausgestrahlt vom ZDF im Januar 2002, wird es vermutlich ihre letzte große Rolle sein, ihr »Abschiedsfilm«, sagt sie selbst – nicht zum ersten Mal, aber diesmal sieht es so aus, als würde es zutreffen. Ein würdiger Abschiedsfilm, dessen Geschehen sie nicht nur in das Berlin ihrer Jugendzeit zurückführt, sondern auch nach New York, in die Metropole, die sie immer bewundert hat, wo sie gern Karriere gemacht hätte, wenn, ja wenn eben alles anders gekommen wäre.

Die Geschichte der »Liebenden vom Alexanderplatz« birgt viele Parallelen zu ihrem eigenen Leben und weckt Erinnerungen. Inge Meysel ist Ruth Levenstein, eine 90-jährige jüdische Emigrantin, die vor dem Hitler-Regime aus Berlin nach New York geflohen ist und nun mit Tochter und Schwiegersohn in Manhattan lebt. Nach 60 Jahren kehrt sie erstmals zurück in die deutsche Hauptstadt, begleitet von ihrer Enkelin Sarah (gespielt von Johanna Christine Gehlen). Für Inge bedeutet diese Rolle eine Reise in die Vergangenheit als verfolgte »Halbjüdin«, eine Wiederbelebung der eigenen Biografie und ihrer späteren Verarbeitung.

Ihr ewiges Misstrauen stamme aus der Nazi-Zeit. »Seit jenen Jahren traue ich nur noch mir«, sagt sie bei der Vorstellung des Films. Spät gesteht Ruth Levenstein in diesem Film ihrer Tochter, dass deren Vater in Wahrheit ein deutscher Wehrmachtssoldat, ein »Arier« ist, und bereitet damit auch Inge persönlich Kopfzerbrechen: »Ich habe immer im Bett gelegen und gedacht, was wäre das für ein Unterschied, wenn sich herausstellte, dein Papa war gar nicht dein Papa, deine Mama hat ihn betrogen mit einem Arier.« Dass ihr Jule-Pa nicht ihr Vater sein könnte, ist für sie ein unerträglicher Gedanke. »Meinen Vater habe ich mehr geliebt als meine Männer. Wenn ich ehrlich bin, ist der ewige Mann in meinem Leben mein Vater gewesen. Im Grunde habe ich alle Männer, die ich hatte, betrogen mit meinem Vater.«

Regisseur Detlef Rönfeldt, ursprünglich skeptisch angesichts der Besetzung, vor allem wegen des branchenbekannten »Meyselns«, wird durch diesen Film zum »Meysel-Fan«, wie er sagt. Man spürt, er hatte seine Vorbehalte, war sich vor den Dreharbeiten keineswegs sicher, ob es ihm gelingen würde, die 91-jährige Schauspielerin dazu zu bringen, die »Fassade zu durchbrechen und ihre schauspielerische Potenz wirklich einzubringen, um eine Figur zu spielen und nicht immer nur Inge Meysel zu sein.«

Doch dann gibt es während des Drehs Momente, wo er »den Tränen nahe« ist angesichts ihrer Glaubwürdigkeit. Wie schon so mancher andere vor ihm stellt er fest, dass sie dann am besten ist, wenn sie sich selbst schwach fühlt: »Es gab wunderbare Momente in der Arbeit mit ihr, wenn sie wirklich physisch am Ende ihrer Kraft war.« Einmal bricht während der Mittagspause ein Teil ihres Gebisses. Die Zähne werden notdürftig gerichtet. Inge nimmt das fürchterlich mit. »Jetzt ist Schluss, jetzt ist es vorbei, jetzt geht es nicht mehr«, denkt sie, doch gerade in diesem Augenblick ist Rönfeldt von ihrer Leistung begeistert: »Die schönste Szene des ganzen Films habe ich unmittelbar danach mit ihr drehen können, denn da war alles von ihr abgefallen. Ich hatte plötzlich einen ganz kleinen Menschen vor mir in seiner Nacktheit und Unmittelbarkeit. Das hat mich sehr gerührt. Da scheint sie gar keine Kraft mehr gehabt zu haben, sich noch hinter irgendeinem öffentlichen Bild zu verstecken. Durch den Zufall dieses Gebiss-Schadens habe ich etwas erreicht, wovon ein Regisseur oft träumt: einen sehr authentischen Menschen vor sich zu haben und nicht einen Schauspieler.«

Auch die Kritiker registrieren, dass die Meysel auf ihr berühmt-berüchtigtes Gebaren über weite Strecken verzichtet: »Kaum etwas ist zu sehen bei dieser emotionalen Filmreise in die Vergangenheit vom berühmten Meyselschen ›Overacting‹. Keine großen Gesten, keine Aufgeregtheiten, keine Posen«, heißt es da voller Anerkennung. Und an anderer Stelle lobt man: »Wenn sie das Auftrumpfende der Ich-bin-doch-nicht-senil-Greisin weglässt, sondern eine zerbrechliche alte Frau spielt, die trotz ihrer Lebenserfahrung noch offen ist für Neues, dann berührt ihr Spiel stärker, ohne viel Worte.«

Angesichts des Lobes für »Die Liebenden vom Alexanderplatz« zeigt sich Inge ihrerseits keineswegs gerührt. Sie erklärt ihr zurückhaltendes Spiel ganz pragmatisch: »Kinder, wisst ihr, ich kann mir einfach nicht mehr so viel Text merken. Wenn ich eine längere Passage hatte, habe ich den Regisseur gebeten: Mach mir doch zwei Sätze draus.« Tatsächlich fällt es ihr zunehmend schwerer, sich die Texte zu merken. Aus Angst, nicht alles behalten zu können, bekniet sie den Regisseur immer wieder, zu streichen und zu kürzen. Wer sich den Film mit kritischen, geschulten Augen anschaut, dem wird auffallen, dass es mehr Zwischenschnitte

gibt als üblich, dass ihre Blicke manchmal suchend zu Text-
hilfetafeln außerhalb des Bildes wandern.

»Ich glaube, sie hat sehr darunter gelitten, dass sie nicht
mehr so perfekt war, wie sie es von sich selbst erwartet hätte«, meint Detlef Rönfeldt. »Das muss für sie eine Quelle
großer Trauer gewesen sein.« Während alle die Kraft und die
Intensität, die sie mit ihren 91 Jahren noch an den Tag legt,
bewundern, wird es für Inge Meysel sicherlich eine bittere
Erkenntnis gewesen sein, dass nun tatsächlich der Punkt erreicht ist, wo sie ihren eigenen Ansprüchen nicht mehr ge-
recht wird.

Johanna Christine Gehlen, die Enkelin im Film, von Inge
nie beim Namen genannt, sondern während der Dreharbeiten immer nur als »die Junge« tituliert, hat keinen leichten
Stand neben der »starrköpfigen« Prominenten. Rund 60 Jahre jünger als Inge, unter ganz anderen Bedingungen aufgewachsen, ist sie es nicht gewohnt, von einer Partnerin ständig gegängelt und geschurigelt zu werden. »Sie ist ein
unglaublich starker Mensch mit einer unglaublich stark ausgeprägten Persönlichkeit«, bemerkt Gehlen, »das ist auch
die Faszination, die von ihr ausgeht, sie ist ganz extrem bei
sich, nichts lenkt sie von ihrem Weg ab. Die ist so bei sich,
dass man, wenn man neben ihr ist und neben ihr spielt, überhaupt nicht auf sie zählen kann. Die ist nie Partner beim
Spielen, sondern: Sie ist, wie sie ist, und du kannst als Spiel-
partnerin gucken, wo du bleibst. Wenn man neben so jemandem spielt, dann bleibt einem gar nichts anderes übrig, als
auch ganz bei sich zu sein. Das kann man lernen, aber es ist
natürlich ein verdammt hartes Lernen.«

Inge stichelt und meckert gegen Gehlen, steigert sich zu
guter Letzt wieder in eines ihrer Lieblingsgerüchte hinein,
nämlich der Regisseur und die junge Schauspielerin hätten
ein Verhältnis. Das allein scheint ihr zu erklären, warum

Rönfeldt sich nicht ausschließlich mit ihr beschäftigt und auch der anderen mal eine Großaufnahme gönnt. Gehlen muss oft tief Luft holen, um noch spielen zu können, was der Film verlangt: nämlich die innige Liebe zwischen Enkelin und Großmutter. »Du kannst machen, was du willst«, nimmt sie sich ganz fest vor, »du kriegst es nicht hin, dass meine Sarah deine Ruth nicht liebt. Wenn sie mich gemaßregelt hat, habe ich mich nicht beirren lassen, habe einfach an dieser Liebe zu ihr festgehalten. Und ich habe sie sehr geliebt. Ich glaube nicht, dass sie mich wirklich geliebt hat als Enkelin.«

Ständig trägt Gehlen ein Kinderbild von sich und ihrer wirklichen Großmutter bei sich, was hilft, die positiven Gefühle aufrechtzuerhalten. »Es war hinterher das größte Lob zu hören«, stellt sie fest, »dass man mir diese Liebe in dem Film glaubt. Es war einfach ein menschlicher Erfolg für mich, das mit dieser Frau, dieser Persönlichkeit zu schaffen.«

»Sie kann zauberhaft sein, aber sie kann auch biestig sein«, bringt es der Regisseur auf den Punkt. Doch das merkt man nur im Off. Auf dem Bildschirm beweist Inge Meysel mit diesem letzten Film noch einmal, was sie eigentlich sein könnte: eine große Charakterdarstellerin nämlich – wenn sie sich nicht selbst davon abhielte. Je älter sie wird, desto häufiger lässt sie sich von Regisseuren, die nicht einfach auf den Erfolg des Meyselschen Abziehbildes setzen, ungewohnte Töne entlocken. Und so stellt Detlef Rönfeldt fest, was auch John Olden sofort spürte: »Sie hat das Potenzial, alles zu spielen. Ja, das hat sie!«

Selbstgespräche –
Sei doch meschugge!

Nach ihrem Abschiedsfilm sitzt Inge Meysel nun in ihrer Villa in Bullenhausen, vorzugsweise in der gemütlichen Küche, und genießt den Blick auf die Elbe. Sie schaut den Elbkähnen, die lautlos und schwer beladen vorbeigleiten, nach. Schwimmen geht sie nicht mehr, weder im Fluss noch im Pool. Im Grunde »hasst« sie das mittlerweile. Trotzdem, das Becken wird jedes Frühjahr sommerfertig gemacht. »Solange ich lebe, muss das noch sein.« Der Bungalow hat seinen Glanz verloren, aber sie fühlt sich wohl, so wie es ist und immer war, mit all dem Nippes, den sie in der ganzen Welt gesammelt hat. Figürchen aus Frankreich, Schälchen aus Ägypten, Aschenbecher aus China; Hunde und Katzen aus Porzellan, Telefone aus uralten Zeiten. Wer sollte hier putzen? Sie traut keinem, macht lieber alles allein, fühlt sich noch stark genug für den Staubsauger und lässt sich nur mit Mühe davon abhalten zu demonstrieren, wie sie auf einem Hocker balancierend in den oberen Etagen ihrer Regale Staub wischt. Dass es nun nicht mehr überall picobello ist, darüber sieht sie meistens hinweg.

Wenn sie ihr Leben Revue passieren lässt, so bereut sie

nichts. Sie hat schon immer geglaubt, Reue und Entschuldigungen seien Verlierern vorbehalten. Und außerdem: »Vorbei ist vorbei! Aufs Gewesene gibt der Jude nichts!« Durch Grübelei und Mit-sich-Hadern mache man sich nur selbst verrückt, ist ihre Ansicht. Gebe es etwas, wird sie von einem Journalisten gefragt, von dem sie denke, das müsse sie unbedingt noch machen? »Nein«, antwortet sie ganz nüchtern, »denn was ich in 90 Jahren nicht zu Stande gebracht habe, das werde ich auch kaum in den nächsten zehn Jahren erreichen – wenn Gott mir diese überhaupt noch gibt.« Sie ist zufrieden mit dem, was sie hatte, beteuert trotz der leidvollen tausend Jahre: »Ich habe viel Glück gehabt im Leben.«

Jetzt nimmt sie sich nichts mehr vor, fährt nur noch selten nach Hamburg. Vor nicht allzu langer Zeit hat sie noch täglich eine neue Bluse angezogen, ist regelmäßig zum Frisör gegangen. Jetzt hat sie einfach keine Lust mehr, sich jeden Tag zurechtzumachen. Manchmal bleibt sie von morgens bis abends im Nachthemd, und dann plötzlich, nachts um drei, vier Uhr, wenn sie aufwacht (jetzt kann sie noch weniger schlafen als in jüngeren Jahren), überfällt sie das Gefühl: »Was ich anhabe, ist ganz schrecklich.« Sie sucht in ihrem Schrank, bis sie etwas Hübsches findet, zieht es an und geht damit zu Bett. »Und dann liege ich da und sage mir: Du bist doch meschugge. Aber dann sage ich mir widerum: Sei doch meschugge, ist doch das Letzte, was du hast. Spiel doch verrückt! Und dann sage ich mir: Aber das kratzt, das Kleid, was du da anhast. Ich stehe auf, zieh es aus, geh nackend ins Bett und sage: So ist's vernünftig!«

Das alles mitten in der Nacht. Aber wenn man alt wird, meint sie, dann habe man ein ganz anderes Gefühl, was nachts und was der Tag sei. In ihrer Villa in Bullenhausen gehen alle Uhren – und davon hat sie eine Menge: von der Biedermeier- bis zur Engadiner Bauernuhr – unterschiedlich.

Sabine Stamer

Sie tut so, als sei das Absicht, als würde sie nun im fortgeschrittenen Alter zu allem Überfluss auch noch die Zeit kontrollieren, aber wahrscheinlich ist das Gegenteil der Fall, und sie schert sich einfach nicht mehr um Korrektheit. Wem sei das mehr gegönnt als der preußisch disziplinierten Meysel, die nie auch nur eine Minute zu spät gekommen ist?

Sie ist viel allein. Sie ist gern allein. Das ist sie gewohnt, und das braucht sie. Nicht immer, allerdings. »Keiner kommt mehr, keiner will mehr was von mir«, beklagt sie sich einmal bei ihrer Garderobiere Elke Lustig. Einer der seltenen Momente, wo sie über Einsamkeit offen spricht.

Selbstgespräche halten jung, ist ihr Rat an die Jüngeren. Doch wer könnte da schon mit ihr mithalten? Sie murmelt nicht einfach vor sich hin, nein, sie führt wahre Sketche auf. Sie entwickelt bühnenreife Dialoge mit sich selbst, dem Nachbarn, dem Gemüsemann, mit ihrem John und ihrem Jule-Pa. Innerhalb von Minuten wechselt sie ein paar dutzend Mal den Gesichtsausdruck, mal traurig, dann keck, lustig, ernst oder böse. Es ist enorm, wie sich der Ausdruck ihrer Augen – auch wenn sie inzwischen sehr klein und grau geworden sind – wandeln kann.

»Wie wichtig sind Ihnen Freunde?«, wurde sie vor ein paar Jahren gefragt und antwortete – natürlich nicht, ohne erst mal die Frage zu kritisieren – »Eine dumme Frage, aber Sie sind noch jung und können es nicht besser wissen. Deshalb verrate ich Ihnen etwas: Freunde hat man, wenn man jünger ist. Wenn man 88 ist wie ich, dann sind die Freunde gestorben. Dann muss man sich selbst der beste Freund sein.«

Viele von denen, die noch leben, hat sie allerdings vergrault: Streit gehabt aus läppischen Gründen und dann keine Versöhnung gesucht. So sind einst intensive Beziehungen entweder ganz eingefroren oder werden auf Sparflamme fortgeführt. Eigentlich geht es immer um Nichtigkeiten, und manchmal wissen die Betroffenen gar nicht, was dahinter steckt. Während sie selbst sich zugute hält, nicht nachtragend zu sein, sagt man ihr nach, sie schätze lange Feindschaften genauso wie lange Freundschaften. »Wenn sie einmal hasst, dann hasst sie für immer«, bedauert Regine Lutz, einst Schauspielpartnerin und enge Freundin, die so lange keinerlei Kontakt mehr zu ihr hatte, bis sich Inges Gedächtnis gnädig zeigte und den Streit ausradierte. Mit ihrem ersten, ihr sehr nahe stehenden Produzenten hat sie sich entzweit. Die Wunden sind nie ganz verheilt. Mit Ursula Höflich, der Tochter ihrer früheren Schauspiellehrerin, die sie in der Autobiografie als »die einzige richtige Freundin meines Lebens« bezeichnet, sprach sie bis zu deren Tod nicht mehr. Mit Karin Veit, die sie so lange und gut während ihrer Tourneen betreut hat, ist sie auch »böse«. Damit wird die Liste der »Ehemaligen« gerade erst eröffnet.

Manche ihrer Bekannten und Kollegen überlegen es sich zweimal, ob sie sich bei ihr melden oder besser nicht, denn man weiß nie, wie Inges Stimmungsbarometer gerade steht. Holt man sie netterweise mit dem Auto ab, kann es passieren, dass sie einen zur Begrüßung anblafft: »Kannst du dir nicht mal ein anständiges Auto anschaffen?« Hilft man ihr in den Mantel, faucht sie unter Umständen: »Lass das! Ich bin doch keine alte Frau!« Nicht jeder ist gewillt, diese ständigen Sticheleien, die auch sehr persönlich und beleidigend werden können, an sich abperlen zu lassen oder gar darüber zu lachen.

Selbst die treue Filmtochter Monika Peitsch zögert, den Hörer in die Hand zu nehmen. Manchmal ist sie »so süß« am Telefon und dann wieder so abweisend und schroff: »Fräulein Peitsch, was wollen Sie denn von mir?« Eigentlich hat man es gut gemeint, und dann kriegt man »eins vor den

Koffer« und denkt: »Jetzt langt es mir wieder!« Am Ende ruft Peitsch doch immer wieder an, denn: »Ich finde, sie ist so einmalig. Also wenn sie mal eines Tages tot ist, es gibt nichts, was danach kommt.«

Manche ihrer Freunde lassen sich zum Glück nicht vergrätzen. Markus Trebitsch, Sohn ihres ersten Produzenten, Gyula Trebitsch, hält seine schützende Hand über sie. Der frühere »Tagesschau«-Sprecher Wilhelm Wieben schätzt ihre Unsentimentalität und ihre Ironie. Starfriseur Udo Walz findet sie einfach »rasend«. Auch die Nachbarn kümmern sich um sie, verjagen einen ominösen Wunderheiler, der sich bei ihr eingenistet hat, und die Pflegerin Renate Anhorn, als sich herausstellt, dass es dieselbe ist, die 1991 den damaligen Hamburger Gesundheitssenator Ortwin Runde als Geisel genommen hatte, um auf die miserablen Zustände in den städtischen Heimen aufmerksam zu machen. Anhorn hat Inge Meysel dazu gedrängt, einen lebenslangen Pflegevertrag zu unterschreiben, der ihr monatlich 7500 Euro eingebracht hätte.

Solche Vorkommnisse bringen Erbin Christiane Pollard-Meysel und Schwägerin Herta Meysel nach Bullenhausen, die ansonsten nur sehr selten zu Besuch kommen. Sie fliegen ein von Teneriffa, wo sie die meiste Zeit in einer von Inge finanzierten Zweitwohnung leben. Inge bekommt nun eine Geheim-Telefonnummer und eine Art Leibwächter, den 59-jährigen Housesitter Peter Knuth, der schon immer ein Meysel-Fan gewesen ist und die Schauspielerin im Frühjahr 2002 zufällig persönlich kennen lernte. Knuth steht Inge nun im Alltag zur Seite – als Chauffeur, Sekretär, Berater und Pressereferent in einer Person – und hält ungebetene Besucher fern: »Ohne Geld läuft da nischt mehr!«, weist er Journalisten ab. Das hätten Inge Meysels Nichte und Schwägerin beschlossen.

Weniger seriöse Zeitungen warten mit allerhand Spekulationen auf: Die Schauspielerin leide an Altersdemenz wie ihre Mutter und könne nicht mehr für sich selbst sorgen. Sie überfallen sie in ihrem Garten mit Fotoapparaten und scheinen es darauf anzulegen, die unvorteilhaftesten Bilder zu veröffentlichen. Es ist gar nicht so einfach, in Würde zu altern. Erst wird sie eingeladen zu Günther Jauchs Millionärs-Show, dann wieder ausgeladen. Auf Grund ihres Alters, vermutet sie öffentlich. Das macht keinen guten Eindruck, also wird sie wieder eingeladen, als »Ehrengast« diesmal. Zu guter Letzt sagt sie selbst ab, weil es ihr an dem betreffenden Tag nicht so gut geht. Die Nachbarn lassen sich von dem Rummel nicht beirren und benehmen sich weiterhin wie normale Nachbarn.

Einmal am Tag klingelt der Herr von nebenan.

»Ja, ich liege im Bett«, ruft sie dann, »was ist denn?«

»Gar nichts«, antwortet der Mann. »Ich wollte nur hören, ob Sie noch da sind.«

Klar ist sie noch da und kräht fröhlich: »Ätsch, Sie kriegen das Grundstück noch nicht!«

Völlig ungeniert und ohne Furcht spricht sie über den unausweichlichen Tod. Es bedarf nur einer Konservendose auf dem Tisch, und schon fragt sie sich nicht bloß, wie lange die noch haltbar ist, sondern im selben Atemzug, ob sie dann wohl noch lebe. Als sie noch Theater spielte, hat sie sich immer gewünscht, auf der Bühne zu sterben. »Wenn das nicht geht, dann wenigstens in der Pause.« Später dann hat sie alle Welt wissen lassen, sie werde erst ihre Pillen nehmen und dann in die Elbe gehen: »Ich bin doch nicht doof und warte, bis ich eines Tages umkippe. Wenn ich keinen Staat mehr mache, schwimme ich eine Viertelstunde, gebe auf und lass mich dann treiben, bis ich tot bin. Ein angenehmer Tod, weil er durch etwas entsteht, was man gerne tut.«

Sabine Stamer

Hat sie Angst davor, dass es irgendwann mal vorbei ist? »Nein, nein! Ich bin überzeugt, ich schlafe irgendwann ein und wache nicht mehr auf. Davon bin ich fest überzeugt. Und da ich so fest an mein Einschlafen glaube, habe ich keine Angst vor dem Tod. Und dieser Glaube, der hält mich so lange am Leben.«

Sorgen bereitet ihr der unaufhaltsame Verlust des Gedächtnisses. Manchmal ist sie sich nicht mehr sicher, ob sie wirklich jemals in der Elbe geschwommen ist. »Das ist das Alter, Inge«, beruhigt sie sich dann selbst, »lass sein, wie es ist. Wenn man alt wird, vergisst man einiges.« In gewisser Weise hat sie nun selbst ihre »blauen und grauen Tage«, ähnlich wie in jenem Film vor ein paar Jahren, in dem die Enkelin Buch führt über die guten blauen und die weniger guten grauen Tage ihrer Oma Lotte Hansen. Als der Autor der »Unverbesserlichen« sie anruft und ihr mitteilt, er habe noch mal eine Rolle für sie, unterbricht sie ihn: »Ach, Stromberger, ich kann ja keinen Text mehr behalten.« Aber einen kurzen Auftritt als Oma Kampnagel in der ARD-Serie »Polizeiruf 110« traut sie sich mit fast 93 Jahren doch noch zu. Um es ihr möglichst einfach zu machen, finden die Dreharbeiten in Bullenhausen statt. Der Film wird 2004 ausgestrahlt.

Nach wie vor kann sie – allen Gerüchten zum Trotz – ganz gut für sich selbst sorgen: kocht sich Eisbein mit Sauerkraut oder ihr Hühnersüppchen, die schwabbelige Haut als Delikatesse. Wenn der Wagen kommt, der die Gegend mit Lebensmitteln versorgt, seitdem auch der letzte Tante-Emma-Laden geschlossen hat, dann ist sie vollauf mit ihrem Einkaufszettel beschäftigt. Kontrolliert wieder und wieder den spärlich bestückten Kühlschrank, mahnt sich in amüsanten Selbstgesprächen, bloß das Gänseschmalz nicht zu vergessen, bis es endlich Zeit ist, sich auf den Weg zu machen.

Kann sie denn tatsächlich auf den hochhackigen Pömps, die da neben der Tür stehen, noch laufen? »Hochhackig?«, fragt sie verächtlich zurück und tänzelt auf Zehenspitzen durch den Flur, um einen kleinen Eindruck davon zu geben, auf welch hohen Absätzen sie noch vor wenigen Jahren dahinstolzierte. Dann greift sie ein Paar Socken, schlüpft in ein Paar bequeme Stiefel. Über das blau-weiß gestreifte Nachthemd mit dem Marienkäfer auf der Tasche und den roten Knöpfen wirft sie eine Strickjacke und einen Mantel. Die ungekämmten Haare versteckt sie unter einem Hut und wirkt nun so richtig angezogen.

Am Morgen hatte sie schon Besuch von Leuten aus dem Dorf, die sie erinnern wollten, dass heute der Markt auf Rädern kommt, und anboten, sie zu begleiten. »Und dann haben die mich auch gefragt, welcher Tag heute ist ... Die denken alle, ich begreife das nicht mehr. Aber ich bin doch nicht blöd!« Das ist ihr Standardspruch: Ich bin doch nicht blöd! Und wenn sie den selbst oft genug gehört hat, dann gemahnt sie: »Ich bin doch kein Kind mehr!«

Quellen

Die wichtigste Quelle meiner Biografie ist Inge Meysel selbst, vier persönliche Gespräche mit ihr, mehrere Telefonate, unzählige Interviews, die sie in den vergangenen Jahrzehnten in Hörfunk und Fernsehen, an Zeitungen und Zeitschriften gegeben hat. Diese Quelle ist zwar die authentischste, doch keineswegs immer zuverlässig. Zum einen weil sie, wie bereits erwähnt, eine ganz bestimmte Vorstellung davon hat, welche Wirkung sie in der Öffentlichkeit erzielen möchte – und dementsprechend die Dinge dreht und wendet, hier mal ein bisschen ausschmückt, dort lieber etwas weglässt. Zum anderen ist selbst ihr phänomenales Gedächtnis nicht unfehlbar; manches ist einfach viel zu lange her.

Darüber hinaus hat Inge Meysel eine blühende Fantasie, die sie auch gern einsetzt. Es macht ihr Spaß, Anekdoten zu erzählen, und wenn sie einmal in Fahrt ist, dann schlüpft sie behände in verschiedene Rollen und schnurrt bühnenreife Dialoge ab. Im Handumdrehen wird der Lebensbericht zur Fiktion. Hat sie die Story oft genug erzählt, glaubt sie am Ende selbst daran. Hauptsache, es ist unterhaltsam und passt in das von ihr gewünschte öffentliche Image.

Bezeichnenderweise sagt sie selbst über die Entstehung ihrer

Autobiografie: »Ich habe mich wie eine Irre angestrengt, um diese Erinnerungen aus mir herauszuholen. Wochenlang habe ich über bestimmte Stellen des Buches nachgedacht, und zwar nicht: Wie war es? Sondern: Wie könnte das gewesen sein?« Wer weiß, ob sie wirklich schon als Kind nicht von der Bühne abtreten wollte oder ob die misslungene Entjungferung wie geschildert stattgefunden hat? Es gibt kaum mehr Zeitzeugen aus jenen Jahren, die ihre Erinnerungen bestätigen oder entkräften würden. Schwägerin Herta Meysel und Nichte Christiane Pollard-Meysel standen zum Gespräch leider nicht zur Verfügung.

So ist Inge Meysels Lebensgeschichte bis 1945 im Wesentlichen aus ihrer Sicht wiedergegeben. Ernste Zweifel an einzelnen Geschehnissen habe ich im Text vermerkt. Für die Zeit nach 1945 dagegen gibt es zahlreiche Kolleginnen und Kollegen, Regisseure und Schauspielerinnen, Freunde und Bekannte, die einen Blick von außen auf das Leben der Inge Meysel ermöglichen. Die Gespräche mit ihnen sowie das Studium von Medienberichten und -interviews sind Grundlage für diese Biografie.

Gesprächspartner

Kerstin de Ahna, Schauspielerin
Gernot Endemann, Schauspieler
Uwe Friedrichsen, Schauspieler
Johanna-Christine Gehlen, Schauspielerin
Frederike Hallermann, Studentin
Peter Henning, Regieassistent
Thilo Kleine, Geschäftsführer der Bavaria Film GmbH
Peter Knuth, Housesitter
Dr. Claus Koch, Lektor
Bärbel Kybart, Kioskbesitzerin
Joachim Landgraf, Konzertdirektion, Tournee Theater Eurostudio

Sabine Stamer

Elke Lustig, Garderobiere
Regine Lutz, Schauspielerin
Sylvia Lydi, Schauspielerin
Angela Marquardt, PDS-Mitglied
Helga Mauersberger, ehemalige NDR-Redakteurin
Maurus Pacher, Autor
Monika Peitsch, Schauspielerin
Claudia Prietzel, Regisseurin
Detlef Rönfeldt, Regisseur
Helmut Stauss, Schauspieler
Manfred Steffen, Schauspieler
Peter Striebeck, Schauspieler
Robert Stromberger, Autor
Prof. Gyula Trebitsch, Produzent
Gisela Trowe, Schauspielerin
Wolfgang Tumler, Regisseur
Julie Tumler, als Kind Schauspielerin
Karin Veit, Intendantin des Schlosstheaters Celle, früher Tour-
    nee-Leiterin
Dr. Inge Volk, »Ghostwriterin« der Autobiografie
Udo Walz, Friseur
Wilhelm Wieben, ehem. Sprecher der »Tagesschau«
Claus Peter Witt, Regisseur
Ingeborg Wölffer, Schauspielerin und Ehefrau des
Inhabers der Wölffer-Bühnen (u. a. Komödie und Theater am
    Kurfürstendamm)
Manfred Zober, Chauffeur

Literatur

Inge Meysel, Frei heraus – mein Leben, Weinheim-Berlin 1991
Maurus Pacher, Inge Meysel – Die verborgenen Jahre, Frankfurt
    am Main, Berlin, 1991

Fernsehsendungen

»Mein Leben war auch kein Spaß«, NDR 19. 2. 1976
»Werner Baecker: Besuch bei Inge Meysel«, 1985
»Berg & Talk«, NDR 20. 1. 1995
»NDR Talk Show«, 8. 6. 1990, 15. 9. 1995
»Boulevard Bio«, WDR 27. 2. 1996
»Nordzeitmagazin«, NDR 7. 5. 1996
»Talk im Fährhaus«, NDR 27. 4. 1997
»Herman & Tietjen«, NDR 17. 4. 1998
»Der große Inge-Meysel-Abend, Kratzbürste mit Herz«, NDR 28. 5. 2000
»Donnerlittchen – Inge Meysel 90 Jahre«, NDR 30. 5. 2000
»Talk vor Mitternacht«, 17. 5. 1999, 16. 10. 2000
»NDR Talk Show classic«, NDR 4. 11. 2000, 10. 2. 2001
»Wetten, dass …?«, 17. 11. 2001

Hörfunksendungen

»Interview zum 75. Geburtstag«, NDR 30. 5. 1985
»Ein Kind der Liebe«, NDR 11. 12. 87
»Inge Meysel im Gespräch mit Ursula Voss«, NDR 26. 5. 90
»Gespräch mit Inge Meysel anlässlich ihres 80. Geburtstages«, NDR 31. 5. 90
»Zu Gast: Inge Meysel«, NDR 4. 1. 98
»Inge Meysel über sich und ihre Ehemänner«, NDR 23. 11. 1998
»Inge Meysel über sich, andere, das Leben und den Tod«, NDR 30. 5. 2000
»Kolleginnen und Kollegen über Inge Meysel«, NDR 30. 5. 2000

Sabine Stamer

Zeitungen und Zeitschriften

Meine Recherchen stützen sich auch auf Berichte in Zeitungen und Zeitschriften von 1949 bis 2003. Genannt seien hier: Aachener Volkszeitung, Die Allgemeine Sonntagszeitung, Berliner Sonntagsblatt, Berliner Stimme, Bild-Zeitung, Brigitte, Bunte, Bunte Wochen-Zeitung, Deutsches Allgemeines Sonntagsblatt, Express, Frankfurter Abendpost, Frankfurter Allgemeine Zeitung, Frankfurter Neue Presse, Frankfurter Rundschau, Funk Uhr, Gala, Gong, Hamburger Abendblatt, Hamburger Anzeiger, Hamburger Morgenpost, Hör Zu, Interpress, Kölnische Rundschau, Kölner Stadtanzeiger, Leipziger Volkszeitung, Neue Illustrierte Revue, Neue Rhein-Zeitung, Quick, Rheinischer Merkur, Schweizer Illustrierte, Das Sonntagsblatt, Der Spiegel, Stern, Stuttgarter Zeitung, Süddeutsche Zeitung, Der Tagesspiegel, Tele, Theaterrundschau, TV Hören und Sehen, Die Welt, Weltbild, Westdeutsche Allgemeine Zeitung, Westfälische Nachrichten, Westfälische Rundschau, Unsere Zeit, Die Zeit.

Weitere Quellen

Diverse Theater-Programmhefte, eingesehen in der Hamburger Theatersammlung und zur Verfügung gestellt von der Konzertagentur Landgraf, u.a. »Freihafen«, Programmheft des Thalia Theaters, 1949 bis 1955.

Fotonachweis

Privatarchiv Inge Meysel: S. 1, 2, 3, 4, 5, 6, 8 oben, 9, 10, 11 und 13.

dpa: S. 12, 14, 15 und 16.

Konzertdirektion Landgraf: S. 7 und 8 unten.

Danksagung

Ich danke vielmals allen, die sich die Zeit genommen haben, mit mir zum Teil sehr ausführliche und offene Gespräche zu führen. Ein Dankeschön an die Konzertdirektion Landgraf, die sich die Mühe gemacht hat, alte Materialien herauszusuchen und zur Verfügung zu stellen.

Die hilfreiche Unterstützung durch die Mitarbeiter des NDR-Archivs hat es mir ermöglicht, das Leben Inge Meysels über die Jahrzehnte hinweg anhand authentischen Materials nachzuvollziehen. Ganz besonderer Dank gebührt Michael Fincke aus der NDR-Fernsehfilm-Redaktion für die freundliche Hilfe.

Außerdem danke ich Frau Wölffer und Frau Landgraf für ihre Unterstützung bei der Beschaffung des Bildmaterials.

Sabine Stamer, im April 2003

Hutmodell vom Berliner Kaufhaus Tietz

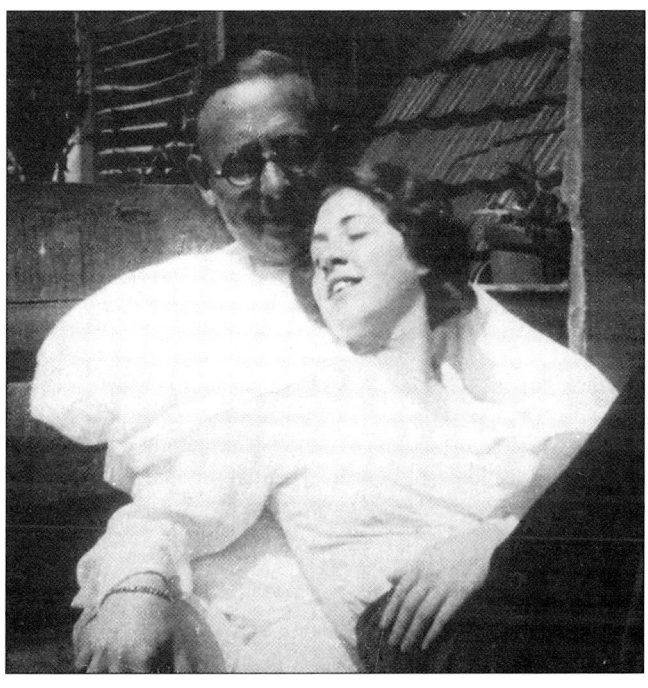

Inge mit Vater Julius Meysel
»… der ewige Mann in meinem Leben.«

Helmut Rudolph mit Terrier Cognac – »… immer sehr anständig.«

John Olden als Theateroffizier – »… ganz einfach ein
großes Vergnügen!«

John Olden und Inge Meysel – »John Olden war für mich
die absolute Erfüllung.«

Im Garten, 1980

Im Wohnzimmer, 1984

Inge mit Mutter Grete Meysel in Berlin – »… die deutsche Disziplin in Person.«

Mit ihrer kranken »Madka« in Bullenhausen
»Wir waren feige, verwöhnten sie. Aber helfen? Nein, helfen tat ihr keiner.«

1971 1975

1984 1990

Inge Meysel: »Eine Frau ohne Hut ist nicht angezogen.«

Als Elisabeth Kampnagel in »Polizeiruf 110 – 1A Landeier«, 1994

Nächste Seite: Zu Gast in Thomas Gottschalks Show »Wetten dass ...?«, 2001